세계의 언어정책 2

다언어사회에 대비하여

세계의
언어정책

다언어사회에 대비하여

2

야마모토 다다유키, 가와하라 도시아키 | 편저

채성식, 조영남, 김현아, 백이연 | 역

역락

다언어사회는 바로 목전目前에

야마모토 다다유키山本 忠行

최근 신문과 잡지에 '다언어', '다문화'라는 제목이 눈에 자주 띄게 되었다. 2006년의 외국인입국자수는 811만 명에 달해 전년 대비 8.8% 증가하였다. 정착한 외국인도 점점 늘어나 2005년 말 기준으로 201만 1555명(입국관리국 통계)에 이르렀다. 그 중에서 유학생은 12만 명을 상회하고 있다. 나카소네 전 수상이 '유학생 10만 명 구상'을 표명한 것은 1983년이지만, 그 당시의 유학생 수는 불과 1만 명 정도였다는 점을 감안하면 대폭적인 증가라 할 수 있다. 단 유럽과 미국 등에 비해 유학생 수가 많다고는 할 수 없으며 외국인 주민도 총인구의 1.57%에 지나지 않아 주요 선진국 중에서는 가장 적은 편에 속한다. 2007년 4월에 교육재생회의는 2025년까지 유학생 수를 100만 명으로 늘린다고 발표하였다. 약 반세기 만에 유학생 수를 100배로 늘리자는 계획이 실현된다면 본격적인 다언어사회의 개막을 맞게 될 것이다.

이러한 외국인 증가경향의 배경에는 경제의 글로벌화와 저출산 고령화 문제의 영향이 크다. 지방의 공업지대에서는 부족한 노동력을 외국인으로 메꾸는 곳이 적지 않다. 또한 2004년 말에 필리핀 정부와 합의한 간호사·개호사介護士 도입도 저출산 고령화에 따른 일손부족에 대한 우려가 발현된 형태라고 할 수 있다. 일터와 경제적 풍요로움을 구하고자 하는 외국인과 국내의 노동력 수요는 필연적으로 외국인노동자의 도입확대로 이어질 것이다.

일본인은 금후 한층 심화될 사회의 다언어화에 어떻게 대처해야 하는가? 본서에서는 다언어문제와 다년간 연구해온 세계 각국의 언어정책의 역사와 현상을 고찰함으로써 향후 도래할 일본 사회의 다언어화 문제에 대한 힌트를 모색해보고자 한다.

글로벌화와 다언어화

다언어화는 전 세계적으로 일어나고 있는 현상이다. 교통기관과 통신수단이 발달하여 경제의 글로벌화가 진행됨에 따라 다량의 물자와 정보 외에도 다수의 사람들이 국경을 너머 일상적으로 이동하게 되었다. 특히 유럽에서는 2007년에 유럽연합EU이 27개국으로 확대되어 공용어만도 23개 언어에 이르게 되었다. 앞으로 가맹국은 더 늘어날 전망으로 이는 인류 역사상 처음 경험하는 장대한 실험이라고도 해도 무방할 정도의 다언어화의 시도이다.

일본에서도 해외여행이나 해외출장은 더 이상 특별한 사람들의 전유물이 아니다. 여행과 출장 등의 단기체재뿐만 아니라 장기체재 혹은 정착이라는 형태도 흔해졌다. 2005년에 출국한 일본인의 수는 1,700만 명을 상회한다(JTB 조사). 장기체재자와 영주자를 합한 해외재류在留 일본인은 전후 처음으로 100만 명(외무성 통계)을 돌파하여 5년 동안 20% 이상 증가하였다. 또한 외국인과 결혼한 사람의 수도 계속 증가추세에 있으며, 후생노동성의 통계에 따르면 2005년에 외국인과 결혼한 사람은

41,481명(결혼수의 약 5.8%), 즉 17명 중 1명이 국제결혼을 하고 있는 셈이 된다.

이러한 통계는 일본인에게 있어 생활의 여러 면에서 외국어의 필요성이 높아지고 있음을 보여주는 것이다. 메이지시대 이후의 외국어교육정책은 굳이 말하자면 외국어를 말하기 위함이 아닌 외국어로 지식과 정보를 얻기 위한 수단, 말하자면 교양으로서의 외국어에 방점을 두었다. 그러나 지금에 와서는 생활을 위해 일을 위해 외국어는 불가결한 요소가 되어 버렸다. 문부과학성은 경제계로부터 강해져만 가는 영어교육 내실화에 대한 요망에 부응이라도 하듯이 '영어가 구사가능한 일본인'의 육성을 위한 전략구성과 행동계획을 정리하였다. 거기에는 영어커뮤니케이션 능력을 습득하는 것이 '아이들의 장래를 위해서도 또한 일본이 한층 더 발전하기 위해서도 상당히 중요한 과제'라 규정되어 있다. 특히 주목할 점은 초등학교 영어교육도입과 TOEIC이나 TOEFL 등의 수치를 구체적인 목표로 설정하고 있는 점이다.

눈을 돌려 이웃나라인 한국과 중국, 혹은 동남아시아 나라들의 경우는 사정이 어떠할까? 영어교육을 중시하고 있다는 점에서는 공통되나, 영어 이외의 외국어학습을 중등교육단계에서부터 적극적으로 실시하고 있다는 점에서 차이를 보인다. 전세계적으로 봤을 때, 일본과 같이 영어편중의 외국어교육정책을 취하고 있는 나라는 많지 않다. EU에서도 동일하게 중등교육을 마치기 전까지 모어 이외의 2언어를 배우게 되어 있다. 또한 지금까지 외국어에 거의 무관심했던 미국에서조차 부시 대통령이 2006년 초두에 중국어·러시아어·아랍어 등의 교육에 주력한다는 방침을 제시하였다. 다시 말해 아무리 영어가 국제어로서의 지위를 확립하였다하더라도 영어만으로는 글로벌 시대를 잘 헤쳐 나갈 수 없음을 미국 자신이 인식한 결과인 것이다.

이상의 예에서도 알 수 있듯이 정책적인 견지에서 보았을 때, 일본은 세계적인 다언어화 경향에 뒤처진 듯한 느낌마저 든다. 정부가 영어에만 관심을 두는 일본이지만 한편으로 사회 현실은 끊임없이 변화해가고 있다. 대형서점의 외국어학습서 코너를 보면 영어 이외의 언어에 관한 서적이 근래 10년 동안 2배 가까이 늘어났다. 그 중에서도 중국어와 한국어 학습서는 수 종류나 출간되어 있어 뭘 고를까 망설일 정도이다. 대학에서 중국어와 한국어를 가르치고 있는 곳도 증가 추세에 있다. 또한 NHK도 영어 관련 프로그램의 내실화와 더불어 아랍어와 포르투갈어, 뿐만 아니라 하루에 불과 5분에 지나지 않지만 '세계어락語樂기행紀行'이란 타이틀로 태국어, 인도네시아어, 터키어 등 지금까지 학습기회가 부족했던 언어를 다룬 학습프로그램의 방송을 시작했다. 이는 영어 이외의 외국어에 대한 관심과 사회적 수요가 높아졌다는 것의 증거이며 다언어화되어가는 현실을 반영한 것이다.

언어통일에서 다언어화로

전에는 언어의 통일이나 단일언어화는 근대국가봉건의 기반이 되는 중요정책이었으며, 언어의 수가 많다는 것은 마이너스 요인으로 간주되곤 하였다. 말이 통하지 않으면 효율적인 행정과 기업경영도 불가능할 뿐더러 군대의 지휘조차도 뜻대로 이루어지지 않는다. 근대적인 교육제도는 경제발전의 기반으로 인식되어 왔으나, 시점을 바꾸자면 이를 뒷받침하는 것이 언어의 통일이라고 할 수 있다. 영국과 프랑스가 세계에 군림할 수 있었던 것도 여타 국가보다 먼저 공통어를 보급시킨 것에 힘입은 바가 크다.

메이지유신 이후의 일본도 통일 구어체 보급은 일대사업이었다. 후에 초대 문부성 장관이 된 모리 아리노리는 젊었을 때 미국의 언어학자 화이트니에게 보낸 서간에서 '일본의 구어체는 제국 인민의 점차 증대되는 필요에 적합하지 않으며 어떻게 해서 음성알파벳을 차용한다 하더라도 문어체로서 충분히 유용 가능한 것으로 만들기에는 너무나도 빈약하다'(『森有礼全集』宣文堂書店)고 탄식했다고 하니, 지역과 직업·신분 등에 따라 너무나도 다양했던 메이지 초기에 일본의 구어체를 통일한다는 것이 얼마나 곤란한 사업이었는지를 알 수 있다. 긴 시간과 많은 사람들의 노력에 의해 지금은 일부 노인 등을 제외하면 누구나 공통어를 구사할 수 있게 되어 일본은 어디에 가더라도 공통어만으로도 충분한 사회가 만들어졌다. 그러던 것이 지금에 와서는 지속적으로 유입하는 외국어 화자로 인해 일본국내에서 사용되는 언어수가 증가하고 있으며, 지역에 따라서는 더 이상 단일언어 사회라고는 부르기 힘든 곳까지 생기기에 이르렀다.

현재의 다언어화를 향한 움직임은 종래의 단일 언어화 및 동화정책에 역행하는 것 같지만, 이는 효율일변도였던 종래의 행정에 대한 대대적인 재검토와 수정작업의 필요성을 의미한다. 경단련(일본경제단체연합)도 외국인노동자의 수용과 더불어 그 자녀들에 대한 교육에도 관심을 보이기 시작했다. 다양한 언어·문화는 보다 나은 사회를 만들기 위한 장애가 아닌 사회적 풍요로움과 자산으로 여겨지게 되었다. 다소의 비용이 들더라도 다언어·다문화 사회를 완성하는 것이 진정으로 살기 좋은 사회·인간친화적인 사회를 실현함에 있어 불가결하며, 인류의 행복과 세계의 평화로 이어지는 길이라는 식으로 세상의 인식이 변화해가고 있음을 알 수 있다.

———

본서는 『世界の言語政策―多言語社会と日本』(2002)의 속편이지만, 일반독자 대상의 『多元誤社会がやってきた―世界の言語政策Q&A』(2004), 『外国人と一緒に生きる社会がやってきた!―多言語·多文化·多民族の時代

∧』(2007)를 포함하면 언어정책 시리즈 제4권에 해당한다. 첫 번째 시리즈의 출판 때는 '다언어사회'라는 표현이 받아들여질까 하는 논의가 집필자들 사이에 있었지만, 그러한 염려는 과거의 일이 되어 버렸다. 해를 거듭할수록 다언어화되어가는 현재의 사회상황 때문에서인지 독자로부터 속편을 통해 좀 더 많은 국가의 언어정책에 대해 알고 싶다는 의견을 받았다. 또한 전작에서는 '다언어사회와 일본'이라는 부제를 붙였음에도 불구하고 일본을 다룬 논문이 없다든가, 미국, 영국, 호주 등의 영어권의 언어정책을 다룬 논문이 많았기 때문에 일부 독자로부터 다루고 있는 국가가 편중되어 있다는 등의 비판도 있었다. 그래서 이번에는 새로운 기획단계에서 일본의 언어정책에 관한 논문을 2편, 그리고 중국에 관한 논문 등을 추가하였다. 그럼에도 전 세계의 국가 수에 비하면 턱없이 부족하지만, 지면 관계상 어쩔 수 없었다는 점을 양해 바란다. 이 시리즈가 향후에도 계속 이어진다면 소련(러시아)과 남미 등에 관한 내용을 꼭 다루고 싶다.

차례

제 1 장　　　　　　　　　　일본의 외국어시책의 역사와 동향

오카도 히로코岡戸 浩子

1. 들어가며

　역사적으로 많은 일본인들은 자신이 '일본인'인 임이 자명하다는 인식 하에 생활해왔다. 또한 지금까지 일본은 마치 단일민족·단일언어 국가 인 것처럼 인식되어 왔다. 이러한 일본 혹은 일본인에 대한 의식의 형성 에는 일본의 공통어라 할 수 있는 일본어의 존재에 힘입은 바가 크다고 할 수 있을 것이다. 대다수의 일본인의 경우 모어인 일본어를 습득해 사 용하면 특별한 경우를 제외하고 불편을 겪는 일은 없다.

　그러나 정책적으로 쇄국정책을 폈던 단기간을 제외하면 일본과 외국 의 교류는 역사가 길다. 미합중국의 총독 페리에 의한 흑선내항黑船来航을 계기로 메이지 시대의 문명개화 이후, 일본과 외국의 교류에는 큰 변화 가 있었다. '탈아입구脱亜入欧'의 방침 아래, 일본에서는 적극적으로 구미 의 사상·기술을 수용하는 정책이 시행되어, 어쩔 수 없이 '외국어'교육·학 습이 필요하게 되었다.

　지금까지 일본에서는 '외국어정책'이라는 명확한 형태로 된 용어는 그 다지 사용되지 않았다. 그러나 일본에서도 시대의 요청에 대응하기 위해

국가 정책으로서의 외국어를 둘러싼 시책은 적절히 강구되어왔다. 따라서 본 장에서는 우선 에도시대 말기부터 제2차 세계대전 전(이하 전전戰前)까지의 '일본과 외국어'를 개관하고, 다음으로 1945년 이후에 관해서는 외국어교육의 중심이 되었던 '영어'교육에 대해 역사적으로 개관한다. 마지막으로 최근의 '영어 이외의 언어'교육과, 지금까지는 본격적으로 대처가 이루어지지 않았던 지방자치단체의 재류외국인에 대한 언어 서비스를 다뤄 다언어주의·다문화공생의 관점에서 이들이 나아갈 길에 대해 살펴본다. 이상의 고찰을 통해 향후 일본의 '외국어'를 둘러싼 시책과 지금까지는 그다지 관심의 대상이 아니었던 '외국어교육'의 방향성에 대해 고찰한다.

2. 에도시대의 일본과 외국어의 관계

세계의 근대화발전에 착목하자면, 과학과 학계의 중심은 18, 19세기까지는 영국과 프랑스, 19세기 후반에는 독일이 그 역할을 담당하였고, 20세기에 들어서는 제1차 세계대전 이후 그 중심이 미국으로 옮겨졌다. 이러한 시대 조류 속에서 일본이 근대과학의 지식과 정보를 손에 넣기 위해 학문으로서 수용한 것은 에도시대의 난학蘭學이 최초라고 한다. 스기타 겐파쿠杉田玄白, 마에노 료타쿠前野良沢에 의한 『가이타이신쇼解体新書』의 번역, 출판이 난학시대를 열었고, 그 후 네덜란드어 서적에 대한 번역이 잇따라 진행되게 되었다. 당시의 에도막부는 국책으로서 쇄국을 단행하여 1639년부터 네덜란드를 제외한 서양 국가들과의 통상을 단절하였다. 이후 약 200년에 이르는 긴 쇄국시대를 맞이하게 되었으나 유일하게 해외무역의 창구가 되었던 네덜란드관이 나가사키 항내에 축조된 '데지마出島'에 설치되었다. 네덜란드관의 네덜란드인과 네덜란드어를 통해 당시의 일본은 서양의 학술지식·정보를 입수하였던 것이다.

이러한 에도막부 말기의 쇄국 상황 하에서 1808년에 일대 사건이 발생하였다. 영국군함 페이튼호가 네덜란드 국기를 위장한 채 돌연 나가사키 항에 입항하여 마중을 나온 네덜란드 상관商館인을 인질로 잡은 후 음료, 물, 연료의 공급을 강요하였던 '페이튼호 사건'이다. 결국 이 요구를 들어주게 된 나가사키 부교奉行에게 이 사건은 엄청난 굴욕이었으며 이로 인해 그 당시 나가사키에서는 크고 작은 소동이 일어났다. 이를 계기로 통역사들에게 영어 연수를 명하였다(Doi 1988). 일본이 역사상 영어 습득의 필요성을 강하게 인식하게 된 것이 바로 이 때이며, 이후 일본의 영어학 역사가 시작되었다고 해도 과언이 아니다. 1853년에는 미국의 페리 사절이 구로후네黑船를 이끌고 우라가浦賀에 내항하여 수호통상을 요구하였다. 다음 해에도 다시 우라가에 내항하여 요코하마橫浜에서 교섭이 이루어진 결과, 일미 화친조약이 체결되었다. 또한 같은 해 영국과도 일영 화친조약이 조인되었다. 이를 계기로 미국과 영국의 제국주의와 과학기술에 매력을 느낀 일본에서는 그 후 영어 학습열이 한층 더 뜨거워졌다. 이 당시 영문학의 대표적인 인물로는 난학에서 영문학으로 전향한 후쿠자와 유키치福沢諭吉 외에도 니토베 이나조新渡戸稲造, 나쓰메 소세키夏目漱石 등을 들 수 있다.

3. 제2차 세계대전 전의 대학과 외국어

1868년에 일본은 바쿠한幕藩 체제의 붕괴 후 메이지정부가 탄생되었다. 메이지 시대의 슬로건 중 하나로 '탈아입구脱亜入欧'가 있다. 이는 후진국인 아시아에서 벗어나 유럽열강의 일원이 되는 것을 목표로 하였다. 단발령과 폐도廢刀령이 내려지고 주로 도시부의 일부 일본인의 풍속·의식주 등의 생활이 일변하여 결국 문명개화의 길로 접어들게 되었다. 또한 일본의 근대화를 급속히 진행시키기 위해 유럽 국가들의 선진 제도와 기술을 적극적으로 수용하고자 하였고 외국인 고용도 적극 추진하였다. 외국교사와는 별도로 '고용교사'나 '고용외국인' 등의 용어도 사용되었다. 고용일 경우에는 관·공·민을 막론하고 일본 측이 고용주가 되어 급료를 지급하였다(三好 1986 : 15-16). 전전戰前에는 대학 이전 단계의 중학교·고등학교에서 제 1외국어 및 제 2외국어가 주로 교육되었다. 주된 언어로는 영어, 프랑스, 독일어를 들 수 있다.

유럽 국가로부터의 문명기술 도입과 그들 국가에 저항하기 위해서는 주로 외국어를 통한 많은 지식의 흡수가 요구되었다. 예를 들어 의학교육에 관해서는 메이지 시대 초기에 네덜란드 의학에서 독일 의학으로 전환되었기 때문에 외국교사의 대부분은 독일인이었다(三好 1986 : 174). 대다수의 외국교사는 독일어가 아닌 영어로 강의하고 영국 유학경험자인 일본인교사가 통역을 하는 형태였으며, 그 외에도 일본 체류가 긴 외국교사 중에는 일본어로 수업을 하는 경우도 있었다(井上 1984 : 174).

1855년에는 '요가쿠쇼洋學所'가 설립되었으나 1856년에 '한쇼시라베쇼蕃所調所', 1862년에 '요쇼시라베쇼洋書調所', 1863년에 '가이세이쇼開成所', 그리고 1869년에는 '다이가쿠난코大学南校'로 개칭되었다. 다이카쿠난코는 '가이세이각코開成学校'와 같이 수많은 조직개편과 개칭을 거쳐 발전하여 현재의 동경대학과 동경외국대학에 이르렀다. 동경외국어대학 창설까지의 경위를 살펴보자면 처음에는 상기의 흐름과는 달리 외무성에 의해 개설된 '도쿠로세고가쿠쇼独魯清語学所'(1871년)와 '칸고가쿠쇼韓語学所'(1872년)가 있었다. 합병 등 수 차례의 조직개편을 거쳐 현재의 동경외국어대학의 전신인 동경외국어학교가 1873년에 건학되었으며, 영어·독어·불어·노어·청어(1913년부터 지나어支那語로 개칭)의 5개 외국어학과가 설치되었다.

근대화를 급속하게 진행시킬 필요성에서 메이지시대로 접어들자 어학이 일제히 주목을 받게 되었다. 그로 인해 설립된 학교 중에서도 유독 중요시된 것이 의학교, 법학교, 그리고 외국어학교였다. 동경외국어학교의 개설 후, 다음해에 오사카외국어학교와 나가사키외국어학교가, 그리고 뒤를 이어 아이치, 히로시마, 니가타, 미야기 등의 현에서도 외국어학교가 설립되었다. 외국어계열의 학교 중에서도 선구적인 동경외국어학교를 예로 들자면, 설립당시의 어학은 교칙 7조에 '此学校ハ多ク英, 仏, 魯, 独逸, 支那語ヲ置クト雖モ伊班亜, 伊太利亜, 蘭, 其余ノ語等モ或ハ置クコトアルヘシ(이 학교는 크게 영어, 불어, 노어, 독어, 중국어를 두는 한편 서반아어, 이탈리아어, 네덜란드어, 그 외의 언어 등도 둘 수 있다)'라고 정하였다(東京外語スペイン語同学会 1982 : 7). 이 당시의 시대배경을 보자면 일본이 당시 근대화의 모델로 삼았던 프로이센 왕국이 보불전쟁(1870~1871년) 후 독일 제국이 되었다. 동경외국어학교 설립 직후인 1881년 각 언어별 이수학생 수를 보면 독일어가 144명으로 가장 많았으며(Doi 1988), 이를 통해 유럽에서의 정치적 정세가 일본의 독일어학습자 수에 적잖은 영향을 주었음을 알 수 있다. 그 후에 제공된 언어종言語種의 변천과정을 보더라도 언어종과 당시의 국내외 정세 사이에는 상당한 연관관계가 인정된다. 그 후도 동경외국어학교는 한 번 더 조직개편을 단행하여 청일전쟁과 러일전쟁 등의 전쟁과 당시의 일본이 취했던 식민지정책 등의 정치정세를 배경으로 외국어 종류도 증가하여 영어, 불어, 독어, 노어, 서반아어, 이태리어, 네덜란드어, 중국어, 한국어(조선어), 몽고어, 태국어, 말레이시아어, 인도어 등의 언어가 적절한 시기에 설치되었다(東京外語スペイン語同学会 1979). 1885년에 제1차 이토 히로부미伊藤博文 내각에서 문부대신에 취임한 모리 아리모리森有札가 1873년에 발표한 저서에서 영어의 국어화를 제창할 정

도로 이 당시 영어의 지위는 크게 융성하였다. 그러나 한편으로 후에 발발한 상기의 전쟁과 식민지 정책에 대해서는 당시의 상대국의 언어에 정통한 인재의 부족으로 발생한 의사소통상의 문제를 지적하는 의견도 있었다고 한다(東京外国語学校 1932).

일본의 그 외 외국어학교로 시선을 돌리자면, 언어종류에 지역적인 특징이 관찰된다는 점이 흥미롭다. 현재의 오사카외국어대학은 1921년에 전신인 오사카외국어학교로 설립되었다. 다음 해 1922년에 발표된 학생모집요강에 따르면 중국어부 35명, 몽고어부 10명, 말레이시어어부 25명, 인도어부 15명, 영어부 35명, 불어부 30명, 독일어부 20명, 노어부 20명, 서반아어부 10명 등 모집인원수가 총 9어학부 200명이었다(大阪外国語大学70年史編集委員会 1992). 상술한 동경외국어대학과 비교해 그 교육목적이 국제적 실무종사자의 양성을 명확하게 내세우고 있는 점, 서양어부를 먼저 설치한 동경외국어대학과 달리 동양어부를 먼저 배치하여 동양어를 중시하는 자세를 취한 점에 특색이 있다. 당시의 오사카가 중국, 인도, 동남아시아의 국가들과 무역통상을 확대발전시키기 위해 실천적인 외국어능력을 가진 인재의 육성이 필요하였다는 점을 그 이유로 꼽을 수 있다.

일본의 북쪽에 위치한 오타루상과대학의 전신인 오타루고등상업학교에서는 메이지32년 시점에서 '영어' 외에 제2외국어로 노어, 불어, 서반아어, 독일어, 중국어, 조선어(小樽商科大学 1976)가, 한편 남쪽에 위치한 나가사키 대학의 전신교인 나가사키외국어학교에서는 다이쇼 시대에 제2외국어로 중국어, 노어, 네덜란드어, 말레이시아어, 포르투칼어, 프랑스어, 독일어, 스페인어 등(長崎大学三十五年史刊行委員会編集室 1984) 실로 다양한 언어를 배울 기회가 제공되어 이 역시도 지역적인 특징이 반영된 결과라는 점이 매우 흥미롭다.

전전戰前에 실시된 외국어교육에는 문명개화와 식산흥업殖産興業 정책을 수반한 국가 정책상 요구되었던 언어종과, 지역에서 지정학적으로 필요로 하는 언어종이 존재하였다. 즉 영어가 중시되는 한편, 정치, 경제, 군사, 그리고 문화 등의 모든 분야에서의 수요에 대응하기 위해 실로 다양한 외국어가 당시의 교육과정에서 제공되었다고 볼 수 있다. 전전戰前의 각종 학교수와 취학률을 현재의 그것과 일률적으로 비교할 수는 없으나 제공된 외국어종만을 놓고 보자면 각 지역의 요청에 호응하는 유연성이 이 시대에 있었음을 미루어 짐작할 수 있다.

4. 제2차 세계대전 후의 외국어교육 - 최근의 외국어 교육을 중심으로

4-1. 최근의 영어교육개혁의 동향

제2차 세계대전 후(이하 전후戰後)의 일본과 '외국어'를 고찰함에 있어 지금까지 국가로서의 명확한 '외국어정책'이 제시되지 않은 바, 주로 학교 외국어교육에 관한 시책에 착목하고자 한다. 학교가 커리큘럼을 편성하는데 있어 기준이 되는 학습지도요령은 어느 정도의 간극(지금까지는 거의 10년마다)을 두고 고지告知되었으나, 지금까지 몇 차례의 개정이 있었다. 전후부터 현재의 신학습지도요령의 실시 이전까지의 외국어교과는 오랫동안 중학교에서는 선택과목으로, 그리고 고등학교 단계에서도 거의 선택과목으로서의 지위를 점해 왔다(단, 고등학교에서는 1960년에 필수화되었다가 1970년에 고등학교학습지도요령의 개정으로 다시 선택과목으로 돌아갔다). 외국어종 중에서도 전후는 특히 영어의 중요성이 강조되었다. 그러나 1969년에 고지된 중학교학습지도요령에서는 학습내용이 삭감되는 경향을 보이며 다음 학습지도요령(1977년 고지)에서는 중학교 영어 학습

시간이 주 3시간 체제가 되어 언어활동과 언어재료도 삭감되었다. 당시는 과열된 수험전쟁과 편사치 중시, 지식편중 등으로 인해 적잖이 발생하였던 젊은이들의 비행이 사회문제화 되었다. 이는 그 후 많은 논란을 불러일으킨 '여유교육ゆとり教育'문제로 이어졌다.

현재 일본의 외국어교육에 관한 시책을 고찰함에 있어 문부과학성이 2002년 7월 12일에 발표한 '영어를 구사할 수 있는 일본인 육성을 위한 전략구상'(文部化学省 2002a)은 극히 중요하다. 이 구상은 지금까지의 일본인의 영어 커뮤니케이션 능력의 비약적인 향상이 시급하다고 규정하는 한편, 지금까지의 영어교육에 대한 반성을 토대로 일본인을 대상으로 한 영어교육을 근본적으로 개선함을 목적으로 책정된 것이다. 취지에는 경제·사회 영역에서의 글로벌화가 진전되는 상황에서 아이들이 21세기를 살아가기 위해서는 국제 공통어가 된 '영어'의 커뮤니케이션 능력을 체득할 필요가 있으며, 이는 아이들의 장래를 위해서도 일본의 가일층의 발전을 위해서도 상당히 중요한 과제라는 점이 적시되어 있다. 주된 정책과제로서는 I. 학습자에 대한 동기부여의 고양, II. 교육내용 등의 개선, III. 영어교원의 자질향상 및 지도체제의 충실, IV. 초등학교의 영어회화 활동의 내실화, V. 국어력(일본어)의 증진이 제시되었다. 한편 마지막의 '국어력의 증진'에서는 확고한 국어력에 기반하여 자신의 의견을 표현할 능력이 충분하다고 볼 수 없는 현 상황에서 '영어를 구사할 수 있는 일본인의 육성을 위한 전략구상'의 작성에 맞춰 국어력의 함양도 도모하였다는 점을 강조하고 있다. 이는 요근래 교육현장에서 국어 수업시간수와 학습내용의 삭감 따른 젊은이층을 중심으로 한 국어력의 저하에 대한 우려의 목소리가 많이 제기되고 있기 때문이다.

4-2. '영어를 구사할 수 있는 일본인'의 육성을 위한 행동계획

그 후 2003년에 문부과학성에서 '영어를 구사할 수 있는 일본인의 육성을 위한 행동계획'(표 1 참조)이 발표되어 전략구상의 달성목표로 2항목이 거론되었다. 그 중 첫째 항목은 국민전체에 요구되는 영어력으로 중·고등학교에서의 달성목표 설정치가 각각 제시되어 있는데, 먼저 중학교 졸업단계에서는 '인사와 응대, 일상생활에 관한 화제 등에 대해 기초레벨의 커뮤니케이션이 가능하다(졸업자의 평균이 실용영어기능검정(영검)3급 정도)'이며, 고등학교 졸업단계에서는 '일상적인 화제에 대해 통상적인 커뮤니케이션이 가능하다(졸업자의 평균이 영검 준2~2급 정도)'이다. 또 다른 항목으로는 전문분야에 필요한 영어력과 국제사회에서 활약하는 인재 등에게 요구되는 영어력이 제시되어 각 대학이 비즈니스 현장에서 영어를 구사할 수 있는 인재의 육성이라는 관점에서 달성목표를 설정한다고 하였다(文部化学省 2003).

표 1 : '영어를 구사할 수 있는 일본인'의 육성을 위한 행동계획(발췌)

	목표
1. 영어수업의 개선	'영어를 사용한 활동을 거듭 실시하여 커뮤니케이션 능력의 육성을 도모한다' · 영어 수업의 대부분은 영어를 사용하여 실시하며 학생이 영어로 커뮤니케이션을 취하는 활동을 많이 도입한다. · 중·고등학교 등의 영어수업에서 소수 지도자와 습득도별 지도 등을 적극적으로 도입한다. · 지역에 영어교육에 관한 선진학교를 만든다.
2. 영어교원의 지도력 향상 및 지도체제의 내실화	· 거의 대부분의 영어교원이 영어를 활용한 활동을 거급 실시하며 커뮤니케이션 능력의 육성을 꾀하는 수업을 진행할 수 있는 영어력(영검 준1급, TOEFL550점, TOEIC730점 정도 이상) 및 교수력을 갖춘다. · 지역레벨의 리더적 교원을 중심으로 지역 영어교육의 향상을 꾀한다. · 중·고등학교 등의 영어수업에 주 1회 이상은 원어민이 참가한다. · 영어에 능통한 지역 인재를 적극적으로 활용한다.

	목표
3. 영어학습에 대한 등기부여의 향상	· 매년 10,000명의 고등학생에게 해외유학의 기회를 제공한다. · 수업시간과는 별도로 영어 사용의 기회를 내실화한다. · 영어에 기반한 세계로의 정보발신 등을 통해 국제교류를 보다 활성화시킨다.
4. 입학자 선발 시의 평가 개선	· 듣기 및 말하기 능력을 포함한 커뮤니케이션 능력을 적절하게 평가한다. · 대학과 고교입시에 있어 청취테스트, 외부검정시험의 활용을 촉진한다.
5. 초등학교 영어회화 활동 지원	· 종합적인 학습시간 등에서 영어회화활동을 실시하고 있는 초등학교에 대해 그 실시횟수의 3분의 1 정도는 외국인교원, 영어에 능통한 자 혹은 중학교 등의 영어교원에 의한 지도를 실시한다.
6. 국어력의 향상	· 영어에 의한 커뮤니케이션 능력의 육성을 위해 모든 지적활동의 기반이 되는 구어를 적절하게 표현하고 정확하게 이해할 수 있는 능력을 육성한다.
7. 실천적 연구의 추진	· 영어교육 개선을 위한 노력이 착실히 추진될 수 있도록 중·고등학교·대학의 영어교육에 관한 실천적 연구를 종합적으로 실시한다(2003년 가을까지 일정분의 결론을 얻는다).

출처 : 文部科学省(2003)을 토대로 작성

이 '행동계획'은 "'영어를 구사할 수 있는 일본인"의 육성을 위한 전략구상'을 토대로 금후 5개년 계획으로서 '영어를 구사할 수 있는 일본인'을 육성할 수 있는 체제를 확립하고자 국가 차원에서 매진해야할 정책을 구체적인 행동계획으로 정리한 것이다(上同 2003).

상기의 행동계획 1~7 중에서 주목할 만한 구체적인 시책은 이하와 같다. 우선 '1. 영어 수업의 개선'에서 들고 있는 '선진적인 영어교육 등의 추진'의 시책으로 'Super English Language Highschool(이하, SELHi)'이 있다. 2005년까지의 지정교의 목표수는 100교라고 한다. 그러나 SELHi에 대해서는 찬반양론의 목소리가 있어 획기적인 교육 도입이라는 적극적인 의견이 있는 반면, 학교에 따른 시행방식의 차이, 정체성 형성상의 문제, 그리고 영어와 일본어로의 이중학습으로 인한 학생들의 과중한 학습 부담에 대한 우려가 있다.

다음으로 '2. 영어교원의 지도력 향상 및 지도체제의 내실화'의 경우, 교원채용제도의 개선 촉진화 방안의 일환으로 현재 거의 대부분의 행정자체단체·지정도시교육위원회가 시행하고 있는 청취, 영어회화 등의 실기시험 외에도 TOEFL, TOEIC등의 점수를 고려하여 영어 커뮤니케이션 능력에 관한 평가를 보다 중시한 교원채용을 촉구하였다. 또한 우수 중·고등학교 영어교원에 대한 해외연수 제도의 내실화 외에도 ALT(외국어지도조수)활용의 활성화와 우수 ALT의 정규교원으로의 전환채용도 제시되었다.

또한 '4. 입학자 선발 시의 평가 개선'의 일환인 '대학입시센터시험에 청취테스트 도입'에서는 2003년 5월 중에 대학입시센터시험의 청취테스트 실시에 관한 개요를 공표하는 것과 이에 수반한 각 대학의 체제 정비 등에 대해 검토한다는 내용이 포함되었다.

'5. 초등학교 영어회화 활동 지원'에서는 지도방법의 개선, 지도력 및 지도체제의 내실화, 초등학교 영어교육의 이상적 형태에 관한 연구가 거론되었으며, 학습하는 아동 입장에서는 원어민화자와 같이 고도의 영어 능력을 갖춘 자의 활용이 중요함을 강조하였다. 이를 위해 영어회화활동을 실시하는 초등학교에 대해서는 그 실시횟수의 3분 1 정도는 원어민화자나 중학교 영어교원 등에 의해 지도가 이루어질 수 있도록 필요한 지원을 제공한다고 하였다.

여기서 상기의 '"영어를 구사할 수 있는 일본인"의 육성을 위한 전략구성' 및 '"영어를 구사할 수 있는 일본인"의 육성을 위한 행동계획'에 앞서 2002년 6월 25일에 각료회의결정사항인 '경제재정운영과 구조개혁에 관한 기본방침 2002'에 주목할 필요가 있다. 이 '기본방침2002'에서는 산업경쟁력이 1990년대 초와 비교해 큰 폭으로 저하되어 있는 바, 경제활성화 전략으로 '인간력', '기술력'. '경영력', '산업발굴', '지역력', '글로벌화' 등의 6가지 중점과제에 착목하여 일본의 강점을 신장시키고 약점을

극복하기 위한 전략을 구축해야 한다고 지적하였다(『経済財政運営と構造改革に関する基本方針2002』2002 : 4). 경제활성화를 도모함에 있어 6가지 전략과 구체적인 30가지 액션프로그램이 제시되어 이들 6가지 전략 중에는 '인간력 전략'도 거론되었다. 더불어 '경제성장과 사회의 안정도 결국 "사람"에게 의존한다'는 규정하에, 개성있는 인간교육을 위한 구체적인 액션프로그램의 하나로 '문부과학성은 "영어를 구사할 수 있는 일본인"의 육성을 목표로 2003년 내에 영어교육 개선을 위한 행동계획에 대한 결론을 내린다'고 밝혔다(上同 2002 : 7). 이러한 경위에서 전술한 '행동계획'이 책정되었다고 볼 수 있다.

4-3. 외국어교육개혁의 배경

영어교육을 중심으로 한 외국어교육 방침은 1984년 8월 8일에 교부된 '임시교육심의회법'에 근거하여 당시의 나카소네 내각에 설치된 교육개혁을 위한 심의회인 임시교육심의회(이하, 임교심)에 의한 답신의 연장선상에 있다고 볼 수 있다. 제4차 답신에서는 외국어, 특히 영어 교육에서는 폭넓게 커뮤니케이션을 꾀하기 위한 국제통용어 습득의 측면에 중점을 둘 필요가 있으며 영어교육의 이상적 형태에 대해 근본적으로 수정한다는 내용의 개선 방침이 제시되었다. 市川(1997)에 따르면 임교심이 목표로 한 개혁은 산업계로부터의 경제자유화 요구를 반영한 것으로 학교교육의 효율화를 통해 학력을 향상시켜 국제경제경쟁력을 강화시킴을 주된 목표로 하고 있다. 이러한 임교심의 제언은 그 후의 1980년대에는 외견상으로는 그다지 반영되지 못하였으나 '교육의 자유화'만은 오늘날의 교육정책으로 이어지고 있다. 그리고 이러한 '교육의 자유화'는 규제의 철폐, 시장 메커니즘으로의 전환을 의미하였다(岡戸 2003 : 21-22).

이와 더불어 2000년 1월에는 당시의 오부치 케이죠^{小渕惠三} 수상의 사적간담회에서 '21세기 일본의 구상'이 발표되어, 영어를 제2공용어로 하자는, 소위 '영어 제2공용어화'에 대한 국민적 논의의 필요성에 관한 제언이 나왔다. '공용어'란 일반적으로 국가나 EU 등과 같은 집합체에서 공적인 장(행정, 사법 등)에서 사용되는 공적인 언어를 가리킨다. 따라서 이는 직접적으로 영어교육과 관련이 있는 것은 아니다. 당시는 매스컴도 가세하여 다양한 찬반의견이 난무하였으나 결국 자연스럽게 소멸된 채 현재에 이르고 있다. 그러나 영어교육을 강화하고자 하는 움직임은 계속되어 그 후의 여러 동향을 거쳐 이번처럼 호소력 높은 단어를 사용한 '전략구상'의 형태로 이어졌다. 전술한 '"영어를 구사할 수 있는 일본인"의 육성을 위한 행동계획' 중 몇 가지 시책은 경제활성화를 표방한 경제계의 시점에서의 요구를 토대로 책정되었다는 점에 주의할 필요가 있다.

애초에 '외국어교육'은 상위개념인 '교육' 혹은 '학교교육'의 구성요소 중 하나인 바, 사회적 요청만이 아닌 교육이념의 양 측면에서 고려하지 않으면 안 된다. 그러나 최근 영어교육의 내실화가 한층 강화되고 있는 경향은 주로 경제적 요청의 논리에 근거한 것이라 해도 과언이 아니다. 교육이념의 논리로 파악할 경우, 외국어 교육은 인간의 지식, 기능을 형성시키고 의사, 감정, 세계관을 기를 수 있는 종합적 교육에 기반한 것이어야 한다. 그러한 교육이 가능해져야 비로소 글로벌 사회에서 세계인들과 적극적으로 커뮤니케이션을 꾀하고 협조하며 공생할 수 있는 자질·능력이 키워져 갈 것이다. 세계는 실로 다양한 민족, 인종, 언어문화에 의해 구성되기에 금후 이러한 다종다양한 사람들과 공생하는데 있어 요구되는 '국제이해', '이문화이해'를 향한 자세와 시야를 기르는 것이 급선무이다.

일반적으로 인간은 유년기에 여러 사상事象에 대한 날카로운 감각을 갖고 있을 뿐만 아니라 그를 흡수할 힘 또한 갖고 있으므로 그 후의 사회의식의 형성에 있어서도 중요한 시기라고 볼 수 있다. 따라서 '국제이해'를 향한 시야와 자세를 기르기 위한 하나의 방책으로 현재 간주되고 있는 '영어'교육, 그 중에서도 비교적 저연령 시기에 해당하는 '초등학교 영어회화활동 지원'에 대해 이하 고찰을 이어가도록 한다.

4-4. '국제이해'와 '외국어'

초등학교 신학습지도요령은 1998년 12월에 고지되었다(2002년 4월 시행, 2003년 12월 일부개정). 주된 포인트 중 하나로 '종합적 학습 시간'의 창설을 들 수 있으며, 이 시기에는 각 학교가 창의공부를 활용한 특색 있는 교육활동을 전개하고, 국제이해, 정보, 환경, 복지·건강 등 횡단적 · 종합적 학습 등을 실시하기로 하였다(文部省 1998). 그 후 2001년에 이론편과 실천사례편으로 구성된 『小学校英語活動実践の手引き초등학교 영어활동 실천 입문서』가 간행되었다. 외국어회화는 국제이해에 관한 학습의 일환으로 자리매김 되어 '이론편'의 '"국제이해"와 "외국어회화"의 관계'에서는 '국제이해는 이문화에 대한 지식습득에 그치지 않으며 이문화에 대한 지식을 통해 자국 문화를 알고 나아가 단순히 지식의 습득이 아닌 행동하는 능력을 습득함을 목표로 삼는다'(文部科学省 2001 : 1)고 하였다. 또한 국제이해를 증진시키기 위한 구체적인 학습활동으로 '외국어회화', '국제교류활동', '조사학습' 등이 거론되었다. 그리고 '외국어회화'에 대해서는 현재 세계적으로 가장 많이 사용되고 있는 언어라는 점과 아이들의 학습 부담 등을 고려하여 이 입문서에서는 영어를 다루게 되었다(상게서 2001 : 2)고 설명하고 있다.

'국민이해'란 일반적으로는 '국가 간의 이문화 이해'라고 할 수 있을 것이다. '국제이해'에 관련된 교육으로는 '국제이해교육'이 있으나, 유네스

코는 설립 당시부터 이러한 국제이해교육을 중시하여 왔다. 국제이해교육의 목표는 기본적 인권의 존중을 기반으로 하여 국제평화를 위한 국가, 민족, 문화의 틀을 초월한 세계연대의식을 육성함으로써 국제협조를 추진할 수 있다는 것이다. 따라서 이러한 의미에서 '국제이해'란 궁극적으로는 인류이익과 상통하는 큰 개념이라 볼 수 있다.

따라서 외국어회화는 국제이해에 관한 학습의 일환으로 확실히 자리 매김할 수 있다. 그러나 문부과학성의 영어교육에 관한 임시교육심의회의 답신, '경제재정운영과 구조개혁에 관한 기본방침 2002', '"영어를 구사할 수 있는 일본인"의 육성을 위한 전략구상', 그리고 '"영어를 구사할 수 있는 외국인"의 육성을 위한 행동계획' 등에서 '국제이해=영어학습'의 촉진을 꾀하고자 하는 자세를 충분히 엿볼 수 있다. 이 입문서에는 상기한 '국제교류활동'에 대해 각종 학교행사와 지역의 일본인과의 직접적인 교류를 통해 다양한 언어와 문화를 접하며 아이들의 국제감각을 기를 수 있는 활동이라는 점도 기술되었다(文部科学省, 2001 : 3). 그러나 '외국어회화'라 해도 '외국어=영어'활동이 대부분으로 전국의 초등학교에서의 영어활동의 실천상황을 보면 2005년도 실적은 실시율이 93.6%(전 학교수 2만 2232교 중 2만 803교가 실시, 문부과학성 조사)로, 지난 조사(2004년도 : 92.1%)와 비교해 1.5%의 증가를 보이고 있다. 또한 2006년 3월에 초등학교에서의 영어학습에 대해 검토해 온 중앙교육심의회의 외국어전문부회는 향후의 방침으로 전국의 초등학교, 특히 고학년 단계에서는 주 1회 정도, 공통된 교육내용 설정을 검토할 필요가 있다는 판단 하에 영어의 필수화를 요구한다는 내용의 보고서를 채택하였다. 이처럼 초등학교 단계에서의 영어교육의 내실화에 한층 더 주안점이 놓이게 되었다고 할 수 있다.

일본에는 외국어교육의 내실화를 꾀하는 동시에 지역레벨에서 국제교류의 발전을 도모함으로써 일본과 외국과의 상호이해 증진을 위한 어학지도 등을 실시하는 외국청년 소개프로그램인 JET프로그램Japan

Exchange and Teaching Programme(외국청년유치사업)이 있다. 이 사업에서는 ALT 외국어지도보조 외에도 지사知事의 직속기관 등에서 지역의 국제교류활동에 종사하는 CIR국제교류원과 SEA스포츠국제교류원를 유치하고 있다. 통상 ALT 는 공립 중·고등학교 등에서 외국어교원 지도 보조·협력에 종사한다. 초등학교에는 4~5년째 JET청년으로 한정된 초등학교전속ALT가 배치되어, 국제이해교육활동에 종사하고 있으며, 2004년도에는 73명의 초등학교전속ALT가 배치되었다(総務省 2004). ALT의 대상언어는 영어·프랑스어·독일어·중국어·한국어이나, 2002년 7월 1일 현재 국가별 참가인원수에 관한 문부과학성의 자료를 살펴보면 ALT의 총계 5676명 중 상위 5위까지는 미국, 영국, 캐나다, 뉴질랜드, 호주의 순이다(표 2).

표 2 : ALT국가별 참가인원수(2002년 7월 1일 현재) (단위 : 명)

유치대상국	미국	영국	캐나다	뉴질랜드	호주	그 외	총계
ALT수	2,526	1,233	957	368	364	228	5,767

출처 : 文部科学省資料, 2002b

상기 표의 국가 외에 영어권 이외의 국가를 예로 들자면 프랑스 9명, 독일 3명, 중국 11명, 한국 4명이다. 또한 CIR의 국가별 참가인원수는 미국 140명, 호주 81명, 중국 67명, 영국 54명, 캐나다 34명, 뉴질랜드 28명, 프랑스 19명, 독일 21명이다. 이처럼 JET프로그램의 실시상황을 보았을 때, 국가로서는 미국을 비롯한 영어권으로부터의 참가자수가 압도적으로 많음을 알 수 있다.

이상과 같은 문부과학성의 외국어교육에 관한 시책과 그 실시상황을 살펴보면, 확연히 영어교육에 큰 비중이 놓였음을 알 수 있다. 초등학교학습지도요령(1998년)에는 '국제이해에 관한 학습의 일환으로 외국어회화 등을 실시할 때는 학교의 실태 등에 따라 아동이 외국어에 접하거나 외국의 생활과 문화 등에 친숙해지는 것과 같은 초등학교 단계에 어울리는 체험적인 학습이 실시되도록 할 것(文部科学省 1998 : 4)'이라고 하였다. 물론 국제통용어인 영어를 배우는 것도 한 방법일 것이다. 그러나 최근의 지역사회의 현황을 보자면 점진적으로 귀국아동·학생이 증가하는 경향을 보인다. 그러나 이들 아동·학생이 모두 영어를 사용한다고는 볼 수 없다. 실제로 지역주민으로서는 일본계 브라질인과 중국, 조선, 한국인 등을 비롯한 아시아로부터의 주인들이 상당수 있어 다양한 인종·민족과 공생해 가는 과정에서 요구되는 시야의 육성이 급선무이다. 이러한 관점에서 아동·학생이 여러 사상을 손쉽게 그리고 자연스럽게 수용할 수 있는 환경이라는 점과 학교의 실태 등을 고려할 경우 영어 이외의 언어를 포함한 '외국어활동'의 실현가능성에 대해서도 거듭 검토해나가야 할 것이다. 영어 이외의 언어를 알고 영어 이외의 언어사용자와의 커뮤니케이션을 도모함을 교육과정에 편입시키는 것도 하나의 방편일 것이다. 일본의 정책으로서 외국어교육의 이상적 형태를 고려하고자 한다면 일본의 현상과 미래상, 그리고 나아가 세계 여러 국가와의 국제협조까지도 시야에 넣어 다각적인 시각에서 검토해야만 한다.

5. 최근의 외국어교육과 언어서비스

5-1. 외국어교육의 다양화 - '영어 이외의 언어' 교육

다음으로 '영어 이외의 언어에 관한 교육'과 지자체에서 편성되고 있는 '언어서비스'를 주제로 그 현상과 동향에 대해 고찰한다.

일본의 근대화에 있어 '영어'는 사회의 대부분의 분야에서 필요로 할

정도로 중요한 위치를 점하고 있으며 최근에는 한층 더 그 중요성이 강조되고 있다. 그러나 한편으로 근래 몇 년 동안 영어 이외의 언어를 가르치는 학교 수가 고등학교를 중심으로 점진적이기는 하나 증가 추세에 있음은 주목할 만하다. 이 배경에는 1984~1987년의 임시교육심의회에서 제시한 제1~4차 답신의 존재가 있다. 이 중 '외국어교육의 재검토'에서는 '외국어교육의 어종語種 중 압도적인 존재감을 자랑하는 영어 외에 다양한 언어(외국어)교육을 실시할 필요가 있다'는 취지가 제시되었다(臨時教育審議会 1988). 그 후 당시의 문부성은 1991년부터 영어 이외의 다양한 외국어교육에 대한 조사연구에 착수하여 외국어교육 다양화 연구교를 지정하기 시작하였다. 다음으로 1996년의 『21世紀を展望したわが国の教育の在り方について21세기를 전망하는 우리나라 교육의 이상적 형태에 대하여』(제15기 중앙교육심의회 제 1차 답신)에서는 외국어 교육의 개선방향으로 영어뿐만이 아니라 앞으로의 국제화의 발전을 고려했을 때 학생들이 다양한 언어를 접할 수 있도록 배려할 필요가 있다는 점이 제시되었다. 이러한 경위에서 영어 이외의 언어 수업을 실시하는 학교가 조금씩 늘어나고 있다. 일반적으로 '영어 이외의 언어'교육의 제공에 대해 문부과학성은 '외국어교육의 다양화'라는 표현을 사용하고 있다.

'외국어교육'의 개념은 다종다양한 언어에 의해 구성되며, '영어'는 이 다양한 '외국어' 중 하나라는 점을 다시금 여기서 인식해둘 필요가 있다. 그리고 모어와 그 외 다른 언어에 대해 앎으로써 각 언어를 객관적으로 볼 수 있게 된다면, 이는 '편중되지 않은 언어관'을 키우는 데 나름의 역할을 할 수 있을 것으로 기대된다. 이러한 언어의 객관화와 편중되지 않은 언어관은 앞으로도 점점 더 증가될 이문화를 배경으로 갖는 사람들과의 커뮤니케이션의 장에서 일본인에게 요구되는 다각적 시각 혹은 이질적인 것에 대한 관용의 태도의 육성으로 이어질 것으로 생각된다. 다시 말해 세계에 존재하는 다양한 언어에 대한 지식을 통해 이문화이해 혹은 국제이해의 촉진이 기대된다고 볼 수 있다(岡戸 1999).

아래에 '영어 이외의 언어'교육을 실시하고 있는 고등학교 수를 제시한다(표 3).

표 3 : 외국어별 개설 고등학교 수(단위 : 교)

	1993년	2003년	2005년
중국어	154	475	553
프랑스어	128	235	248
한국·조선어	42	219	286
스페인어	39	101	105
독일어	73	100	105
그 외	17	64	58

	1993년	2003년	2005년
공립	153	804	944
사립	210	390	411
계	363	1,194	1,355

출처 : 문부과학성의 자료를 근거로 작성

외국어별 개설 고등학교 수는 문부과학성에 의해 격년으로 조사되고 있다. 1993~2003년까지의 10년간 각 언어별 개설 고등학교 수는 증가하고 있음을 알 수 있다. 그 중에서도 개설 고등학교 수에서는 중국어가, 그리고 그 증가율에 관해서는 한국·조선어가 현저함을 알 수 있다. 그리고 2005년에 한국·조선어는 프랑스를 제치고 제 2위가 되었다. 1993년에는 공립교보다도 사립교의 개설학교 수가 많았으나 2003년 시점에서는 공립교가 큰 격차로 수적 우위를 점하게 되었다.

사립교가 영어 이외의 언어를 가르치는 데 이르게 된 배경으로는 학교의 창설, 모체와 관련된 점이 크게 부각되기도 하지만 이유는 비교적 명확하다. 한편, 공립교의 경우에는 중국어 수업이 많다는 점에서 아시아권의 일원으로 지역연계활동의 일환 혹은 국제이해·이문화 이해를 위해 필요하다는 이유가 많이 거론된다. 그러나 공립교에서는 기간에 따라 교원의 전출입이 있기 때문에 당초의 영어 이외의 언어를 가르치는 데 이르게 된 경위와 이유가 명확하지 않은 채로 연동없이 과목을 설치하고 있는 경우도 있다고 한다(岡戸 1999).

언어는 그 배경에 언어사용자의 사고와 세계관 등을 포괄하는 문화를 갖는다. 따라서 모어 이외의 언어를 접하는 것은 자신이 몰랐던 이질적인 문화에 접하는 것과 같다. 영어교육이 점점 더 중요시되고 있는 상황에서 영어 이외의 언어를 가르치는 고등학교의 교원은 자문화 및 모어를 객관시할 수 있다는 것, 나아가 다각적인 관점에서 사물을 파악하는 힘을 키우는 데 있어 교육적인 방책의 하나로 '영어 이외의 언어'교육은 유효하다고 판단하고 있는 것이 아닌가라는 생각이 든다. 영어뿐만 아니라 영어 이외의 언어를 알 수 있는 기회는 학교교육 안에서 더 많이 제공되어야 할 것이다.

그러나 '영어 이외의 언어'교육을 추진하는 데는 여러 문제가 수반된다. 외국어교육에서는 영어가 차지하는 비중은 압도적이기에 학교교육에서 '영어 이외의 언어'교과는 아무리 봐도 애매한 위치에 놓일 수밖에 없다. 또한 학교교원 사이에서의 영어 이외의 언어에 대한 인식의 차이는 추진의 방해요인이 되기도 한다. 이들 문제에 대해서는 현장의 교원들의 노력뿐만이 아니라 행정을 포함한 교육체제의 내실화도 필요할 것이다. 현재 고등학교의 영어 이외의 다양한 언어교육에 관한 실천연구는 '외국어교육다양화추진사업'이라는 형태로 수행되고 있으며, 외국어교육다양화추진지역사업에 대한 예산액은 2004년도에 약 950만 엔(문부과학성자료)이다.

향후의 국제사회의 안정을 목표로 한 시대에 요구되는 '이문화 이해'를 위한 시야·자세를 함양할 필요성에서, 나아가 지역사회의 거주외국인의 증가나, 경제적 수요를 배경으로 한 비즈니스 커뮤니케이션의 다언어화 시점에서도 외국어교육의 다양화는 한층 더 적극적으로 추진됨이 마땅하다.

5-2. '언어서비스'체제의 내실화를 향해

다음으로 일본에서의 '언어서비스'에 대해 간단히 언급하고자 한다. '언어서비스'는 현재 학술용어로서는 아직 정착되지 않은 듯하나, '외국인이 이해할 수 있는 언어를 이용하여 필요한 정보를 전달하는 것(河原 2004 : 6)'으로 정의될 수 있을 것이다.

법무성입국관리국에 따르면 2005년 말 현재 외국인등록자수는 201만 1555명으로 역대 최고기록을 경신하였다. 외국인등록자수가 일본 총 인구에서 차지하는 비율은 1.57%에 이른다. 외국인등록자수를 그 출신 지역별로 나누어보면, 아시아지역이 148만 3985명(전체의 73.8%), 남미지역(동 18.7%), 북미지역(3.2%), 유럽지역(2.9%), 오세아니아지역(0.8%), 아프리카지역(0.5%)의 순이다. 또한 외국인등록자수를 국적(출신지)별로 보자면 한국·조선이 가장 많고 그 아래로 중국, 브라질, 페루, 미국의 순이다. 추이를 살펴보면 한국·조선은 해마다 감소 추세에 있으나 중국, 브라질, 페루는 계속해서 증가 경향에 있다. 각 행정구역별로 외국인등록자수의 국적(출신지)별 비율을 높은 순으로 열거하자면, 한국·조선 : 오사카 부(67.5%), 교토 부(65.8%), 야마구치 현(60.0%)이며, 중국 : 도구시마 현(63.8%), 아이치 현(56.9%), 아키타 현(53.8%), 브라질 : 시즈오카 현(52.0%), 시가 현(46.2%), 미에 현(43.5%)이다(이상 入管協会 2006). 이를 통해 일본 전국에 걸쳐 다양한 국적의 외국인주민이 생활하고 있음을 알 수 있다.

이러한 배경에서 외국인 주민의 증가 등으로 인해 발생하는 이문화와의 공생문제에 대한 대응의 필요성에서 각 지자체는 언어서비스 등의 대처방안을 강구하고 있다. 그 중에서도 가나가와 현 가와사키 시는 거주외국인이 비교적 많은 도시이다. 2005년도 외국인등록인구수 2만 7212명 중, 국적별로 1위에서부터 4위까지를 제시하자면, 조선·한국 9266명, 중국 6658명, 필리핀 3280명, 브라질 1414명(2005년 6월 말 현재)이다(川崎市国際交流協会 2005).

이러한 상황에서 가와사키 시는 거주외국인에 대해 선구적인 시책을 실시하고 있다. 그 예로 1998년 4월부터 시행된 '외국인시민에 대한 홍보의 이상적 형태에 관한 인식'의 '다언어홍보의 우선순위 기준'은 이하와 같다.

1) 긴급사태의 대응에 관한 정보(재해, 화재, 사고, 도난, 긴급의료 등)
2) 외국인시민의 생활·상담에 관한 정보(국제교류협회의 사무안내 등)
3) 외국인시민의 의무에 관한 정보(외국인등록, 입국관리법관계, 세무제도 등)
4) 보건, 복지, 교육에 관한 정보(유영아검진, 보육원, 취학, 일본어학급안내 등)
5) 일상생활에 관한 정보(쓰레기 처리, 공공요금의 납부방법 등)
6) 외국인시민의 이용이 많은 시설정보(시민관, 보건소, 복지사무소의 사무안내 등)

이러한 선진적인 안을 바탕으로 브라질국적의 주민이 비교적 많은 아이치 현 도요타 시는 외국인시민 대상의 다언어정보제공에 대한 의견을 교환하여 거의 동일한 내용의 '다언어홍보제공우선순위'를 작성하였다(岡戸 2004 : 119). 상기항목 중에서도 '긴급사태 대응에 관한 정보'는 인간에게 있어 가장 우선시되어야 할 생명의 유지, 즉 인권과도 밀접하게 관련되어 있으며, 이러한 지자체의 자세와 대처는 평가할 만하다.

언어서비스의 주된 내용은 생활정보에 관한 각 언어판 팜플렛 등의 인쇄물의 작성, 배부, 다언어방송, 각 언어에 의한 상당창구에서의 대응,

일본어교육(국제교류협회가 담당하는 경우가 많음), 모어교육 등이 있다. 그러나 일본어습득도 결코 용이하지 않은 상황에서 모어교육의 내실화 및 확충으로까지는 좀처럼 이어지지 못하고 있는 것이 실정이다.

향후의 지역사회에서 점진적으로 증가 추세에 있는 외국인주민과 공생해가기 위한 키워드는 '다문화·다언어공생'이다. 이를 위해 어떠한 시야와 태도가 요구되는가에 대한 진지한 성찰은 앞으로의 안정된 지역사회, 나아가 일본, 국제사회를 목표로 함에 있어 중요하다고 판단된다.

6. 일본에서의 외국어 정책의 필요성

일본에서의 '외국어'에 대한 사고방식과 대처방식을 역사적으로 살펴보자면, 제2차 세계대전 이전에는 영어가 서서히 우위적 지위를 확립해갔던 반면, 다른 여타 언어는 일본의 각 지역의 요청이나 당시 일본의 발전에 필요한 학술적 지식을 흡수하기 위해 불가결한 존재였다고 할 수 있다. 그러나 전후 미합중국과의 관계성 강화에 따른 미국영어의 지속적인 유입으로 인해 학교 교육 현장에서 '영어'는 마치 필수과목과 같은 압도적인 지위를 유지하며 학습되어 왔다. 전후의 경제고도성장기를 거쳐 국제화·글로벌화가 급속히 진행되는 현 상황에서 정치·경제·문화적 분야에서의 영어의 지위는 날로 높아가고 있다. '요즘 시대에 영어 정도는 하지 않으면'이라는 캐치프레이즈 아래 영어회화산업도 크게 융성하였다. 사회인이 승진의 필요조건으로 혹은 사내 공통언어가 영어라 영어능력이 요구되는 경우도 종종 발생하고 있어 이러한 수요에 대응하고자 민간에서도 영어회화학교가 난립하고 있는 상황이다.

그러나 '언어'를 영어라는 하나의 언어로만 파악해서는 안될 시대가 도래할 것이다. 21세기를 맞아 눈이 돌아갈 정도로 빠르게 세계의 정세는 시시각각 변화하고 있다. 인터넷으로 대표되는 개방형 정보시스템과 운송기술의 발달에 따라 시장경제의 글로벌한 확대와 문화의 전파, 인적 이동이 보다 활발해지고 있다. 이로 인해 커뮤니케이션의 그룹화 현상이 발생하게 되었고 미디어의 발달에 힘입어 TV, 라디오, 음악 등을 통해 이문화, 이언어를 접할 수 있는 기회도 아주 손쉽게 얻을 수 있게 되었다.

세계로 눈을 돌리면, 예를 들어 EU(유럽연합)에서는 서로 다른 언어는 유럽의 문화유산이며, 모든 언어는 평등하게 학습되어져야 한다는 인식 하에, 다언어·다문화주의가 추진되고 있다. 이 경우 언어교육의 역할은 극히 중요하여 그 목표는 '모어 외에 EU의 2언어 습득'이다. 또한 미합중국의 부시 대통령은 2006년 1월 5일에 The National Security Language Initiative(NSLI : 국가안정언어학습안〈구상〉)을 제시하였다. 이는 국가의 안전보장 면에서도 큰 의미를 가지므로 아리비아어, 중국어, 러시아어, 인도어, 페르시아어 등의 언어능력을 기르기 위한 교육을 촉진한다는 것으로, 2007년도 회계연도에서 1억 1400만 달러가 예산으로 책정되었다 (U.S. Department of State 2006). 이처럼 세계의 주요한 국가들의 경우에 있어서도 다언어·다문화사회를 맞아 공생을 목표로 한 노력의 일단을 엿볼 수 있다.

일본 국내에서도 최근 학교 교실, 직장, 지역사회의 다언어·다문화 경향을 볼 수 있으며 이러한 경향은 점차 강해질 것으로 예상된다. 지역사회의 외국인주민 증가에 따라 실제로 생활 장면에서의 공생은 중요과제가 되었으며 이문화 커뮤니케이션을 실현하는데 있어 언어는 중요한 문제가 되었다. 따라서 앞으로는 사람과 사람이 커뮤니케이션 장면에서 사용할 언어의 문제를 단순히 '말'의 문제로 파악하지 말고 그 언어사용자의 문화 및 정체성과 밀접하게 연관된 '인권'의 관점에서 재검토하는 자세가 요구된다.

일본계 브라질인이 많이 거주하는 도시에서는 그들 외국인 아동·학생이 다니는 학교에서 영어 이외의 언어로 포트투칼어를 접하거나 배울 기회를 제공하는 것도 바람직할 것이다. 우선은 그러한 학습자의 극히 일상적인 장면에서 국제이해를 도모할 만한 구체적인 방안을 고려할 필요가 있다. 이러한 일들이 나아가 사회 전체적으로도 공생에 좋은 영향을 끼치리라 기대된다.

'언어'를 둘러싼 여러 문제에 대해서는 크게 '행정'과 '교육'의 측면에서 고찰할 필요가 있다. 향후 일본이 글로벌 사회, 혹은 국내에서 평화의 안정과 복지의 향상을 지향하기 위해서는 지금까지 제시된 적이 없었던 '일본의 외국어정책'을 내세워야 할 시기를 맞이해야하는 것은 아닐까? '외국어정책'을 감안했을 때 크게 이하의 사항에 대한 충분한 고려가 있어야 한다.

1. 글로벌 사회, 국가, 지역사회, 개인
2. 정치적 요청
3. 경제적 요청
4. 인적 교류
5. 교육이념(인간의육성)
6. 공생
7. 인권의 관점에서의 언어

일본의 현 상황과 장래를 염두에 두고 상기의 7가지 사항을 충분히 고려하여 '외국어정책'을 책정함으로써 다양한 사회와 학교교육의 장면에서 시도되고 있는 언어문제·과제의 해결에 대한 여러 방책이 보다 선명히 부각될 수 있다고 생각한다. 그러한 '종합적 외국어정책'을 향한 논의가 활발히 이루어지는 것이 바람직할 것이다.

참고문헌

U.S. Department of State 2006. "National Security Language Initiative".
　　http://www.state.gov/r/pa/prs/ps/2006/58733.htm.（2006 年 1 月 5 日アメリ
　　カ国務省発表）

市川昭午　1997.『臨教審以後の教育政策』東京：教育開発研究所

井上久雄（編）　1984.『明治維新教育史』東京：吉川弘文館

大阪外国語大学 70 年史編集委員会　1992.『大阪外国語大学 70 年史』大阪外国語
　　大学 70 年史刊行会

岡戸浩子　1999.「『外国語教育における英語教育の位置づけ』と『言語観』について」
　　『中部地区英語教育学会紀要 28』　中部地区英語教育学会

岡戸浩子　2003.「経済と外国語教育に関する考察」『JACET 中部支部紀要第 1 号』
　　大学英語教育学会中部支部

岡戸浩子　2004.「人間の視点からみた安全への多言語対応 ―豊田市の事例から」
　　河原俊昭（編）『自治体の言語サービス ―多言語社会への扉をひらく』横浜：春
　　風社

小樽商科大学　1976.『小樽商科大学史 開学六十五年』財界評論新社

川崎市国際交流協会　2005.『外国人に関するデータ』
　　http://www.bremen.or.jp/kian/home/index.html（2006 年 4 月 2 日）

河原俊昭（編）2004.『自治体の言語サービス―多言語社会への扉をひらく』横浜：
　　春風社

経済財政諮問会議　2002.「経済財政運営と構造改革に関する基本方針 2002」2002
　　年 6 月 25 日に閣議決定

東京外語スペイン語同学会　1979.『東京外語スペイン語部八十年史 ―内外活動異
　　色ドキュメント―』

東京外語スペイン語同学会　1982.『東京外語スペイン語部八十年史 別巻 ―人物と
　　業績―』

東京外国語学校　1932.　『東京外国語学校沿革』

Doi, Toshio. 1988. *The Study of Language in Japan.* Tokyo : Shinozaki Shorin

長崎大学三十五年史刊行委員会編集室　1984.『長崎大学三十五年史』長崎大学

入管協会　2006.『在留外国人統計 平成 18 年版』東京：入管協会

三好重仁　2004.「多文化共生地域社会をめざして ―川崎市の言語サービス」河原
　　俊昭（編）『自治体の言語サービス ―多言語社会への扉をひらく』横浜：春風社

三好信浩　1986.『日本教育の開国』東京：福村出版

文部省　1998.『小学校学習指導要領』東京：国立印刷局

文部科学省　2001.『小学校英語活動実践の手引き』東京：開隆堂出版

文部科学省　2002a.『「英語が使える日本人」の育成のための戦略構想』

文部科学省　2002b.「平成 14 年度『語学指導等を行う外国青年招致事業』（JET プ
　　ログラム）新規招致者の決定について　国別参加人数 2002 – 2003」文部科学
　　省・総務省・外務省・（財）自治体国際化協会 2002 年 7 月 5 日における共同発
　　表

文部科学省　2003.「『英語が使える日本人』の育成のための行動計画」

文部科学省　2006.『「平成 17 年度小学校英語活動実施状況調査」の結果について』
　　（2006 年 3 月 16 日初等中等教育局国際教育課発表資料）

臨時教育審議会　1988.『教育改革に関する答申 —臨時教育審議会第 1 次〜第 4
　　次（最終）答申—』大蔵省印刷局

일본의 언어정책과 다문화공생사회[01]

노야마 히로시野山 広

1. 들어가며

최근에 일본에 체류 중인 외국인은 증가 일로에 놓여 있다. 2005년말 현재 외국인등록자수는 201만 1555명으로 처음으로 200만 명을 돌파하여 일본 총인구(1억 2775만 6815명 : 2005년 10월 1일 현재, 총무성통계국의 '平成17年国勢調査' 요계표인구에 의함)에서 차지하는 비율은 1.57%(전년 비 0.02포인트 증가)로 다양한 분야에서 외국인과 일본인의 관계가 더욱 밀접해져 거주외국인이 지역사회에 미치는 영향이 점차로 커지고 있다.

이런 상황 속에서 거주외국인에 대한 일본어교육[02]과 학습지원 및 다문화공생사회에 걸맞은 정보제공의 이상적 형태를 고민·발전시키는 것은 가장 중요한 실천과제 중 하나이다(石井 1997, 河原 2004, 西原ほか 1999, 野山 1996, 2003a, 平野 1996, 平高 2004, 文化庁編 2004). 이들 과제의 해결을 위해서는 수용정책의 개혁을 필두로 정보의 교환·유통, 사회상황에 부합한 언어정책의 입안과 언어교육정책의 실시·전개도 기대된다. 또한 일본의 외국인거주자의 증가를 예상한다면 예를 들어 언어(제1언어=모어=자국어, 제2언어, 외국어, 계승어 등)의 교육과 학습지원에 관련된 다양한 기관·

단체가 연계·협력하여 언어교육의 종합적 정책을 입안[03]하고 실현해가는 것도 기대할 수 있을 것이다.

그러나 이러한 언어와 교육 그리고 정책(시책)을 망라하는 복합연구 분야에서 1990년의 출입국관리 및 난민인정법(이하, 입관법)의 개정·시행 이후, 2001년 필자가 조사연구에 관여하기 시작할 무렵까지 앞으로 다가올 다문화공생사회에 요구되는 이상적 정책까지를 부감한 연구는 많지 않았다(제2절 참조). 하물며 해외 국가들의 선진적인 수용정책 및 언어정책과 일본과의 비교분석을 토대로 한 제2언어로서의 자국어 교육과 모어 교육, 나아가 제도개혁의 문제까지를 시야에 둔 정책연구는 필자가 조사한 바로는 거의 없었다.

이러한 상황에 비추어 사회상황에 부합하는 시책과 사업의 전개를 목표로 한 기초자료 작성을 위해 문화청에서는 '해외 국가에서의 외국인 수용정책 및 외국인 대상 언어교육정책에 관한 조사연구'를 실시하였다.[04] 여기서는 우선 그 조사방법·내용과 결과의 개요를 사례를 들어 소개하고자 한다. 다음으로 이 사례를 토대로 일본에서의 수용정책과 언어정책(언어교육에 관한 시책)의 현황과의 비교분석을 한다. 최종적으로는 분석결과를 통해 다문화공생사회의 도래에 대응 할 수 있는 언어정책의 이상적 방향에 대해 고찰한다.

2. 언어·교육·정책연구를 망라한 분야의 선행연구
- 다문화공생사회의 구축을 향해 -

일본어교육 분야에서는 水谷(1995)가 일본어교육전반 그리고 주변영역을 부감하며 일본어교육정책에 대해 論하였으며, 石井(1997)와 野山

(1996, 2002a)는 지역일본어교육 지원방법에 주안을 둔 앞으로의 일본어
교육과 언어교육정책·시책의 전개에 대해서 전망하고 있다. 또한 池上他
(2004)는 연소자일본어교육학의 구축을 위해 언어습득, 교수법, 현장·지
역·연구자 간 연계, 교수제도·지원·교원양성 등 종합적 관점에서 지적·제
언을 행하고 있다. 그 외에도 明治書院(1997)을 들 수 있는데, 이는 잡지
『日本語学』임시창간호 특집『일본어교육 -21세기에 대한 전망』으로, 일
본어교원양성, 일본어교육 연구와 현장, 연구와 교육·사회의 연결, 일본
어교육행정의 연계 가능성, 귀국자녀교육과의 연계, 일본어교육과 국어
교육 등에 관해 입국관리법개정 후의 사회상황에 입각하여 복합적·총합
적 관점에서 그 정책적 과제를 고찰한 것이다.

사회언어학적 관점과 일본의 바이링구얼리즘, 다언어·다문화주의,
다문화·이문화간 교육 관점에서 일본의 소수언어 문제, 언어·문화의 다
양성, 교육 가능성에 초점을 맞춘 논문으로는 マーハ·八代(1991), 野山
(1992), Noyama(1995), 岩間·山本(2000), マーは·本名(1994), マーハ(1997),
岡戸(2002), 渡戸·河村(2002), 平高(2004), 佐藤·吉谷(2005) 등이 있다. 입관
법 개정 이전에는 江渕·小林(1985)가 출판되어 다문화교육비교연구를 선
도하였다.

국어 및 일본어교육과 사회언어학의 양 영역에 걸친 복합영역적 관
점에서 언어정책과 언어교육정책·시책 및 교육을 논한 것으로는 西原他
(1999), 西郡·西原(2004), 그리고 国立国語研究所(1997a, 1997b, 1999, 2002)
의 일련의 연구서를 들 수 있다.

이 외에도 타국의 사례를 소개하고 것으로는 세계의 언어정책의 현황을
개관·소개한 河原(2002)를, 다언어사회의 언어문화교육의 바람직한 형태
에 대해 미국의 영어를 제2언어로 하는 아이들에 대한 미국인교사들의 노
력을 사례로 들고 있는 バトル-後藤(2003)를 들 수 있다. 그러나 이러한 선
행연구에는 외국 국가들의 사례에 대한 소개는 있으나, 일본의 현황과의

비교분석의 시점이 결여되어 있거나 있더라도 충분하지 못하다. 이 점에서 大谷他(2004)는 세계의 외국어교육정책에 대해 동아시아의 외국어교육정책과 '선진국'의 외국어교육정책. 그리고 일본의 정책과의 비교를 통해 일본에서의 외국어교육 재건축을 위한 고찰을 전개하고 있다.

언어정책에 관한 연구를 수행할 때, 그 대상항목은 지위(석차)계획 Status planning, 본체(실태)계획corpus planning, 보급(습득)계획acquisition planning 등의 세 영역으로 나뉘나(Cooper 1989), 본고에서는 지위계획과 보급계획의 일부[05]에 초점을 맞추고자 한다. 구체적으로는 일본어 비모어화자의 일상생활에서의 일본어(교육·학습지원)에 대한 계획(정책)이라든가, 재일외국인(외국인주민)의 모어와 계승어 교육에 관한 계획(정책)을 중점으로 자국어 보급정책의 바람직한 형태에 관해 고찰한다(真田 2006). 다시 말해 지금까지의 선행연구에서 거의 다루어지지 않았던 해당 국가(이민을 중시한 선진국)에서 전개된 언어정책과 일본 정책을 비교분석하는 한편 금후 상정가능한 다문화공생사회의 구축을 향한 정책(시책)의 바람직한 형태에 대해 고찰하고자 한다.

3. 조사의 개요

3-1. 조사대상국

선진공업국 중 특히 1960년대부터 70년대에 걸쳐 많은 이민자를 수용하여 이민 수용의 선진국으로 평가받는 나라들 중 영국, 독일, 프랑스, 호주, 스웨덴, 미국, 캐나다 등 7개국을 예로 들어 일본과 비교고찰하도록 한다.

3-2. 조사대상기관

상기 7개국의 각국 정부(연방정부), 지자체(주정부, 현, 시) 등

3-3. 조사방법

조사대상국의 현지조사원에 의한 각국 정부, 지자체 담당자에 대한 인터뷰 조사를 위주로 한 청취법. 보완적으로 정부, 지자체의 정책(시책)에 관한 자료·정보를 수집하였다.

3-4. 조사내용(각국 공통)

3-4-1. 각국의 외국인 수용 정책

외국인 수용 상황, 외국인 수용에 대한 기본적 사고방식, 재류외국인, 신규입국외국인의 법적 지위, 외국어수용시설의 관할 행정기관, 외국인(수용, 정착)에 대한 시책의 현황 등에 관해, 청취조사 혹은 자료·정보의 수집

3-4-2. 외국인에 대한 언어정책(언어교육정책)

언어상황, 외국인을 대상으로 한 언어교육에 대한 기본적 사고방식, 재류외국인, 신규입국외국인에 대한 일반적인 언어교육 시책의 현황, 자

국어 교원양성[06] 제도와 자국어 능력시험 제도의 현황 등에 관해 청취조사 혹은 자료·정보 수집

4. 조사결과의 개요 - 수용정책과 외국인에 대한 언어정책(교육시책)의 현황

지면관계상 여기서는 주로 외국인 수용정책과 외국인에 대한 언어교육시책의 현황에 관한 각국의 동향과 몇몇 국가의 특징적인 시책 전개에 대해 개관한다.

4-1. 각국의 외국어 수용 상황과 시책의 전개

4-1-1. 거주외국인의 비율

거주외국인의 비율에 관해서는 통계의 기준이 달라 8개국을 단순 비교할 수는 없지만 외국인수의 비율이 가장 높은 나라는 호주(23.6% : 외국인수=451만 7300명, 총인구 1915만 7000명, 2000년)이다. 다음으로 캐나다(18.4%), 미국(10.4%)의 순이나 이들 3개국의 숫자는 해외에서의 출생자를 계상한 것이다. 그 다음이 독일(8.9%)로 그 밑으로 영국(7.9%), 프랑스(5.7%), 일본(1.5%)의 순이었다.

표 1 : 거주외국인수와 총인구에서 점하는 비율

	총 인구	외국인 수	총 인구에서 점하는 비율
영국(2001년)	58,789,194	4,635,296	7.9%
독일(2000년)	약 8,220만	7,296,817	8.9%
프랑스(1998년)	57,200,000	3,242,500	5.7%
오스트리아(2000년)	19,157,000	4,517,300	23.6%
스웨덴(2001년)	8,909,128	475,986	5.3%
미국(2000년)	약 27,409만	약 2,838만	10.4%
캐나다(2001년)	29,639,030	5,448,480	18.4%
일본(2002년)	127,435,350	1,851,758	1.5%

출처 : 문화청 2003, p.2

주1) 영국은 에스닉마이너리티 인구
주2) 호주, 미국, 캐나다는 국적에 기반한 외국인 통계가 아닌 출생국에 기반한 외국에서 태어난 사람에
　　 대한 통계가 사용되고 있다(해외에서의 출생자 수).

이들 국가 중 영어권인 4개국은 국적별로 인구통계를 취합하지 않고 있으며, 그 숫자 중에는 이주국의 국적을 갖고 있는 사람도 포함된다. 예를 들어 호주에서는 총인구의 4분의 1이 외국에서 태어난 이민 1세대이며, 캐나다는 5분의 1이, 미국은 10%가 외국 출생이라 이들 3개국은 소위 이민국가임을 알 수 있다. 또한 영국의 숫자는 백인이 아닌 에스닉 마이너리티의 비율이다.

이들 국가들은 모두 외국 출생인가 외국 출생의 부모를 갖고 있는가를 기준으로 통계를 내면 대략 10~20% 정도의 비율이 된다. 외국인(외국적자)가 그렇게 많지 않은 것처럼 보이는 국가, 그 중 하나인 프랑스(5.7%)에서는 외국인 부모를 둔 프랑스에서 태어난 아이들은 성인이 되었을 때 프랑스 국적을 부여 받으며, 스웨덴(5.3%)에서도 귀화가 비교적 용이하여 실제로는 이민자의 피를 이어 받은 사람이 상당수임을 알 수 있는 결과가 나와 있다. 독일은 오랫동안 혈통주의 국가를 고집한 측면도 있어 2000년에 외국인이 총인구에서 차지하는 비율은 8.9%로 비교적 높으나, 이는 비독일계 외국인의 국적취득이 어려웠음을 암시한다.

4-1-2. 이민 수용의 현황

현재 각 나라는 이민 수용에 대해 그다지 적극적이지 않다. 예를 들어
독일정부는 오랫동안 '독일은 이민국가가 아니다'라는 견해를 피력해왔
다. 이민노동자는 장기체재라도 소위 가스토 아르바이타로 취급받으며
독일 국민과는 확연히 구분되는 존재였다. 그러나 장기체재자(10년 이상
의 체재자)가 외국인 인구의 50%를 넘어 독일 출생의 아동·학생이 늘어나
게 되자 외국인 정책은 장기체재 외국인의 독일사회로의 통합에 초점이
맞춰지지 않을 수 없게 되었다. 2000년 1월에 약 82년 만에 국적법이 개
정되어 국적취득조건[07]이 크게 완화된 것도 이러한 배경에서이다(제 8장
참조).

4-1-3. 소관 행정기관

특징적인 동향이 관찰되는 국가로는 스웨덴이 있다. 스웨덴에서는 이
민자의 입국과 통합에 관한 소관(관청)이 달라 노동허가, 체재허가, 망명·
시민권의 결정은 이민국, 일반사회로의 융합(통합)의 촉진은 통합국 관할
이다. 이전에는 이민국이 입국관리와 통합시책 모두를 관할해왔으나 이
에 대한 비판이 일어 1998년 통합정책(시책)을 전문적으로 담당할 부서
로 통합국이 창설되었다.

4-2. 외국인에 대한 언어교육시책

4-2-1. 공용어·자국어

프랑스와 캐나다 이외의 국가의 경우 사실상의 공용어는 존재하여도 법적으로 공용어 등이 정해진 언어는 없다. 프랑스는 1992년 공화국 헌법에서 '공화국의 언어는 프랑스어이다'고 규정하였고 1994년의 '프랑스어 사용에 관한 법'에 의해 교육기관에서 프랑스의 사용이 의무화되었다. 캐나다의 경우는 1969년에 제정된 공용어법에 의해 영어와 프랑스어가 대등한 지위를 갖는 공용어로 선언되어 1982년 헌법에 영불 양언어가 공용어로 명기되어 헌법상의 보장을 받게 되었다. 1988년 공용어법에 의해 연방기관에서의 공용어사용에 관한 상세 규정이 만들어졌다. 한편 미국의 경우는 영어가 실질적인 공용어이며 1981년에 영어를 공용어로 규정한 헌법수정안이 제출된 적은 있으나 폐안廢案이 되었다. 2002년 시점에서 어떠한 형태로든 영어를 공용어로 정하고 있는 주는 26개이다. 일본의 경우도 일본어가 사실상의 공용어이나 공용어를 명확하게 제시한 법률 등은 존재하지 않는다.[08]

4-2-2. 자국어 교육

영어권의 4개국의 경우, 소위 '제2언어로서의 영어ESL' 수업이 이민자와 난민을 대상으로 적극적으로 이루어지고 있으며 수강료는 대부분의 경우 무료이다. 일례로 호주의 경우 입국 혹은 영주권획득 5년 이내라면 최고 510시간까지 수강이 가능하도록 되어 있다. 영국의 경우는 영어를 모어로 하지 않는 사람들에게 가르치는 영어는 ESOL English for Speakers of

Other Language이라 불리나, ESOL학습자 특유의 수요에 부합하는 커리큘럼과 시험, 교재개발, 그리고 ESOL교원의 양성, 인정시스템이 필요하다는 인식에서 2001년 'ESOL교육개발프로젝트'가 발족되어 전국기능대책협의회LSC에 의해 추진되고 있다. 또한 국가별로도 학령기의 아이들에 대해서는 '제2언어로서의 자국어' 교육이 각 지자체나 주에서 학교교육의 일환으로 이루어지는 경우가 많으나, 독일에서는 각 주의 문화성이 담당하고 있으며 이민법 개정에 따라 이민자는 (2004년 이후) 2년간 600시간의 제2언어로서의 독일어 교육을 받을 수 있게 되었다(제 8장 참조).

4-2-3. 모어 교육

학령기인 아동·생도가 모어교육을 받는 것을 권리로서, 예를 들어 학교법령으로 인정하고 있는 국가로는 스웨덴을 들 수 있다.[09] 미국의 경우는 1968년에 바이링구얼 교육법이 제정된 이래로 영어를 모어로 하지 않는 마이너리티 아이들은 공립학교에서 모어를 사용하여 수업을 들을 수 있게 되었으며, 바이링구얼 교육을 실시하는 학교는 연방정부로부터 재정적 지원을 받을 수 있게 되었다. 그러나 1990년대 이후, 서해안, 서남부의 여러 주에서 영어공용어화운동이 활발히 전개되어 캘리포니아 주의 경우 1998년 주민투표에 의해 주 내의 공립학교에서의 바이링구얼 교육의 폐지가 결정되었다. 이러한 흐름 속에서 연방정부 레벨에서도 교육법 그 자체에 대한 재검토가 진행 중에 있다. 캐나다에서는 1988년 연방법 '캐나다 다문화주의법'에 '캐나다의 공용어 지위를 높이고 사용의 촉진을 도모하는 한편, 영어와 프랑스어 이외의 언어 사용을 유지하고 강화할 것', '캐나다의 다문화적 전통에 공헌하는 모든 언어의 습득, 유지, 사용을 촉진하다'고 기술되어 있다. 그러나 1990년 경제불황으로 인한 재정긴축정책의 일환으로 연방정부 차원의 계승언어교육heritage language education에 대한 원조가 끊기게 되어 현재 주정부 레벨의 모어교육은 지속적으로 이루어지고는 있으나 연방정부로부터 이민자 모어교육에 대한 직접적인 원조는 전무한 실정이다.

이 외의 국가의 경우, 정부는 대체로 긍정적인 자세를 보이고 있다. 실제로 보조학교와 모어학교에 대한 보조금을 지급하거나(영국, 호주), 의무교육인 외국어 수업에 편성하거나(영국, 프랑스) 하고는 있으나 외국인에 대해 모어교육을 실시할 것을 정한 법률 등은 존재하지 않는다.

5. 외국의 사례와 일본의 현황과의 비교분석

5-1. 외국인의 법적 지위

독일은 전후 대량의 외국어노동자를 받아들여 2000년 현재 외국인 인구는 총인구의 8.9%가 되었다. 그러나 정부는 오랫 동안 '이민국가가 아니다'고 주장하며 외국인의 국적취득에 엄격한 조건을 부과한 결과, 10년 이상 살고 있는 자가 거주외국인의 거의 50%, 20년 이상이 30%를 점해 외국인 아동·학생의 3분의 2는 독일 출생이다. 더 이상 정주외국인의 존재를 무시할 수 없게 된 정부는 2000년에 법을 개정하여 종래의 혈통주의가 아닌 출생지주의를 도입한 국적법을 실시하고 있다. 또한 2005년 1월 1일부터는 '이민 관리규제와 EU시민 및 외국인의 거주·융화규제법'이 실시되어 이 법률에 의해 독일 이민자의 존재가 공적으로 인정을 받는 동시에 독일경제와 노동시장의 수요에 대응한 이민정책의 실현이 가능해졌다(제8장 참조).

외국인의 통합을 진행함에 있어 법적지위의 보장은 중요하며 그 중에서도 안정적인 거주, 지위를 보증하는 영주권의 취득[10]은 중요한 의미를 갖는다. 현재 일본에서는 외국인이 영주권을 취득하기 위해서는, 10년 동안의 거주기간이 심사기준의 하나이다. 이 10년이라는 숫자는 선진국 중에서는 상당히 긴 편에 속한다. 게다가 거주기간을 채웠다고 해도 영주가 허가될지 여부는 법무대신의 재량에 맡겨져 있다.

일본에 생활의 기반을 두고 향후에도 일본에 계속 살고 싶어 하는 외국인이 영주권을 취득하기 쉽도록 신청요건을 정비할 필요가 있다. 장래에는 거주권을 다른 선진국 정도로[11] 단축하거나 판정 기준을 명확하게 할 필요도 있다.

또한 귀화신청에 대해서도 지금까지 법률로 정하지 않았던 일본어능력 요건의 명문화를 취득조건의 하나로 추가 설정하는 것과 같은 명확한 기준의 제시가 필요할 것이다.

5-2. 행정기관 - 외국인 수용과 언어정책(언어교육실시)을 소관하는 기관

이민국가인 호주의 경우, 이민자 수용에 관해서는 이민·다문화·선주민성DIMIA이 관할하고 있어 출입국관리(입국 및 체재기준의 설정, 신청자의 심사, 시민권취득신청자에 대한 평가기준의 설정), 이민·난민의 정착촉진 등에 관한 책임을 진다. 독일의 경우는 재류외국인의 권리·귀화 및 비호의 영역은 연방내무성의 소관이다. 국적취득의 가부는 연방내무성의 결정에 따라 각 주의 귀화담당부국에서 처리한다. 비호신청은 연방내무성의 난민인정국이 가부를 결정한다. 독일계이민에 대해서는 이민자의 출신국에 소재한 독일외교기관(대사관, 영사관 등)에 이민신청을 하고 본국에서 이루어지는 독일계인지 여부에 관한 심사결과를 기다리게 된다. 독일에 재류하는 외국인의 고용, 언어·직업·사회생활상의 수용은 연방노동·사회질서성의 소관이다. 특히 고용과 사회생활상의 문제는 사회질서성에 설치된 외국인사무소의 외국인문제담당관이 다른 관련부서, 행정기관과 밀접하게 연계하여 조정 작업을 행한다. 각 주나 기초지자체 레벨에서도 이와 유사한 담당관이 설치되어 있어 지방레벨과 연방레벨의 담당자 간에 정기적으로 회의가 개최되는 식으로 적확하게 사무가 처리되고 있다. 스웨덴에서는 이민국이 입국관리정책과 통합정책 양쪽을 다 맡고 있으나, 이에 대한 비판이 일자 1998년에 통합정책을 전문적으로 담당하는 부국(청)으로서 통합국(청)이 창설되었다. 입국, 출국, 노동허가와 체재허가의 취득, 망명과 시민권 결정에 대해서는 이민국이 관할하고 있으나, 체재허가 취득 후의 외국인에 대해서는 통합국의 관할이 되어 스웨덴어 교육, 스웨덴 사회로의 적응, 취로就勞를 위한 연수 등을 포함한 입문 프로그램을 제공함으로써 외국인 주민의 일반사회로의 통합을 도모하고 있다.

일본의 경우 정부 레벨의 외국인수용 정책은 각 정부부처마다 개별적으로 시행되고 있으나, 입국규제와 외국인관리를 중심으로 한 입국관리정책을 실시하는 법무성 입국관리국이 외국인 정책의 선도적 역할을 맡아 왔다. 지금까지의 법무성의 입국정책은 국내질서 유지·방범의 관점에서 외국인을 관리하는 성격이 강하여 스웨덴과 같은 '통합'정책이라는 인식[12]은 없었다. 금후 외국인의 일본사회로의 통합을 추진하기 위해서는 시대의 흐름과 수요에 따라 법무성의 관할에서 분리하는 것도 시야에 넣어 지금까지 각 정부부처가 개별적으로 실시하여 왔던 외국인수용 정책을 총합적으로 관리하고 외국인의 정착, 일본사회로의 통합을 전문적으로 담당할 새로운 행정기관의 창설을 고려할 필요도 있다.

이러한 상황에서 2004년 봄 일본경제단체연합회(이하, 경단련)가 사회상황의 변화에 따른 외국인수용 정책의 일대전환(내실화)을 목표로 수용에 관한 기본법의 제정과 다문화공생청의 설치, 나아가 각 지역에서의 일본어교육의 프로그램화 등도 포함한 총합적인 지원방책에 관한 의견을 담은 '외국인 수용 문제에 관한 제언'을 발표하였다. 또한 총무성이 2005년도 중점정책 안에서 '다문화공생사회를 향한 준비와 대처에 매진하여, 사람과 자연을 배려한 지역사회 만들기를 추진한다'고 밝혀, '다문화공생사회'라는 단어를 처음 공식적으로 사용하였다. 더불어 2006년 3월에 '다문화공생사회추진 프로그램'이 발표되어 전국의 지자체로부터 이에 관한 공감대가 형성되고 있으며, 지역 상황에 최적화된 언어 서비스가 전개되고 있다.

이들 동향은 정부 레벨에서도 점진적이기는 하지만, 다양한 배경을 가진 외국인 주민과의 공존을 전제로 한 다문화공생시대의 도래를 인식하게 되었음을 의미하며, 지역의 지자체와 관련기관(국제교류기금, 자원봉사자 단체, NPO, 학교, 대학, 연구소 등) 역시 지역 내 국제화의 내실화를 향해 점진적으로 나아가고 있음을 시사한다.[13]

경단련의 지적과 같이 일본에서 새롭게 외국인 수용을 위한 기관(예를 들어 '다문화공생청')의 창설을 고려함에 있어, 스웨덴 통합국 창설의 배경 이념이 참고가 될 것이다.

5-3. 자국어교육의 추진 - 아동·학생에 대한 제2언어로서의 자국어 교육

영국에서는 1960년대 이후, 의무교육에서 영어를 '추가적 언어'로 배우는 외국인의 자녀에 대한 언어교육이 적극적으로 이루어지고 있다. 초등·중등학교에서 전 학생 대비 마이너리티의 비율이 높은 지방교육국에 대해 그 비율에 따라 교부금을, 교육지방교부금의 기준액에 덧붙여 배분하는 제도(교육표준지출사정의 '에스니시티(민족집단) 지수')가 있다. 이는 마이너리티와 소수·방랑민족의 자녀가 정규 수업에 참가할 수 있도록 돕는 전문교사의 인건비 등에 사용된다.

스웨덴의 경우 의무교육연령 내의 이민자는 기초학교(의무교육기관)에서 학교 교육의 일환으로 스웨덴어 교육을 받는다. 제2언어로서의 스웨덴어교육(이전은 외국어로서의 스웨덴어라고 불렸다)은 증가한 이민아동·학생의 필요에 의해 1960년대부터 시행되고 있다. 기초학교에 관한 법령으로 지자체는 이러한 언어교육의 필요가 있다면 반드시 실시해야 한다고 규정하고 있다.

미국에서는 지방정부가 실시한 영어교육에 제한이 있는(LEP : Limited English Proficiency) 이민아동을 주된 대상으로 한 교육에 대해 연방정부 교육청은 여러 지원 프로그램을 실시하고 있다. 예를 들어 지방정부가 실시하는 바이링구얼 교육에 대해 재정보조·지원을 하며 초등중등교육기관에 편입한 지 3년 이내의 이민아동학생이 지구 내에 500명 이상 혹은 총수의 3% 이상일 경우, 지방정부가 시행하는 LEP학생 대상의 교육에 대해 재정지원을 하고 있다.

일본에서는 정착외국인이 증가함에 따라 동반 외국인아동·학생 역시 늘어나고 있다.[14] 주지의 사실이나 외국인 자녀에게는 취학의무가 부과되지 않으며, 학습지도요령에도 외국인 아동에 대해서는 아무런 언급도 없다. 문부과학성에서는 일본의 공립초등·중학교로 취학을 희망하는 경우 수용한다는 방침으로 받아들인 외국인아동·학생이 일본 학교의 커리큘럼을 따라갈 수 있도록 일본어 지도를 시행하는 것이 중요하다고 보고 일본어지도 커리큘럼의 개발, 일본어지도교재의 개발, 교사의 추가배당, 담당교사 등에 대한 일본어지도법 등의 연수를 실시하고 있다.

그러나 학교교육에 대응할 수 있는 제2언어로서의 일본어교육 커리큘럼의 개발·보급은 아직 충분치 않은 바,[15] 향후 커리큘럼의 내실화와 활용방법에 관한 이해촉진·보급시책의 전개를 통해 담당교원의 지도력과 유연성을 향상시켜야 할 것이다.

5-4. 모어 교육과 모어를 활용한 교육

스웨덴에서는 학생의 보호자 중 한명 혹은 모두가 스웨덴어 이외의 언어가 모어이거나 가정생활에서 사용될 경우, 학생에게 그 언어에 관한 기초지식이 있고 본인이 원할 경우에 한해 언어선택과목, 학생선택과목, 학교가 설정한 선택과목, 학교 정규시간과목 이외의 자유선택과목 등의 형태에 상관없이 모어교육을 받을 권리가 있다고 학교법령으로 규정하고 있다.

미국에서는 1968년에 바이링구얼 교육법(초등중등교육법 제 7조)이 제정되어 영어가 모어가 아닌 마이너리티 자녀는 일정 기간 영어교육을 받는 동시에 모어를 사용하여 수업을 받는 것이 인정되어 학교가 바이링구얼 교육을 시행하는 경우 연방정부로부터 재정원조를 받을 수 있게 되었다(단, 최근 바이링구얼 교육의 폐지를 결정한 주가 늘어나고 있다).

일본의 경우, 외국인 아동·학생, 특히 어린 외국인 아동에 있어서는 모어능력과의 관계를 고려하는 것이 학습능력과 인지능력, 정조교육 상으로 중요하다는 지적이 있음에도 불구하고, 현재 모어교육과 모어를 활용한 교육에 대해서는 거의 손을 놓고 있는 상황이다.[16] 이로 인해 일본어도 모어도 만족스럽게 구사하지 못하는 아이들이 늘어나고 있다(集住都市会議 : 2001참조). 그 결과 학교생활에 적응하지 못한 채 학교를 자퇴해 버리는 경우도 적지 않다.[17] 향후 모국으로 귀국 후 모국에서도 일본의 해외귀국자녀[18]의 경우처럼 사회부적응자로 남을 우려가 있다.

장래 급속도로 증가할 일본어가 모어가 아닌 아동·학생의 학습권리를 보장할 필요가 있다. 또한 아동·학생을 대상으로 한 일본어교육을 전문으로 하는 교원을 적절히 배치하는 것이 중요하며, 이를 위해 일본어교원양성기관에서 초등중학교의 JSL(제2언어로서의 일본어 : Japanese as a Second Language)교원의 양성을 도모하는 한편, 타 교과 교원양성과정·코스 수업 시에도 언어습득연구 등의 내용을 포함한 연소자 일본어교육에 대해 살펴볼 수 있는 기회의 제공이 한층 더 중요해질 것이다. 나아가 해외 선진국과 같이 아이들의 모어를 이해할 수 있는 전임강사의 파견, 모어 지도를 포함한 바이링구얼 교육의 가능성을 모색하는 한편, 모어의 유지를 고려하는 동시에 모어를 활용한 교과학습지원과 생활지도를 병행하고, 그들이 자신의 뿌리인 정체성을 상실하지 않고 안정된 학교생활을 보낼 수 있도록 재정면, 제도면을 포함한 다양한 지원체제를 정비해가야 한다.

외국인 아동·학생이 모어교육을 지속적으로 받을 수 없는 배경에는 지도체제의 미비도 있으나, 주위의 일본인 아동·학생과 다른 출신인 데에 대해 의문을 갖거나 부끄러워함으로써 자존감정(셀프에스팀)이 희박해져 반자학적으로 무리하게 일본인처럼 되고자 하는 의식이 작용하고 있다고 판단된다.[20]

수용하는 측인 일본인 아동·생도와 담당교사를 대상으로도 서로 다름을 인정하고 더불어 살아간다는 의식을 함양시키기 위해 다문화이해 교육을 추진한다거나, 이러한 시대상에 부합하는 일본어 교육의 바람직한 존재방식과 대응방책에 대한 전면적인 재검토도 필요할 것이다.[21]

5-5. 성인에 대한 제2언어로서의 자국어 교육

영국에서는 영어가 모어가 아닌 사람들을 가르치는 영어는 ESOL, 거주를 목적으로 한 이민자·난민 대상의 영어는 ESL로 부른다. 교육기능성 베이직스킬 대책과ABSSU의 재원에 의해 ESOL학습자만의 요구에 배려한 커리큘럼과 시험, 교재개발, ESOL교원의 달성·인정 시스템의 구축을 목표로 한 'ESOL교육개발 프로젝트'가 2001년에 시작되었다. ① '공통ESOL 커리큐럼'의 책정, ② 커리큘럼을 철저히 보급시키기 위한 교원양성과정의 설치, ③ 난민·망명희망자에 대한 ESOL교육의 내실화, ④ 기존 ESOL 관련자격의 기준 책정이 진행중이다. 공적 ESOL교육의 대상은 영주자격을 취득한 성인에 한정되며, 일부 교재비와 시설이용료를 제외하면 전액 무료로 필요한 교육을 받을 수 있다(노동자와 부양가족 등 성인 일시체재자는 대상외).

호주에서는 영어가 제1언어가 아니며 거주를 위해 필요한 기초적 영어능력을 갖추지 못한 이민·다문화·선주민성DIMIA이 판단한 이민자(난민을 포함한)는 '성인이민영어프로그램AMEP'을 수강할 수 있다. 수강자는 510시간의 수업, 혹은 실용적인 영어 수준에 도달하기 위해 필요한 시간수의 수업을 들을 자격을 갖으며, AMEP수강의 권리는 입국 또는 영주권을 취득한 후 5년간 유효하다. AMEP를 실시하는 각 주·준^準 주의 관련기관에 대해 DIMIA는 자금을 제공한다.

스웨덴의 경우 지자체는 스웨덴어와 사회에 관한 기초적 지식을 갖추지 못한 채 학령기를 지난 이민자 중에서 그 기자체에 주민등록을 한 사람에 한해 '이민을 위한 스웨덴어sfi' 교육을 실시할 의무가 부여된다(학교법령 제13조). sfi는 원칙적으로 무료이며 교과서와 부교재도 무료로 배부된다. sfi의 전국표준수업시간수는 525시간으로 커리큘럼은 국회에서의 승인을 필요로 한다.

캐나다에서는 시민권·이민성CIC이 시민권 취득 전의 성인이민자·난민을 대상으로 3년 간 무료 언어훈련프로그램LINC을 제공한다(영어만이 대상). 실제 수업은 연방정부가 인정하여 계약을 맺은 기업, NPO, NGO와 커뮤니티 단체, 공립커뮤니티 칼리지와 지방정부기관에 의해 실시되며 계약단체에게는 연방정부의 조성금이 교부된다.

미국에서는 지방정부가 설치하고 있는 지역주민의 성인교육·생애교육을 위한 어덜트 스쿨adult school 등에서 영어가 모어가 아닌 이민자가 미국사회에 적응하기 위한 영어교육프로그램을 제공한다. 클래스는 영주권의 유무에 관계없이 수강이 가능하며, 통상 무료이다. 교육청은 지방정부에 의한 성인교육(이민자에게 특화된 것은 아니나)에 대해 재정적으로 지원한다.

일본의 경우 중국 귀국자와 난민에 대한 일본어교육과 사회생활적응연수 등은 정부 레벨에서 이루어지고 있다. 그러나 노동자와 그 배우자 등을 대상으로 한 일본어 교육에 관한 정부 레벨의 총합적인 프로그램은 존재하지 않으며, 지자체와 NPO, 자원봉사 단체 등이 독자적으로, 혹은 연계·협력하여 일본어교실을 개최하고 있는 것이 실정이다.[22]

지역에 거주하는 외국인에 대한 일본어교육, 사회생활적응연수 등의 프로그램은 지역성을 배려하는 형태로 실시되는 것이 보다 효과적이기 때문에 지자체가 향후 보다 중요한 역할을 담당하리라 기대된다. 그러나 현실적으로 이를 위한 체제를 갖춘 지자체는 그리 많지 않다.[23] 또한 중앙정부와 지차제, 그리고 지자체 간, 나아가서는 지자체와 지역 주민단체 사이에서 일본어 교육 추진을 위한 연계·협력이 충분히 이루어지고 있다고는 볼 수 없으나, 최근 조금씩 이러한 연계·협력(네트워크)과 협동활동이 성과를 내기 시작했다. 예를 들어 외국인의 의견과 수요에 부합한 언어관련정보와 상담기회의 제공(河原 2004, 河原·野山 2007, 文化庁 2004)이나 언어환경의 정비·내실화를 지역 상황에 맞춰 적절히 도모하고 있는 지역도 있다.[24]

향후에는 장래의 이민자 수용 체제 구축과 법 정비, 정책제언과 그 실현을 위해 중앙정부와 지자체 내부의 조직·체제의 개혁·내실화를 도모하는 동시에, 지자체와 관련기관 간의 협력체제의 정비가 바람직하다(駒井 2002, 移住労働者と連携する全国ネットワーク 2006, 識字·日本語連絡会 2006,

拠光正哲 2005). 이를 위해 중앙정부에서도 모델프로그램의 작성, 연락, 협의의 장 제공, 재정적인 지원 등, 지자체와 민간단체에 대한 지원체제를 정비할 필요가 있다.[25]

6. 맺으며 - 금후의 과제와 의식개혁의 중요성

6-1. 금후의 과제

5절에서 비교분석한 결과를 토대로 다음과 같이 금후의 과제를 상정할 수 있다.

① 다문화공생사회의 도래를 염두에 둔 혈통주의와 출생지주의의 선택

② 영주권, 국적취득의 조건 문제와 귀화신청 시의 일본어능력의 명문화

③ 외국인의 거주, 일본사회로의 적응 및 통합문제와 관련된 기본법의 제정과 수용문제를 횡단적으로 다룰 기관(예를 들어 '다문화공생청'=경단련의 제언)의 설치

④ 제2언어로서의 일본어교육 추진 : 효과적인 커리큘럼과 프로그램의 개발·보급 및 내실화와 활용방법에 관한 이해촉진·보급시책의 전개에 관한 문제

⑤ 담당교원의 지도력과 유연성(관용성)의 향상을 위한 양성과 교육의 내실화

⑥ 학생들의 모어도 이해가능한 바이링구얼 교원의 양성과 배치

⑦ 수용하는 측인 일본인을 대상으로 한 다문화 이해를 위한 교육의 추진

⑧ 다문화공생사회에 대응한 일본어교육의 이상적 존재방식과 대응
  방책의 재검토

⑨ 일본어교육, 사회생활 적응 연수 등의 프로그램 내실화·정비를 위
  한 지자체 내부의 법제 정비와 관련기관과의 협력체제 정비

⑩ 지자체와 민간단체에 대한 중앙정부의 지원·상담체제의 강화·정비
  : 모델프로그램 커리큘럼 등의 작성, 연락·협의(정보교환)의 장 제
  공, 재정지원 등.

6-2. 의식개혁의 중요성

향후 일본의 지역사회에 거주, 영주, 귀화하는 외국인이 증가할 것이며
이중국적자도 늘어날 것으로 예상된다. 따라서 여러 문화적 배경을 가진
사람들이 공생하기 쉬운 다문화사회의 구축을 목표로 설정한다면, 앞에
서 언급한 과제 중에서도 일본어 비모어화자에 대한 제2언어로서의 일본
어교육을 추진하고, 특히 아이들의 미래와 직결되는 언어정책(언어교육정
책)의 이상적 형태를 고려해가는 것이 가장 중요한 과제 중 하나가 될 것이
다. 이를 위해서도 서로의 문화와 민족성을 인정하고 서로 존중하면서 '같
이 사는 사회'를 어떻게 이루어갈 것인가에 대해 많은 주민들이 진지하게
고민하고 다소 간의 문화마찰은 통과의례로 받아들여야 하며, 영주를 계
획하고 있는 일본어 비모어화자의 언어학습환경의 정비와 언어교육시책
의 내실화를 도모할 필요가 있다. 나아가 서로 다른 사람들(佐藤·吉谷 2005)
이 공존하면서 서로의 특성을 살릴 수 있는 유연한 사회를 구축할 수 있도
록 다문화·이문화간 교육, 국제이해교육, 개발교육, 생애학습론 등의 이념
과 지견知見을 살리는 한편,[26] 수용하는 측(호스트)인 지역사회와 주민전체
의 의식개혁을 꾀하는 것도 중요할 것이다.

주석

01 본고는 제2회 일본언어정책학회연구발표회에서 필자의 발표=野山(2003a)와 그 후 입수한 정보를 더해 가필한 논문(野山 2005)을 토대로 가필·수정을 가한 논문이다. 발표당시, 필자는 문화청(문화부국어과)의 일본어교육조사관의 신분으로 이들 조사에 전문적으로 관여하였다. 다시금 조사 때 신세를 겼던 모든 분들에게 감사의 마음을 전한다.

02 '국내 일본어 교육의 개요(2005년 11월 1일 현재, 문화청 조사)'에 떠르면 국내 일본어학습자수는 13만 5514명이다. 일본어교원수는 3만 84명이며 교원수의 과반수를 점하는 1만 5202명은 자원봉사 교원이다. 지역 일본어학습지원 현장의 대부분이 자원봉사 교원 등에 의해 유지되고 있음을 알 수 있다.

03 초대 사회언어과학회 회장이었던 고 德川宗賢(1999)가 주창한 포괄적 개념 'welfare Linguistics(복지 혹은 복리로서의 언어학)'의 발상에 서자면 이러한 외국적 주민에 대한 언어교육시책과 사회통합 과제는 '언어장애', '소수언어문제', '정체성', '언어교육', '언어관리(정책·계획)' 등의 영역에 걸친 복합적·종합적 문제로 생각된다. 금후 여러 관련학회와 기관이 횡단적으로 연계·협력해서 시행하는 언어(교육)정책과 시책의 입안과정에서는 일본언어정책학회를 비롯한 사회언어과학회, 일본어교육학회, 그리고 필자가 소속된 국립국어연구소 등에 대한 기대와 선도역·중개역으로서 짊어져야 할 역할이 한층 더 커질 것으로 생각된다. 또한 본고에서는 문맥에 따라 정책과 시책이라는 용어를 적절히 구별해 사용하고 있다. 개념적으로는 통상적으로 정책 쪽이 시책보다도 상위 개념이나, 거의 동일어로 사용되고 있는 곳도 있음을 양해 바란다.

04 일본언어정책학회에서의 발표(野山 2003a) 때에는 2002~2003년도에 걸쳐 실시한 2년간의 위촉조사연구(주식회사CDI) 중, 초년도의 조사결과의 개요에 관해 주로 다루었으나, 본고에서는 다음연도 조사결과(文化庁文化部国語課 2003)도 반영하였다.

05 지원계획에 대해서(일본의 경우에)는 (1)일본어와 타 언어와의 관련의 관점에서 마련하는 계획(해외에서의 자국어보급계획)과, (2)일본에서의 일본어 비모어화자의 언어를 고려한 계획(국내의 자국어보급계획) 등의 2종류가 있으나(真田 2006), 여기서는 주로 (2)에 초점을 맞췄다. 또한 보급계획에 대해서는 ①일본어교육기관의 설치, ②커리큘럼 편성, ③학생 모집과 PR, ④일본인과 외국인의 일본어 교사 양성, ⑤교사의 해외파견, ⑥보급 시의 의식과 태도, ⑦지역에서의 일본어교육·학습지원활동 등이 상정될 수 있으나, 여기서는 ②, ④, ⑥, ⑦에 주로 초점을 맞췄다.

06 각국의 교원양성과 일본과의 비교고찰에 관해서는 野山(2004)를 참조 바란다.

07 각국의 영주자격취득 및 시민권·국적취득(귀화)의 거주조건은 이하의 표 2에서 보듯이 독일(이 8년·8년으로 취득조건이 동일함)과 일본 이외는 영주권 쪽이 짧은 거주연수로 취득이 가능하다. 이러한 결과(일본만이 10년·5년)를 통해 일본의 영주자격과 국적취득의 관계성이 다른 외국 국가의 조건(연수)에 비해 극히 부자연스러운 상황임을 알 수 있다. 향후 이 부자연스러움을 해소해나가야 할 것이다.

표 2 : 영주자격, 시민권, 국적 취득의 조건 (출처 : 文化庁文化部国語課. 2003, p.11)

	영주자격취득의 거주조건	시민권·국적 취득(귀화)의 거주조건
영국	4년	5년
독일	8년	8년
프랑스	3년	5년
호주	0년	2년
스웨덴	2년	5년
미국	0년	5년
캐나다	0년	3년
일본	10년	5년

08 필자 자신은 1998년 2월에 스웨덴에 현지조사(언어정책의 이상적 형태에 관한 조사)를 갔을 때 수용기관의 담당자로부터 이 기관의 창설에 이르기까지의 경위·배경에 관해서 직접 청취할 수 있었던 관계로 이 개혁의 경위와 배경에 대해 직접 엿볼 수 있었다.

09 스웨덴에서는 1975년에 '평등', '선택의 자유', '협조'라는 국민에 대한 정책의 3대 기본방침(Swedish Institute 1997, 野山 1988)이 책정되어 이 방침 하에 여러 언어(모어)가 이민자의 자녀들에게 교육되고 있다. 구체적으로는 국가의 예산 범위 내에서 모어교육, 모어에 의한 학습원조, 선택과목으로서의 모어교육 하나를 필수과목과의 밸런스를 고려하여 제공하고 있다. 또한 응용언어학 등의 선행연구에 따르면 예를 들어 일본에서의 외국적 아동·학생에 대한 언어교육과 관련하여 '소수언어의 아이들이 고도의 2언어 능력을 신장시킬 수 있을지 여부는 모어가 어느 정도 발달하였는가에 달려 있다. 만약 사고력이 아직 충분히 성장되지 않은 경우에는 제2언어를 성장시킬 기초를 잃게 된다'는 가설이 제시되어 있다(Cummins 1984, Baker 1993, ベーカー·コリン 1996 참조). 따라서 외국인 아동·학생의 사고력을 키우는 2언어 사용의 교육적 효과를 높이기 위해서는 보호자가 가정 혹은 지역 규모로 모어나 제1언어를 활용하는 노력을 하거나 희망에 따라 모어와 모문화(母文化)에 대한 자존감정을 강화시키기 위한 지원체제를 지역과 학교가 만들어 가는 것이 가장 중요하다(東 2002, 桶谷 2006). 이러한 인식을 공유하면서 지역 상황에 따라 대응방책을 전개시켜 가는 것이 곧 미취학아동학생수의 경감과 다문화공생사회의 구축으로 이어질 수 있을 것이다(宮島·太田2005).

10 전술한 주 7. 을 참조 바란다.

11 영국, 독일, 프랑스, 스웨덴에서는 2~5년으로, 호주·미국·캐나다에서는 입국 전에 조건을 충족하면 취득이 가능한 경우도 있다.

12 사회 통합정책의 구축을 향한 인식과 방책에 관해서는 예를 들어 柏崎他(2002), 野山(2002b)와 일본경제단체연합회(2004) 등을 참조 바란다.

13 이러한 움직임과 병행하여 도쿄입국관리국장인 사카나카 히데노리 씨가 『外国人に夢を与える社会を作る- 縮小してゆく日本の外国人政策(외국인에게 꿈을 주는 사회를 만든다-축소되어 가는 일본의 외국인 정책)』이라는 책을 출판하였다. 이 책 안에는 많은 외국인을 받아들이며 진정으로 다문화공생사회를 구축하고자 한다면, 일본어를 제1언어로 하

는 사람도 그렇지 않은 사람도 서로 각오가 필요하다고 지적하고 있다. 또한 다양한 언어와 문화배경을 지닌 사람들이 공존하는 사회를 만드는 것의 어려움(小林1995), 논의를 하거나 꿈에 대해서로 이야기를 나눌 수 있는 관계성을 주민 간에 구축하는 것의 중요함에 대해서도 다시금 시사하고 있다.

14 문부과학성의 조사에 의하면 외국인아동학생 중에 일본어지도가 필요한 아동학생수는 2만 692명(초등학교: 1만 4281명, 중학교 : 1242명, 그 외 : 70명)으로, 모어별로는 포르투칼어가 가장 많고(7562명), 이하, 중국어(4460명), 스페인어(3156명), 필리핀어(2176명), 한국·조선어(859명), 베트남어(754명), 영어(487명), 그 외(1238명)이다(2005년 9월 1일 현재). 상위 3언어(모어)가 70%이상을 점하고 있음을 알 수 있다.

15 문부과학성에서는 2003년 7월에 '학교교육에서의 JSL커리큘럼의 개발에 대하여'의 최종보고(초등학교 편)를 발표하였다. 중학교 편의 개발에 대해서는 2003년도에 협력자회의를 설치하여 2006년도 말에 최종보고(중학교 편)를 정리하였다.

16 石井(1999)의 조사결과에 따르면 예를 들어 가나가와 현에서는 1998년 시점에서 약 40개의 모어교실(외국인학교, 공립학교, 자원봉사 교실 등)이 있다고 보고되었다. 대상언어로는 많은 순서로 ①한국·조선어, ②포르투칼어, ③중국어, ④스페인어, 캄보디아어, ⑤베트남어, 라오스어이며, 외국인학교를 제외한 모어교실에서 배우는 아이들의 수는 가나가와 현에서만 약 500명에 이른다고 한다. 가나가와 현 이외에도 지자체 레벨 혹은 자원봉사나 NPO레벨에서 이러한 모어 교실의 전개가 확대되고 있으나 아직 충분치 않은 상황이다. 또한 아이들의 모어, 제2언어(일본에서는 일본어), 계승언어의 습득문제와 교육문제에 관해서는 池上他(2004), 太田(2000), 佐々木(2002, 2003), 中島和子(2001), 山本(2000), 野山(1992, 2002b), マーハ・八代(2002, 2003), Baker(1993), Noyama(1995), Cummins(1984)등에서 상세히 다루고 있다.

17 시즈오카 현 하마마츠 시(인구 약 60만명의 약3.7% = 약 2만 2000명(2003년 4월 1일 시점)이 외국적 주민으로 그 중 약 60% = 약 1만 3000명이 브라질인인 지역으로 브라질인 수로는 전국 1위인 마을)에는 학령기(7~15세)의 외국적 아동·학생이 약 1700명 거주하고 있으나 그 중 300명에 가까운 아이들이 공립학교에도 외국학교(브라질인인 학교 3교, 페루 초등학교 1교)에도 다니지 않는 소위 미취학상태에 있다고 한다(하마마츠 시 배부 자료). 언어 장벽 때문에 수업내용을 이해할 수 없다는 것이 주된 이유로 특히 중학교 단계에서의 미취학이 문제가 되고 있다. 이러한 상황을 개선하기 위해 하마마츠 시는 2002년도부터 2006년도까지 시내의 초등학교 등을 회장(會場)으로 한 '외국인아동학습 서포트교실사업'(애칭: 카라리뇨 교실)을 개최하였다. 이 사업의 목적은 외국인 아이들의 실정에 맞춘 교실기회를 제공함으로써 미취학과 학습에 곤란을 겪는 등교거부 아이들을 학교(공립, 브라질인 학교를 막론하고)에 되돌아가게 하는 데 있다. 또한 사업의 3대 기본방침은 ①미취학자가 학교에 입학하기까지의 학습지도를 중심으로 한 서포트, ②공립학교의 취학자에 대한 기본교과의 보습지도, ③자녀와 부모 사이의 커뮤니케이션 향상을 위한 모어교육(포르투갈어)이다. 이들 목표의 달성과 기본방침의 내실화를 목표로 일본

어, 포르투칼어 양 언어를 이해가능한 9명의 지원자가 아이들의 지도에 임하고 있다.

18 해외귀국자녀가 안고 있는 여러 문제와 교육과제에 관해서는 小林(1981), 箕浦(1984), 佐藤(1997), 渋谷(2001) 등을 참조 바란다.

19 예를 들어 군마 현 오타 시에서는 2004년도부터 전국에서 가장 먼저 '거주화를 목표로 한 외국인 아동·학생의 교육특구 구상'이 전개되어 바이링구얼 교원이 일본의 교원면허를 취득하지 않은 경우에도 직접 고용할 수 있게 되었다. 小林(2005)에 따르면 2004년 여름, 해외에서의 모어·모문화 교육의 선진국 중 하나인 네덜란드에서는 1970년대에 시작된 OALT(onderwijs in allochtone levendetalen = 외국에서 유입되어 현재 네덜란드 사회에서 일상적으로 사용되고 있는 언어에 대한 교육)이 사회정세의 변화와 재정상의 문제 등에 의해 종지부를 찍었다. 스웨덴과 같은 '다문화사회'로 잘 알려진 네덜란드에서조차 그 구성집단이 변화하여 관용성이 변용되어 버린 결과로, 이 사례로부터 모어 교육의 지속과 학습에 대한 배려의 어려움을 엿볼 수 있다.

20 이문화와 이문화 사이의 틈새에 놓인 아이들에게는 현지 학교에 다니거나 ○○학교에 다니면서 다양한 체험을 축적하는 것이 귀중한 경험이 된다. 이 경험은 다양하여 예를 들어 문화 간의 이동을 경험한 아이들은 이문화 안에서 다양한 형태·스타일 패턴을 보이며 이문화에 대해 반항하거나 저항하는 경우도 있는 반면에, 자학적인 나머지 자포자기가 되거나, 혹은 현지의 문화·습관에 매료되어 자신을 동화시키며 적응해가는 경우도 있다. 자신이 태어난 토지·문화에만 의존해 성장한 자와 비교해 성장기에 2개 혹은 그 이상의 문화 속에서 자란 아이들의 경우 소위 '이문화로의 동화'와 이문화접촉·체험에 의한 인격적 변화는 크고 깊게 된다. 또한 상황에 따라 이동지와 귀성지에서의 자신의 위치선정(渋谷 2001)을 적절히 조정할 수 있어 앞을 가로막는 장벽과 부적응을 극복해가는 과정에서 긍정적인 마음가짐과 자아(뿌리가 되는 어떤 정체성)가 배양된다(星野 1994, 渋谷 2001).

21 1996년 4월 28일에 일본언어기술교육학회로부터 중앙교육심의회(아리마 아키토 회장)로 '국어과 교육의 근본적 개혁 - 차기 학습지도요강개정에 대한 긴급과제제언'이 제출되었다. 이 제언은 '국제화'와 '정보화'라는 시대의 물결 속에서 정보의 정확한 수신은 물론, 외국을 향한 알기 쉽고 효과적으로 발신가능한 언어능력의 연마를 위한 국어과교육 개혁안(명칭, 목표, 내용, 교재 등 4안)이었다. 예를 들어 명칭에 관해서는 종래의 교과로서의 '국어'를 '일본어'로 개칭하고 새로운 교과로 편성할 것을 제안하였다. 또한 목표에 대해서는 이론적인 사고력과 효과적인 커뮤니케이션 능력을 육성하기 위해 적확한 언어기술을 습득시킬 것을 제안하였다. 그 후로 10년이 지난 2004년, 세타가야 구가 거국적으로 '일본어'라는 과목을 국어과와는 별도로 실시함을 목표로 한 특구요청을 한 것은 기억에 새롭다. 또한 이 과정에서 문화청은 제22기 국회심의회의 (세 가지의) 답신 (자문의견) 중 하나로 '국제사회에 대응하는 일본어의 이상적 형태'를 공표하였다. 이 당시의 일본어의 국제화와 국어교육 문제에 대해서는 野村(2001)에, 일본어교육 문제에 관해서는 野山(2001)에 상세히 기술되어 있다. 또한 그 후 문화심의회의 국어분과회로 재출발한 심의회는 2003년에 '앞으로의 시대에 요구되는 국어력에 대하여'라는 답신

을 발표하였다. 한편 일본어교육시책전개에 관해서는 「今後の日本語教育施策の推進について─日本語教育の新たな展開を目指して─(앞으로의 일본어교육시책의 추진에 대하여 - 일본어교육의 새로운 전개를 목표로=)」(1999), 「日本語教育のための教員養成について 일본어 교육을 위한 교원양성에 대하여」(2000), 「日本語教育のための試験の改善について─日本語能力試験・日本語教育能力検定試験を中心として─(일본어교육을 위한 시험의 개선에 대하여 - 일본어능력시험·일본어교육능력검정시험을 중심으로-」(2001) 등의 보고서가 문화청에서 발표되었다(http://bunka.go.jp참조). 이들 일련의 보고는 그 후의 일본어교원양성기관의 교육내용과 일본어교육능력검정시험의 내용·방법의 변경으로 이어졌다.

22 이러한 실정에 대응하기 위해 문화청에서는 1994~2000년도까지 8개의 모델지역(야마가타 시, 가와자키 시, 하마마츠 시, 오타 시, 무사니노 시, 오사카 시, 후쿠오카 시, 오키나와 현 니시하라 정)의 협력을 얻어 지역일본어교육추진사업(문화청 위촉)이 전개되었다(野山 2002, 文化庁編 2004). 다문화공생사회의 구축과 지역에 부합하는 일본어학습지원의 이상적 존재방식의 추구를 목표로 위촉(기간 2~3년)하여 다양한 시도가 이루어졌다. 각 지역의 보고서에서 지적된 제언 등을 통해 부각된 공통의 과제는 (1)일본어교실 운영에 대한 모색, (2)일본어를 활용한 교류활동 내실화를 위한 연수프로젝트의 모색과 코디네이터의 육성·확보, (3)일본어교육기관·관계자·관련영역의 업무구축 = 네트워킹, (4)인재·정보자원의 축적, 분야, 유통을 목표로 한 리소스 센터의 구축을 위한 방책의 필요성 등이었다. 이러한 과제는 일본경제단체연합회(2004)의 보고 중 8장 '외국인의 생활환경의 정비'에도 반영되었다.

23 이러한 지자체 상황에 대응하는 형태로 '학교의 여유교실 등을 활용한 부모자식 참가형 일본어교실 개설사업'이라 불리는 사업(문화청 위촉)이 2002년도로부터 개시되었다. 예를 들어 아키타 현 N 시에서는 최근 중국과 필리핀 출신의 외국인배우자가 늘어남에 따라 영유아를 슬하에 둔 모친이 자녀동반으로 안심하고 배울 수 있는 일본어교실이 개설되었다. 모친이 공부하고 있는 옆에서 보육 담당자가 영유아에 대해 놀이와 그림책 등을 통해 자연스럽게 일본어에 친숙해질 수 있도록 고안·실천이 이루어지고 있다. 학습자는 지역주민과의 교류사업에도 적극 참여하면서 생활자로서 필요한 일본어(4기능의 구분 없이), 지역의 관습·문화, 공통어와 방언의 차이 등에 대해서 배우고 있다. 이러한 지역환경 안에서 일본어를 배워 온 사람 중에는 田中(1997)와 カミンズ(1997), Cummins(1986)가 주장한 자신의 목소리를 내며 지역 사람들과 적절하고도 효과적인 커뮤니케이션을 취할 수 있는 사람(학습자도 일본어학습지원자)이 서서히 길러지고 있다(秋山他2003, 野山2000a, 2003b, 藤田2005, 文化庁2004 등 참조).

24 문화청의 부모자식 일본어교실개설사업이 전개되고 있는 지역 중에는 예를 들어 신주쿠 구의 경우, 대학, 지자체, 학교와 연계·협력하여 구내의 외국인 아동·학생에 대한 일본어습득지원활동이 일본어교육학 전공의 바이링구얼 대학원생에 의해 전개되고 있다(통칭: 와세다 모델, 川上2006 참조). 나가노 현에서는 외국적 아동취학지원 프로젝트(산타

프로젝트)와 일본어학습 리소스센터(의 네트워크화) 구상이 현 전체 규모로 민관학의 연계·협력 하에 이루어져(平高2004), 연소자의 일본어와 모어 지원, 그리고 공생 시대에 부합하는 시책이 전개되고 있다. 이들 사례는 지역의 상황과 수요에 부응한 네트워크를 구축하여 부가적인 바이링구얼 지도를 함으로써 아동학생의 학습의욕과 학력향상을 꾀하고 언어생활의 지원·원조를 도모하고자 한 것이다.

25   중앙정부가 움직이기에 앞서 공생사회의 구축을 향해 남미계 일본인들이 집단 거주하는 지자체가 공통의 과제를 추렴하여 문제 해결을 향해 적극 매진하는 한 편, 중앙정부와 현에 대한 제언과 로비, 연계방책에 대한 검토를 목적으로, 2001년 5월에 外国人集住都市会議(외국인집주회의도시, 2001)가 발족하였다. 이 회의는 지자체와 국제교류협회 등이 중심이 되어 구성되었으며, 발족 당시의 멤버는 시즈오카 현 하마마츠 시, 이와타 시, 고사이 시, 아이치 현 도요타 시, 도요바시 시, 미에 현 욧카이치 시, 스즈카 시, 기후 현 오가키 시, 가니 시, 미노카모 시, 군마 현 오타 시, 오이즈미 시, 나가노 현 이다 시 등 13개 지자체였다. 한편 2001년 11월에 하마마츠 시에서 개최된 회의에서는 집단주거 도시가 직면하고 있는 과제 중, '교육', '사회보장', '외국인등록에 관한 수속'의 3항목에 대하여 중앙정부·현·관계기관에 대한 제언사항을 정리하여 하마마츠 선언의 형태로 관계된 중앙정부 부처에 의사표시도 행하였다(経団連 2004에도 반영되었음).

26   일본어습득지원 현장을 활성화하기 위해서는 일종의 장치가 필요하며 관계자들 사이에서 인식의 공유도 필요하다. 예를 들어 지역 아이들과 접할 기회가 많은 것은 학교의 교원과 보조교원(어시스턴트)이다. 그래서 현장에 종사하는 교원의 이문화에 대한 관용성을 향상시키거나 의식(마음가짐) 그 자체를 변혁하기 위한 연수와 재교육이 필요하나 지역 학교와 전문가, 시민(주민)을 끌어들인 협동작업(연계·협력)에 의한 이러한 효과적인 연수와 재교육의 장 제공 및 일본어학습지원활동 그 자체의 내실화를 위해서도 이러한 기획·조정, 중개역인 전문직=코디네이터 인재발굴·육성과 지위의 확립이 한층 더 요구될 것이다. 한편 이러한 문제의 대응책과 인식에 관해서는 秋山他(2003), 岩間·山西(1996), 駒井(2002), 佐藤·吉谷(2005), 真田·庄司(2005), 野山(1996, 2002, 2003b), 市民がつくる(2002), 文化庁(2004), むさしの(2005), 武蔵野市国際交流協会(2006) 등을 참조 바란다.

참고문헌

秋山博介・奥村訓代・野山広(共編)　2003.『現代のエスプリ 432 マルチカルチュ ラリズム —日本語支援コーディネータの展開—』東京：至文堂

東照二　2002.「多言語・多文化共生社会における言語政策」『多言語・多文化共生 社会における言語問題』国立国語研究所(2002)所収，pp.53-62

池上摩希子・石井恵理子・川上郁雄・齋藤ひろみ・野山広　2004.「年少者日本語 教育学の構築に向けて —『日本語指導が必要な子どもたち』を問い直す—」 『2004 日本語教育学会春季大会予稿集』pp.273-284　日本語教育学会

石井恵理子　1997.「国内の日本語教育の動向と今後の課題」『日本語教育』94 号， pp.2-12　日本語教育学会

石井美佳　1999.「多様な言語背景を持つ子どもの母語教育の現状—『神奈川 県内の母語教室調査』報告」『中国帰国者定着促進センター紀要』第 7 号， pp.148-187　中国帰国者定着促進センター

移住労働者と連帯する全国ネットワーク編　2006.『外国籍住民との共生にむけて —NGO からの政策提言』現代人文社・大学図書

岩間浩・山西優二(編)　1996.『わかちあいの教育 —地球時代の「新しい」教育の 原理を求めて—』東京：近代文芸社

江渕一公・小林哲也(編)　1985.『多文化教育の比較研究』九州大学出版会

太田靖雄　2000.『ニューカマーの子どもと日本の学校』東京：国際書院

大谷奉照・沖原勝昭他(編)　2004.『世界の外国語教育政策 —日本の外国語教育の 再構築へ向けて—』東京：東信堂

岡戸浩子　2002.『「グローカル化」時代の言語教育政策 —「多様化」の試みとこ れからの日本—』東京：くろしお出版

桶谷仁美(編)(Edited by Hitomi Oketani-Lobbezoo)　2006.『家庭でバイリンガ ルを育てる —0 歳からのバイリンガル教育— 継承日本語教育の立場から—』 *RAISING CHILDREN AS BILINGUALS : Bilingual Education from Age Zero — From the Perspective of Japanese Heritage Language Education —* . Eastern Michigan University Publications.

外国人集住都市公開首長会議　2001.『外国人集住都市会議 浜松宣言及び提言』(浜 松国際シンポジウム)

柏崎千佳子・近藤敦・山脇啓造　2002.「新たな社会統合政策の必要性　第 1 章 社会統合基本法の制定 —出入国管理政策から社会統合政策へ—」市民がつく

る政策調査会(2002)所収, pp.35-38

カミンズ・ジム　1997.「教室と社会におけるアイデンティティの交渉」国立国語研究所(1997a)所収, pp.171-183

川上郁雄(編)　2006.『「移動する子どもたち」と日本語教育—日本語を母語としない子どもへのことばの教育を考える』明石書店.

河原俊昭(編)　2002.『世界の言語政策 —多言語社会と日本—』東京：くろしお出版

河原俊昭(編)　2004.『自治体の言語サービス —多言語社会への扉をひらく—』横浜：春風社

河原俊昭・野山広(編)　2007.『外国人住民への言語サービス —地域社会・地方自治体は多言語社会をどう迎えるか—』東京：明石書店

国立国語研究所　1997a.『多言語・多文化コミュニティのための言語管理 —差異を生きる個人とコミュニティ—』国立国語研究所国際シンポジウム第2～4回専門部会報告書

国立国語研究所　1997b.『世界の言語教育・日本の国語教育』第3回 国立国語研究所国際シンポジウム報告書

国立国語研究所　1999.『国際社会と日本語』第6回　国立国語研究所国際シンポジウム報告書

国立国語研究所　2002.『多言語・多文化共生社会における言語問題』第9回　国立国語研究所国際シンポジウム　第1部会報告書

小林早百合　2005.「多文化社会の質的変化と寛容の変容 —オランダの移民「母語」教育政策30年の変遷から見えてくるもの—」佐藤・吉谷編(2005)所収 pp.119-156

小林哲也　1981.『海外子女教育・帰国子女教育』東京：有斐閣選書

駒井洋(監修・編)　2002.『国際化のなかの移民政策の課題(講座 グローバル化する日本と移民問題　第I期　第1巻)』東京：明石書店

佐々木倫子　2002.「多言語・多文化社会における言語保持と言語教育の問題 —集団的移住に伴う日本語保持を例に—」国立国語研究所(2002)所収, pp.7-19

佐々木倫子　2003.「加算的バイリンガル教育に向けて —継承日本語教育を中心に」『桜美林シナジー』pp.23-38　桜美林大学大学院国際学研究科

佐藤郡衛　1997.『海外・帰国子女教育の再構築 —異文化間教育学の視点から』玉川大学出版部

佐藤郡衛・吉谷武志(編)　2005.『ひとを分けるものつなぐもの —異文化間教育か

らの挑戦―』京都：ナカニシヤ出版

識字・日本語連絡会(編)　2006.『「識字・日本語学習推進法(仮称)」要綱案』識字・日本語連絡会

真田信治(編)　2006.『社会言語学の展望』東京：くろしお出版

真田信治・庄司博司(編)　2005.『事典　日本語多言語社会』東京：岩波書店

渋谷真樹　2001.『「帰国子女」の位置取りの政治 ―帰国子女学級の差異のエスノグラフィー』東京：勁草書房

市民がつくる政策調査会　2002.『21世紀日本の外国人・移民政策―当面の緊急課題に関する提言と新たな社会統合政策の必要性』特定非営利法人市民がつくる政策調査会

田中望　1997.「外国人のコミュニケーション権とそのためのエンパワメントのあり方」国立国語研究所(1997a)所収，pp.117-124

徳川宗賢　1999.「ウェルフェア・リングイスティクスの出発」(対談者J.V. ネウストプニー)『社会言語科学』第2巻第1号，pp.89-100　社会言語科学会

中島和子　2001.『バイリンガル教育の方法・増補改訂版― 12歳までに親と教師ができること―』東京：アルク

西郡仁朗・西原鈴子(編)　2005.『講座 社会言語科学　4. 教育』東京：ひつじ書房

西原鈴子・水谷修・山田泉・カイザー・シュテファン　1999.「日本語教育と言語政策」『社会言語科学』第2巻第1号，pp.101-106　社会言語科学会

日本経済団体連合会　2004.「外国人受け入れ問題に関する提言」

野村敏夫　2001.「日本語の国際化と国語教育」『SCIENCE OF HUMANITY BENSEI［人 文学と情報処理］Vol.33』pp.64-73　東京：勉成出版

野山広　1988.「多文化教育に関する一考察―スウェーデンにおける移民子弟への言語教育政策を事例として―」(早稲田大学大学院文学研究科修士論文)

野山広　1992.「在日外国人子弟への言語教育に関する多文化教育的一考察」『早稲田大学大学院教育学研究科紀要』第3号，pp.113-139　早稲田大学大学院教育学研究科

野山広　1996.「新しい教育制度構築への試み」岩間・山西編所収，pp.150-167

野山広　2001.「日本語の国際化と日本語教育」『SCIENCE OF HUMANITY BENSEI［人文学と情報処理］Vol.33』pp.74-83　東京：勉成出版

野山広　2002a.「地域社会におけるさまざま日本語支援活動の展開 ―日本語支援活動支援だけでなく共に育む場の創造を目指して―」2002,5.『日本語学 5月

号 Vol.21 —特集日本語習得を支援する—』pp.6-22　東京：明治書院

野山広　2002b.「未来を支える子どもたちへの贈りもの」渡戸一郎・川村千鶴
　　子(編)『多文化教育を拓く—マルチカルチュラルな日本の現実のなかで』
　　pp.119-142　東京：明石書店

野山広　2003a.「日本における言語教育施策の現状と今後の展開に関する一考察
　　—諸外国における外国人受入れ施策や言語教育施策の展開を参考事例として—」
　　第2回日本言語政策学会研究発表会〈資料〉, pp.26-27　日本言語政策学会

野山広　2003b.「地域ネットワーキングと異文化間教育 —日本語支援活動に焦点
　　を当てながら—」『異文化間教育(「特集：地域ネットワーキングと異文化間教
　　育」)』第18号, pp.4-13　異文化間教育学会(アカデミア出版会[発売])

野山広　2004.「国際化(グローカル)時代の日本語教員養成の在り方に関する一考
　　察 —第2言語(外国語)としての自国語の教員養成制度の国際比較を通して—」
　　『2004年日本語教育国際大会 予稿集発表2』pp.147-152　日本語教育学会

野山広　2005.「多文化共生社会に対応した外国人受入れ施策や言語教育施策の在
　　り方に関する一考察 —諸外国の受入れ施策や言語教育施策を事例として—」
　　『言語政策』1号, pp.37-62　日本言語政策学会

バトラー後藤裕子　2003.『多文化社会の言語文化教育 —英語を第2言語とする子
　　どもへのアメリカ人教師たちの取り組み—』東京：くろしお出版

日比谷潤子・平高史也(編)　2005.『多言語社会と外国人の学習支援』東京：慶應
　　義塾大学出版会

平高史也　2004.「ヒューマンセキュリティの基盤としての言語政策」『日本言語政
　　策学会第5回大会〈資料〉』pp.4-5及び発表資料　日本言語政策学会

平野桂介　1996.「言語政策としての多言語サービス」『日本語学』12月号,
　　pp.65-72　東京：明治書院

藤田美佳　2005.「農村に投げかけた『外国人花嫁』の波紋 —生活者としての再発
　　見—」佐藤・吉谷編(2005)所収, pp.221-252

文化庁委嘱地域日本語教育推進事業報告書　1996～2000年度、計8冊

文化庁文化部国語課　2003.『諸外国における外国人受入れ施策及び外国人に対す
　　る言語教育施策に関する調査研究報告書』文化庁

文化庁(編)　2004.『地域日本語学習支援の充実 —共に育む地域社会の構築へ向け
　　て—』東京：国立印刷局

星野命　1994.「異文化の中で養うポジティブな心と自我アイデンティティ」堀
　　江学・横田雅弘編集『現代のエスプリ322 異文化接触と日本人』所収,

pp.103-107　東京：至文堂

マーハ、ジョン・C、本名信行（編）　1994.『新しい日本観・世界観に向かって ─ 日本における言語と文化の多様性』東京：国際書院

マーハ、ジョン・C、八代京子（編）　1991.『日本のバイリンガリズム』東京：研究社

マーハ、ジョン・C　1997, 3.「日本におけるコミュニティ言語：現状と政策」国立国語研究所(1997, 3)所収，pp.55-73

水谷修　1995.「日本語教育政策 ─日本語教育全般について」『日本語教育』86 号別冊，pp.94-107　日本語教育学会

箕浦康子　1984.『子供の異文化体験』東京：思索社

むさしの参加型学習実践研究会(伊東祐郎他)（編）　2005.『やってみよう 参加型学習─日本語教室のための 4 つの手法 〜理念と実践〜』スリーエーネットワーク

武蔵野市国際交流協会(MIA)　2006.『〜これだけは知っておきたい！〜語学ボランティアのための外国人専門家相談基礎用語集』武蔵野市国際交流協会

明治書院　1997.『日本語学』5 月臨時増刊「特集 日本語教育 ─ 21 世紀への展望」

山本雅代（編）　2000.『日本のバイリンガル教育』東京：明石書店

依光正哲（編）　2005.『日本の移民政策を考える ─人口減少社会の課題─』　東京：明石書店

Baker, C. 1993. *Foundation of bilingual education and bilingualism.* Clevedon: Multilingual Matters.

Cooper, R. L. 1989. *Language Planning and Social Change.* Cambridge University Press.

Cummins, J. 1984. *Bilingualism and Special Education: Issues in Assessment and Pedagogy.* Clevedon: Multilingual Matters.

Cummins, J. 1986. "Empowering minority students: A framework for intervention, " *Harvard Educational Review.* 56(1), pp. 18-36.

Noyama Hiroshi. 1995. "Attitudes toward Bilingual and Multicultural Aspects of Japanese-Language Policy and Teaching to Non-Native Children in Japan." (邦題：「日本語教育政策と多文化主義：─外国人児童・生徒への第 2 言語としての日本語教育の確立を目指して─」*Japanese-Language Education around the Globe.* Vol. 5, pp. 1-27.　The Japan Foundation Japanese Language Institute.

Swedish Institute. 1997.　*Immigrants in Sweden, Fact Sheets on Sweden.*　Stockholm: Svenska Institutet.

제 3 장

현대 중국의 언어정책
-보통화 보급과 소수민족어-

후후바토루 フフバートル

1. 들어가며

　중국의 역사시대구분에서 '현대'라고 하는 것은 1949년의 중화인민공화국건국에서 현재에 이르는 시기를 가리키므로 여기서 취급하는 '현대 중국의 언어정책'은 사실상 중화인민공화국의 언어정책을 가리킨다. 중화민국시대부터 한자의 간략화, 공통어의 보급, 한어의 로마자표기 등과 같은 활동이 시작되었지만, 1949년 이후에 중국에서 진행된 언어정책 속에서 중화민국시대와 가장 다른 것은 소수민족의 언어·문자와 관련된 정책도 시행한 것이다. 중화인민공화국정부는 건국 후 바로 국내소수민족정책을 펼치고, 소수민족어에 대해서도 한어와 동일하게 문자개혁과 민족 '공동어' 형성을 위한 구어의 규범화를 시도한 것 외에도 문자를 갖지 않은 소수민족을 위해 새로운 문자를 만든 것이었다.

　건국 후의 중국에게 있어서 소수민족어 정책이 독자적인 것이라고는 하나, 전체적으로 본 경우에 최 중요과제는 공통어를 어떻게 보급시키는 가였다. 따라서 현대 중국의 언어정책을 생각하는 키워드가 되는 것은 '보통화普通話(Putonghua)' - 한민족의 공통어인 것뿐만 아니라 지금은 국가통용어' - 이다. 일본에서 말하는 '중국어'도 기본적으로는 이 보통화를 가리키고 있다. 일본인이나 다른 외국인이 외국어로서 배우는 '중국어'나 'Chinese'는 보통화이고, 또한 중국과의 공무나 비즈니스 등에서 사용되는 공용어로서의 '중국어'도 보통화이다. 중국국내에서 교과명인 '어문'(Yuwen, 일본의 '국어'에 해당한다)과 소수민족이 배우는 '한어'(Hanyu), 그리고 대만의 '국어'(Guoyu) 및 해외에 사는 중국계주민 사이에서 사용되는 '화어'(Huayu)도 기본적으로 보통화를 가리키는 것이다.

중국 국내에서 '한어'라는 명칭은 실제로 보통화를 가리키는 의미로 사용되는 경우가 많다. 말할 것도 없이 '한어'란, 중국의 주요 민족인 '한민족(한족)의 말'을 의미한다. 그에 반해 한민족이외의 55개의 민족이 '소수민족'이라고 불리기 때문에 그 말은 '소수민족어', 또한 그 생략형으로 '민족어'라고 불리고 있다.

한마디로 '소수민족'이라고 말해지더라도 그 중에는 치완족과 같은 인구가 1000만을 넘는 결코 '소수'가 아닌 민족도 있는가 하면, 로파족과 같은 이천수백 명밖에 없는 민족도 있고 그 외에도 몽골과 같은 유라시아 대륙의 지배와 통치로 세계에 알려져, 실제로 3개국에 걸친 민족이나 티베트와 같은 광대한 영토와 오래된 전통문화나 종교로 알려진 민족도 있지만, 모두 '민족'이라는 명칭으로 불린다. 중국의 소수민족의 언어와 문자는 각 소수민족이 분포하는 국토의 60% 이상의 면적에 걸쳐, 학습이나 운용상, 보통화와 한어의 여러방언 및 한자와 복잡한 관계를 가진다.

'보통화'라는 용어는 중국에서는 '각 성에서 통용하는 말'이라는 의미로 청조말기부터 사용되기 시작했지만, 1950년대에 '한민족의 공동어'라고 정의 내려졌다. 하지만 중국의 언어문자의 기본정책으로서 2001년 1월1일부터 시행된 '중화인민공화국국가 통용어 어문자법'(이하, '국가통용어 어문자법'이라고 축약한다)에서 '보통화'는 '국가 통용언어'로 제정되었다. 편의상, 여기서는 '중국의 통용어' 또는 '통용언어' '통용어'라고도 부르고

자 한다. 동법은 중국의 첫 언어문자법이다.

'통용어'(Tongyongyu)는 '넓게 퍼져 사용되는 말'이라는 의미로 '넓게 퍼져 통하는 말'이라는 '보통화'의 문자대로의 의미와의 차이는 크지 않다. 따라서 지금까지 중국에서 '보통화'를 가리키는 의미로 사용되어 온 '한민족 공동어'(Hanminzu Gongtongyu)를 포함하여 '국가통용어'와 '보통화'는 기본적으로 '공통어'(common language), 즉 '한민족의 공통어' 또는 '중국의 공통어'라는 의미로 이해할 수 있다. 보통화는 '한민족의 공동어'라고 정의되면서도 반세기 이상에 걸쳐 사실상 소수민족 지역을 포함한 전국 통용어로서의 역할을 다해 왔다. 소수민족 지역에서 1950년대부터 '한어한문' 교육이 진행되어 온 것도 '한어'로서의 보통화 및 '한문'으로서의 한자가 소수민족 지역에서 이미 넓게 퍼져 있다는 것을 의미한다.

이와 같이 보통화와 한자(규범한자=간략화된 한자로서 종래부터 사용되어 온 한자)의 '전국통용언어문자'가 된 현실이 21세기에 들어와서 법적으로 승인된 배경에 무슨 일이 있었는지, 중국이라는 다민족대국이 크게 움직이기 시작한 현재, 그 언어정책에도 언어법이 정해지는 등 커다란 변화가 나타난다. 그에 따라 보통화와 소수민족어와의 관계에 어떠한 변화가 보이는지 살펴보기 위해 먼저 보통화와 소수민족어와의 관계를 중심으로 현대 중국언어정책의 중요한 일환인 소수민족어 정책을 살펴보기로 한다.

2. 중화인민공화국의 언어사정

중국의 언어나 문자라고 하면, 한자·한문에 대한 인상이 강하고, 단순한 언어라고 생각되는 경향이 있다. 하지만 중화인민공화국 성립 후 한꺼번에 복잡한 양상이 떠올랐다. 그것은 그때까지 중국과는 다른 이미지가 강한 티베트나 몽골 등이 중국 공산당의 '구역자치'라는 소수민족 정책에 의해 중국의 소수민족으로서 특정 '자치구역'으로 재편된 것, 또한 그때까지 그다지 알려지지 않았던 많은 잠재적인 '민족'에게 신생중화인민공화국의 일원으로서의 자각을 갖게 하기 위해 '민족식별'이라는 절차에 의해 각각에게 '민족'의 지위를 주는 것으로 시작된다.

'민족식별'은 당해 에스닉 그룹의 언어조사부터 착수했다. 그 말이 하나의 독립된 언어라고 인정된 것은 그 화자들이 하나의 '민족'으로서 인정된 중요한 요소였다. 후술한 것처럼 1956년에 중국과학원과 국가민족사무위원회는 700명을 조직하고, 7개의 '민족어언 조사공작대'를 16개의 성과 자치구의 소수민족지역에 파견하여 언어조사를 실시하게 했는데 그것은 '민족식별'을 위한 기본적인 조사였다. 이와 같이 '5족 공화'라는 민국초기의 정치 슬로건인 5개의 민족 - 한, 만, 몽, 장(티베트), 회로 알려진 중국의 여러 민족이 중화인민공화국건국 후 단계적으로 숫자가 늘어 56개가 된 것은 이러한 소수민족의 언어조사와 '민족 식별'에 의해 많은 언어명과 민족명이 확정되었기 때문이다.

한편 한민족의 언어도 민족 공동어인 보통화의 확립과 보급을 추진하기 위해 각지 방언에 대해서 연구조사를 실시하고, 보통화와 한어 여러 방언과의 관계를 생각할 필요가 있었다.

즉 중화인민공화국 성립후, 중국의 언어문자의 상황이 복잡해진 것은 '국어'나 한자의 그림자에 숨겨진 원래 복잡한 많은 민족어나 한어방언, 민족문자가 정부의 소수민족 정책과 언어정책에 의해 정식무대에 등장했기 때문이다.

2-1. 한민족의 약 반이 '한어'로 교류할 수 없다

중국에서 '한어'가 실제로 보통화를 가리키는 의미로 사용되는 경우가 많다는 것은 전술한 바이다. 하지만 그래서 '한민족의 말', 엄밀하게는 '한민족의 여러 방언과 보통화'를 가리키는 '한어' 본래의 의미를 잃게 된 것은 아니다.

'한어'가 하나의 언어라는 것은 한민족이 하나의 민족이라는 것, 그리고 같은 한자를 사용하기 때문이다. 만약 한민족의 말에 대해서도 소수민족어와 같이 '1민족 2언어'나 '1민족 다언어'라는 분류를 한다면, 중국의 언어 숫자는 이미 70개나 80개로 끝나지 않을 것이다. 소수민족어의 분류에서는 '1민족 다언어'의 현상이 많이 인정되어도 상황이 가장 복잡한 수십억 인이 말하는 한민족의 말을 '한어' 하나라고 하는 것도 균형 잡힌 분류라고는 말하기 어렵다.

같은 한어 화자라고 해도 보통화와의 차이가 큰 방언이 많기 때문에 모택동毛沢東이나 등소평鄧小平 등 중국의 제1세대의 혁명 지도자들이 말하는 보통화는 알아듣기 어렵다고 잘 알려져 있다. 외국에서는 국가원수 등의 연설을 자주 들을 수 있는 것에 비해 모택동이나 등소평의 육성을 중국의 민중은 거의 들을 수가 없었다. 들을 수 있다고 해도 그것은 원고를 읽는 정도로 그것도 바로 아나운서의 목소리로 바뀌고 만다. 원고를 읽는 것은 실제로 문자언어의 구두에 의한 재현이기 때문에 비교적 이해하기 쉽지만, 모택동이 말한 보통화에 대해서는 다양한 에피소드가 있다. 신을 만날 수 있다는 기분으로 만났는데 말하는 내용을 잘 이해하지 못해 분한 눈물을 흘렸다는 여성예술가의 이야기가 있다. 만년의 등소평의 말을 그 딸이 보통화로 '통역' 한 것도 잘 알려져 있다.

중국의 북방에서는 장강(양자강)부터 남쪽의 여러 방언을 합쳐서 '남방화'(Nanfanghua)나 '남방방언'(Nanfang fangyan)이라고 부르는 경우가 있다. 하지만 실제로 그 내용은 '북방화'(Beifanghua)나 '북방방언'(Beifang fangyan)에 대비해서 일컫는 하나의 방언이라기보다는 중국 남방에 분포하는 여러 방언은 유럽의 언어학자들에게는 독립언어군으로 보일정도로 그 차이는 음운이나 어휘 레벨을 넘어서 문법 레벨에도 미치고 있다. 중국의 남북 차이는 기본적으로 기후의 현저한 차이에 의한 것으로 남쪽에서 장마전선이 미치는 데까지를 '남방'이라고 부르고 그 경계는 긴 역사 속에서는 변동이 있기는 하지만, 지금은 장강이 일단의 경계이다.

　한편 중국의 북방은 방언의 차이가 그다지 없는 것처럼 생각되지만, 그것은 '북방화'가 보통화의 구성에서 '기초방언'으로서 정의되는 것과 관계가 있다. 후술하는 것처럼 보통화는 '북경어음을 표준음으로 하여 북방화北方話를 기초방언으로 하여 본보기가 되는 현대백화문現代白話文의 저작을 문법의 규범으로 하는 현대한민족의 공동어'(밑줄은 저자에 의함)라고 정의된다. 여기서 '북방화'를 '기초방언'이라고 한 것처럼 '화'가 '방언'으로 바뀐다.[01]

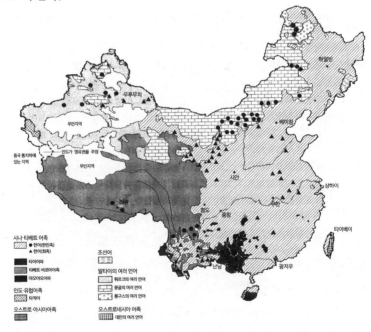

그림 1 : 중국의 언어분포

이와 같이 '기초방언'이기 때문에 '북방화'는 '북방방언'이라고도 불린다. 하지만 '북방'이라고 말해지더라도 이 '방언'은 실제 동북부의 흑룡강성黑竜江省에서 장강長江의 중하류 지역에 걸치는 20개 남짓의 성과 자치구에서 사용되고 한민족의 약 7할이 이 '방언'을 말하고 있다. 이렇게 되면 '북방방언'은 보통화의 정의를 위해 있는 것이고 그 넓은 범위에 걸쳐 어휘에 상당한 공통성이 인정된다고 하는 의미로서의 '동일방언'에 지나지 않는다. 실제 음운 면에서는 북방관화北方官話, 서북관화西北官話, 서남관화西南官話, 하강관화下江官話의 하위방언으로 분류되지만, 북방관화 분포지에서도 보통화를 말하는 사람이 북경의 북쪽에 위치하는 하북성河北省 북부의 말을 충분히 이해한다고는 할 수 없다. 어휘에 관해서도 북방방언 지대 내의 차이는 크다. 그것이 북방방언 지역에서도 보통화를 널리 퍼뜨려야 하는 것이 강조되는 하나의 근거가 된다.[02]

북경어에 대표되는 북방어를 비롯하여 한어 방언은 상해어로 대표되는 오어吳語, 호남湖南에서 사용되는 상어湘語, 강서江西에서 사용되는 공어贛語, 서천西川에서 대만에 걸쳐 넓게 산재하는 객가어客家語, 복건福建 등에서 사용되는 민어閩語, 광동広東, 광서広西에서 사용되는 월어粤語로 크게 7개로 나뉘지만, 한어 여러 방언간의 어휘 차이를 나타내는 데에 자주 인용되는 자료에 언어의 친족관계를 확인하는 방법으로서 언어 연대학적 통계가 있다. 오래된 자료이기는 하지만, 기초어휘에 대한 자료이기 때문에 여기서도 참조로 예를 들고자 한다. 그것에 따르면, 한어 여러 방언끼리의 기초어휘 200어에 보이는 공통 어휘는 북경어와 상해어의 사이는 73~74%이고 북경어와 광동어 사이는 70~71%이다. 또한 북경어와 복건어 사이는 49~52%이다. 따라서 북경어와 복건어간에 공통적으로 남은 기초어휘의 비율은 영어와 독일어간의 58.5%를 밑돈다고 한다.[03]

보통화가 헌법에 의해 전국으로 퍼지게 된 것을 통해 알 수 있는 것처럼 중국에서는 실제로 보통화와 다른 여러 방언을 모어로 하는 사람이 많다.

현재 보통화는 중국 각지에 보급되고 있지만, 그 때문에 방언이 쇠퇴해 온 것이 아니라 역으로 무수의 변종-'지방 보통화'를 낳고 있다. 그에 따라 중국 국내의 언어의 다양성이 한층 확대하고 있는 듯하다.[04] 중국국가 어언 문자공작 위원회가 2004년말에 공포한 '중국언어문자 사용상황 조사결과'에 의하면 중국에서 보통화로 교류를 할 수 있는 인구 비율은 약 53%이고, 한어방언으로 교류할 수 있는 인구 비율은 약 86%이다.[05]

이와 같이 만약 '중국어'가 보통화를 가리키는 의미로 한정된다면, 중국인의 약 반이 '중국어'로 교류할 수 없게 된다. 동일하게 만약 '한어'를 그 좁은 의미, 즉 보통화를 가리키는 의미로 한정해서 말한다면, 한민족의 약 반이 '한어'로 교류할 수 없게 된다.

2-2. 55개 소수민족의 80개 이상의 언어

중국에서는 5개의 자치구를 비롯하여 30개의 자치주, 116개의 자치현, 3개의 자치기로 이루어진 154개의 '민족구역 자치지방'(1999년 현재)을 합친 면적은 국토 전체의 64%이상을 차지하고 55개 소수민족의 총인구는 약 9000만 명(1990년)이고 중국 총인구의 8.7%를 차지한다. 5개의 자치구는 그 설립연대순으로 내몽골 자치구(1947), 신강新疆 위그루 자치구(1955), 광서 치완족 자치구(1958), 녕하寧夏 회족 자치구(1958), 티베트 자치구(1965)이다.

중국에서는 1950년대 이후 공식적으로 인정된 소수민족은 55개이다. 일반적으로 언어의 숫자는 민족의 숫자와 일치하지만, 하기 목록에서는 한어를 포함하여 중국의 여러 언어는 57개이다. 민족과 언어의 숫자에 차이가 생긴 것은 중국의 소수 민족에는 회족과 같이 고유의 언어를 갖지 않고 종교(이슬람교)의 특징에 의해 하나의 민족으로서 인정된 경우도 있는가 하면, 요글[06]裕固족과 같이 동일한 민족으로 분류되면서도 민족내부의 말 차이가 방언끼리의 관계가 아니고 다른 2개의 언어로 인정된 1민족 2언어의 경우나 야오족과 같이 1민족 3언어의 경우도 있기 때문이다. 실제로 사정은 더 복잡하고 이 분야에서 최근의 연구조사에 의하면, 중국의 소수민족 언어는 적어도 80개 이상 있고 실제 숫자는 이보다 더 많다고 여겨지고 있다.[07] 55개 민족이 80개 이상의 언어를 가지고 있다는 것은 민족과 언어의 정의의 어려움과 중국의 민족구성의 복잡함을 의미하지만, 동시에 55개라는 숫자의 결정에 정치적인 요소가 포함되고 있는 것을 뒷받침하는 것이다.

중국의 여러 언어는 숫자가 많은 것만이 아니라 계통이 다양하기 때문에 대부분의 세계 여러 언어파에 그 분포가 보인다. 중국 영토내의 여러 언어를 계통별로 분류하면 다음과 같다.[08]

알타이어
　조선어 : 1언어, 만주·퉁구스의 여러 언어 : 5언어, 몽골의 여러 언어 : 6언어, 튀르크의 여러 언어 : 7언어
말라이·폴리네시아어
　인도네시아의 여러 언어 : 1언어
중국·티베트어
　한어 : 1언어, 캄·타이의 여러 언어 : 10언어, 먀오·야오의 여러 언어 : 3언어, 티베트·버마의 여러 언어 : 17언어
인도·유럽의 여러 언어
　인도·이란의 여러 언어 : 1언어, 발트·슬라브의 여러 언어 : 1언어
남아시아어
　몽·크메르의 여러 언어 : 4언어

이만큼 다양한 계통의 언어가 하나의 국가 영토 내에 분포하고 있는 것은 중국 이외에는 그런 사례가 보이지 않는다. 중국의 55개 소수민족 중 32개 민족이 국경 외에 동일 민족으로 살고 있다. 그 때문에 중국의 소수민족어의 대부분이 국경선을 끼고 옆 나라에서도 사용되고 있다. 이들 언어 중에는 사실상 촌 단위 커뮤니티의 말인 것도 있지만, 중국에서는 '각 민족은 일률적으로 평등하다'는 것, 그리고 '각 민족은 모두 자기 언어 문자를 사용하고, 발전시키는 자유를 가지고 있다'는 것이 헌법에서 보장되었기 때문에 소수민족의 언어라도 교육이나 출판·미디어의 언어, 또는 자치구역의 통용어나 공용어로서 인정되는 언어도 많다.

2-3. 다언어국가의 다양한 문자

중국 지폐에 한자, 몽골문자, 티베트 문자, 아라비아문자, 로마자의 5개 문자로 '중국 인민은행'이라는 의미와 액면이 표기되어 있는 것은 잘 알려져 있다. 여기서 아라비아 문자는 위그르어 표기에, 로마자는 치왕어 표기에 사용된다. 문자계통의 차이는 종교와 문화의 큰 차이를 의미한다. 따라서 이만큼 많은 다른 계통의 문자가 함께 사용된 것 자체가 중국의 스케일의 크기와 여러 민족의 오랜 역사와 종교나 문화의 다양성을 나타내고 있다.

http://www.sinobanknote.com/show_entire.php?language=english&type=rmb

한민족의 문자, 또는 전국에 통용되는 한자는 별도로 하고, 중국 지폐에 기재되어 있는 것은 자치구 수준의 자치기관을 갖는 소수민족의 문자뿐이다. 자치구를 갖는 소수민족 중 회족이 고유의 언어와 문자를 갖지 않기 때문에 지폐의 문자는 지금은 '국가통용문자'가 되는 한자(규범한자)를 합쳐서 5개이다.

중국에서는 24개의 소수민족이 33종류의 문자를 사용하기 때문에 소수민족의 문자 상황은 복잡하다. 민족어와 문자의 수에 차이가 보이는 것은 예를 들면, 몽골민족과 같이 동일 민족이 2종류의 문자(호돔·몽골문자와 토도·몽골 문자)를 사용하는 경우도 있는가 하면 먀오족과 같이 하나의 민족이 4개의 문자를 사용하는 경우도 있기 때문이다. 33종류의 문자 중에서 18종류가 예전부터 사용된 문자이고, 15종류가 중화인민공화국성립 이후, 새롭게 만들어진 문자이다.[09]

소수민족정책이 순조롭게 실시된 제2의 황금시대라고도 일컬어진 1980년대 말 단계에서 중국에서는 17종의 민족문자로 84종의 신문이, 11종의 민족문자로 153종의 정기간행물이 발행되고, 중앙인민방송국에서 5종류의 민족어, 지방 수준에서는 합계 15종류의 민족어에 의한 방송이 이루어진 것 외에 29종류의 소수민족어가 교육에 사용되었다.[10] 소수민족어 방송에서는 원고 준비 때문에 그 민족어가 문자를 가지고 있는 것이 요구되지만, 소수민족어에 의한 교육은 학생이 모어의 문자를 배우는 것부터 시작되기 때문에, 그 민족어가 문자를 가지고 있는 것이 대전제가 된다. 1950년대, 중국이 문자가 없는 민족어를 위해서 새로운 문자를 만든 것도 기본적으로 민족어교육을 가능하도록 하기 위해서였다.

한민족의 경우는 전술한 대로 언어상황은 복잡하지만, 문자는 한자뿐이기 때문에 1950년대부터 진행되어 온 한자의 간략화는 완료되고, 간체자는 거의 정착해서 사용되고 있다. 경제발전에 따라 홍콩, 대만 등 경제발전이 진행된 지역의 영향에 의한 '번체자범람'도 '국가통용언어문자법' 시행에 따라 안정되고, 광고나 간판에서 번체자의 모습이 사라져 가는데, 개인 수준에서는 법적 제약이 없기 때문에 명함이나 소개장 등에는 여전히 번체자가 많이 사용되고 있어 번체자가 갖는 경제적 문화적 우월성이 나타난다.

3. 문자개혁과 소수민족어 표기

1949년 9월 중국인민정치협상회의 제1회 전체회의에서 채택된 '공동강령共同綱領' 제53조에서 '각 소수민족은 모두 그 언어문자를 발전시키고, 그 풍속습관 및 종교신앙을 보유, 혹은 개혁할 자유를 갖는다'고 규정되고, 10월에 북경에서 실시된 '중국문자개혁협회'의 성립대회에 소수민족 대표도 참가했다. 동 협회의 목적은 '문자개혁 방법을 체계적으로 연구하고, 실험한다'는 것이었는데 우선 정한 주요 일은 구체적으로 다음 3가지였다.

1. 한자개혁의 연구
한자개혁의 여러 가지 방법을 계속해서 연구했는데 라틴문자를 채용한 병음 방안을 연구의 주요 목적으로 한다. 한자의 정리와 간략화도 연구목표의 하나이다.

2. 한어와 한어통일 문제의 연구
한어의 통합적 연구와 지역별 연구조사를 계속해서 실시하고, 또한 북방의 말을 한어 통일의 기초로 하는 문제에 대해서 연구한다.

3. 소수민족 언어문자의 연구

아직 문자를 갖지 않은 소수민족이 있기 때문에 그 민족어를 체계적으로 연구하고, 또한 그 문자개혁과 창조를 연구하여 그들의 언어교육을 돕는다.

하지만 이것은 건국 당시의 일만이 아니라 건국에서 반세기 이상이 지난 현재도 이 3가지 분야에서 현대 중국의 언어정책의 전체상을 돌아볼 수 있다. '한자개혁'은 한자의 간략화와 한어의 표음문자화라는 2개의 측면을 가지고 있기 때문에 실제로 '한자간략화 방안'(1956년 1월)과 '한어병음 방안'(1958년 2월)의 공포와 시행에 따라 일단락 지어지고, 그 후 약 반세기에 걸쳐 사용된 결과, 그 성과가 인정되고 있다. 중국의 경제적 급성장과 정치적 영향력의 확대에 따라 간체자와 병음의 사용범위는 이미 중국국내만이 아니라 세계적으로 퍼지고 있다.

'한어와 한어통일 문제'는 한어 통일을 위해서 우선 한어 여러 방언의 연구나 방언과 보통화와의 관계를 밝힐 필요가 있는데, 보통화의 정의가 성립하고, '한민족의 공동어'였던 보통화가 그 정의에 구애받지 않고 '국가통용언어'로 바뀐 것으로 밝혀진 것처럼 반세기가 지난 현재 '한어통일 문제'는 실질적으로 '국가어성립의 문제'가 되어 소수민족지역과 소수민족도 그 대상이 되었다. 게다가 언어통일의 문제는 당초와 같이 한민족에 대한 정부의 호소나 캠페인이 아니고 지금이야말로 '국가는 전국에 통용하는 보통화를 추진한다'는 것이 헌법에 제시되어 그 흐름을 이어받은 국가교육법이나 국가언어법 실시에 그 성과가 맡겨지게 되었다. 보통화 보급에는 문자개혁의 성과인 '한어병음 방안'이 한자에 보통화의 발음을 나타내는 부호로서 가장 중요한 역할을 하고 있다.

'소수민족 언어문자의 연구'는 민족식별, 문자를 갖지 않은 소수민족을 위해 문자를 만드는 것, 그리고 소수민족어에 의한 교육 및 언어나 방언분류 등 소수민족정책 실시를 위해서 행해졌는데, 때때로 정치운동의 폭풍우에 휩싸이면서도 정치적으로 학술적으로 여러 가지 효과가 있었고, 현대 중국의 민족정책, 언어정책의 중요한 일환으로서 주목받게 되었다.

이들 정책은 서로 어떠한 관계에서 진행되어 왔는가? 또한 한민족의 언어 특히 보통화와 소수민족어는 문자개혁을 통해서 어떻게 관련지어져 왔는가? 여기서는 '보통화' 자체의 문제를 제쳐놓고 우선 문자개혁을 중심으로 중화인민공화국 건국당시의 언어정책을 살펴보기로 한다.

3-1. 문자개혁(1)-한자의 간략화

중국에는 예부터 '속자俗字' '별자別字'라고 불린 속체한자가 있고, 그 역사는 '정자正字'와 동일한 정도로 길다고 말해질 정도로 간체자는 서민들 사이에서 오랫동안 사용되어 왔다. 중국의 간체자 운동은 청말 학자 육비규陸費逵가 1909년에 '교육잡지'의 창간호에 '보통교육은 속체자를 채용해야 한다'라는 문장을 발표한 것이 시작이라고 보인다.[11] 육비규陸費逵는 1921년에도 '한자 정리에 관한 의견'을 발표하는 등 중국의 한자간략화의 움직임은 계속되었다. 1935년 8월에 문자개혁론자로서 알려진 전현동錢玄同이 제안한 '고유하면서 비교적 실용적인 "간체자"안'에 기초한 324자로 이루어진 '간체자표(第1批)가 중화민국정부의 교육부에 의해서 공포되었지만, 국민당의 중진이었던 대계요戴季陶에 의해 미뤄져 시행되지 않고 반년 후에 철회되었다.[12]

중화인민공화국 건국 직전에 중국 공산당의 문자개혁을 지도한 오옥장吳玉章이 모택동毛沢東에게 문자개혁에 대해서 의견을 구하면서 약 2000자로 이루어진 사용가능한 각종 한자 간체자를 정리하여 당분간 대중을 위한 읽을거리에 사용할 것을 제안했다. 그에 반해 모택동으로부터 그 제안의 심의를 의뢰받은 곽말야郭沫若와 동료들은 '간체자를 정리함과 동시에 과학적인 방법으로 일상용자의 수를 통계하고 또한 일상적으로 사용되고 있는 한자의 획수가 많은 것을 간략화하여 그것을 정한 형식으로 해서 당분간 대중을 위한 서책으로 사용해야 한다'고 말했다.[13] 여기서는 간체자의 도입에 있어서 '정자'나 번체자의 '간략화'가 주목된다.

사상이나 이데올로기의 차이를 묻지 않고 중국의 발전을 위해서는 한자를 폐지하고 로마자를 도입하지 않을 수 없다는 생각이 주류였던 중국에서는 한자의 간략화보다도 중국어의 표음문자화가 관심을 모으고 있다. 국민의 식자율이 2할에도 달하지 못하고 너무나도 낮았기 때문에 중국어의 라틴문자화는 절박한 과제였다. 1940년에 공산당이 통치했던 '변구辺区'(중화민국 특구정부 구역)에서는 그때까지 진행되어 온 라틴화 '신문자新文字'에 한자와 동등의 지위를 준 것이 공포되고, 또한 '변구辺区 시정강령'에 의해서 '신문자'는 합법성이 인정되었다.[14]

하지만 정권을 취한 공산당이 건국 후 한어의 표음 문자화보다 먼저 한자의 간략화를 시행한 것은 표음문자(라틴문자, 즉 로마자)의 도입에 대해서는 성급하게 일이 진행되지 않도록 정권당으로서 문자개혁 문제를 신중하게 생각하지 않으면 안 되었기 때문일 것이다. 실제로 모택동은 1950년에 '먼저 한자의 간략화를 해야 만하고, 문자개혁은 실제와는 동떨어져서는 안된다'고 지시했다.[15] 1952년 2월에 '중국문자개혁연구 위원회'가 성립되고, '병음방안조' '문자정리조' '교학실험조'가 편성되었기 때문에 '한자의 간략화'와 '한어병음화'는 별도로 진행되게 되었다.

1955년 1월에 교육부와 중국문자개혁 위원회가 '한자간략화 방안(초안)'(798자)을 합동으로 발표하고, 1956년 1월에 국무원이 '한자간략화 방안'을 공포했다. 그에 따라 중화민국정부도 시도한 간체자의 정식문자의 도입이 실현되었다. 그 후 1977년 12월에 합계 853자로 이루어진 '제2차 한자간략화 방안(초안)'이 발표되었는데, '문화대혁명' 속에서의 성급한 간략안이었기 때문에 1986년 6월에 사용정지가 결정되었다. 간체자가 '국가통용문자'를 구성하고 있는 현재, 중국의 간체자 수는 '간화자簡化字 총표'(1986년 신판)에서는 합계 2235자이다.

중국에서 사용되고 있는 한자에 대해서는 '간체자'의 이미지가 강하지만, 실제로 간체자는 '국가통용 어언문자법'에서 '규범한자'로 불리고 있는 한자전체의 극히 일부분에 지나지 않고 그 대부분은 예로부터 사용되어 온 간략화되지 않은 한자, 혹은 간략화될 필요가 없는 한자이다. 게다가 '국가통용 어언문자법'의 제17조에서는 문물고적, 성시중의 이체자, 서도, 전각 등 예술작품, 책머리에 쓰는 말과 간판의 필기체, 출판, 교육, 연구에서 사용이 필요한 경우에 한해 번체자와 이체자의 사용이 가능하게 되었다. 하지만 '간체자'와 '번체자'의 차이가 강조된 나머지, 그것과는 관계없는 많은 한자의 존재가 묵인되는 경향이 있다.

'간체자를 사용하는 대륙'과 '번체자를 사용하는 대만'에서는 상대측의 '간체자'나 '번체자'를 몰라도 서로의 한자문의 의미를 어느 정도 이해한다. 그것은 '간체자'도 아니고 '번체자'도 아닌 한자가 많기 때문이다.

3-2. 문자개혁(2)-한어의 병음화

현재 중국어를 배우는 경우는 먼저 병음(Pinyin)이라는 로마자식 표기법을 배우게 되어 있다. 한자의 루비(역주: 읽는 법을 표기하는 작은 활자)에 해당하기 때문이다. '병음'이란 원래 '소리를 나타낸다'는 의미이기 때문에 '표음문자'를 중국어에서는 '병음문자'라고도 한다. 하지만 중화인민공화국건국 후 그때까지 국민당 측에서는 '羅馬字(로마자)', 공산당 측에서는 '拉丁字母(라틴문자)'라고도 불린 로마자에 의한 중국어(보통화)의 표기법을 '한어병음'이라고 불리게 되었다. 그 때문에 현재의 '병음'이라는 명

칭은 '한어병음'의 약칭이고, 실제로는 후술하는 '한어병음 방안'을 가리키는 것이다. 따라서 일본어에서는 가타카나로 'ピンイン'이라고 쓰이는 경우가 적지 않았다.

하지만 중국에서 고안되어 온 '한어의 병음화'는 한자 발음을 표기하기 위한 표음 부호를 만든다고 하는 것보다도 오히려 한자를 대신한 독립된 문자를 만드는 것이었다. 중화인민공화국 건국 당초, 중국에서는 식자율을 높이고 민중교육 수준을 올리기 위해 과학적이고 사용하기 쉬운 표음문자를 작성하는 것이 중요하고 또한 급한 일이었다. 그 때문에 모택동毛沢東 주석과 주은래周恩來 총리가 스스로 그 지도를 담당했다. 중앙인민정부 부주석의 유소기劉少奇도 문자개혁이 성공한 아시아의 이웃 나라, 몽골, 조선, 베트남의 경험을 연구하도록 1950년 2월에 중앙 선전부의 책임자들에게 지시했다.[16]

그 후에 1955년 9월에 중국문자개혁 위원회에 의한 '한어병음 방안' 제정 결의가 '전국문자개혁회의'에서 채택되어 1958년 2월에 철저한 연구를 통해 만든 '한어병음 방안'이 전국 인민대표대회에서 비준되었다. 그것에 만족하여 1956년 3월에 중국문자개혁위원회 주임인 오옥장吳玉章은 정치협상회의 전국위원회 제18회(확대)회의에서 실시한 '한어병음 방안(초안)에 대해서'라는 보고에서 '장래 정부에 의해 공포된 후에도 한자 표음에 사용되어 바로 한자를 대신하는 문자는 될 수 없다'고 '한어병음 방안'이 '병음문자 방안'이 아니라 아직 '병음방안'인 것을 강조하면서 '한어병음 방안'이 '한어병음문자 방안'이 될 가능성을 보류했다. 그리고 오옥장은 '병음방안의 용도'와 '왜 라틴자모를 채용했는지에 대한 이유' 및 '한자의 장래는 도대체 어떻게 될지에 대한 3가지 관점에서 '한어병음 방안'에 대해서 기술하고 있다.[17]

'한어병음 방안'의 용도에 대해서는 우선 한자교육과 한자학습에 편리하도록 한자의 주음이나 표음을 하는 것 및 '보통화'의 보급을 돕는 것

그리고 전신 부호장의 개편, 식자기植字機 제조, 알파벳 검자, 색인 작성 등 실용 면에서의 편리함을 들고 있다.

'라틴자모를 채용한 이유'를 살펴보면, 로마자는 중국에서도 350년 전부터 한자의 주음에 사용되었던 것, 그리고 19세기 후반부터 중국 각지 교회에서 17종류 이상의 방언 로마자가 작성된 것, 게다가 1926년과 1931년에 각각 '국어 로마자'와 라틴화 신문자가 등장하여, 그것을 사용하는 사람이 아직 있고, 또한 로마자가 국제적으로 넓게 사용되는 것을 강조하고 있다.

'한자의 장래'를 보면 '장기적으로 보아 세계 각국 문자의 역사적 발전으로 보아 빠르든 늦든 우리들에게는 장래 표음문자를 사용하는 날이 온다. 이것은 세계 문자발전의 객관적 법칙이기 때문이다'고 단언하면서 '하지만 현재는 이 문제를 논의할 때가 아니다. 즉 우리들은 현재 바로 표음문자의 실행을 주장하지 않기 때문이다'고 기술하고 있다.

한자의 미래에 대해서는 그 후 1986년 단계에서도 같은 해에 열린 '전국 어문공작 문자회의'에서 '문자개혁은 반드시 착실하게 진행하여, 서둘러 성과를 요구해서는 안 된다' '향후 상당히 긴 시기에서 한자는 여전히 국가의 법적 문자이고, 계속해서 그 역할을 다 한다'고 제시되었다.

'한어병음 방안'이 비준되고 나서 약 반세기가 지난 현재, 컴퓨터 보급에 맞물려 '한어병음'은 한자의 주음(루비) 역할을 크게 넘어 한자 입력이나 검색에 이용되고, 실용성이 한꺼번에 크게 퍼졌다. 중국의 현행 '국가통용 언어문자법' 제18조에서는 '국가통용 언어문자는 '한어병음 방안'을 철자와 주음의 도구로 한다' '한어병음 방안'은 중국인명, 지명 및 중국어문헌의 로마자 표기법에서 통일적인 규범이고 또한 한자를 사용하는 데에 불편하거나 사용할 수 없는 영역에서 사용한다' '초등교육에서는 한어병음 교육을 실시한다' 등과 그 용도 및 교육상의 의무가 규정되어 있다.

이와 같이 '한어병음 방안'의 용도에 대한 이들 규정은 '한어병음 방안'

이 작성된 당초 목적에서 그다지 벗어나지 않는다. 하지만 지금까지 기술에는 '한어병음 방안'의 또 하나의 중요한 역할이 보이지 않는다.

'한어병음 방안'이 비준된 약 1개월 전, 주은래 총리는 중국인민정치협상회의 전국위원회 주최 회의에서 '당면의 문자개혁의 임무'라는 보고를 실시하여 그 안에서 '한어병음 방안'의 용도에 대해서 '"한어병음 방안"은 각 소수민족의 문자창조와 문자개혁을 위해서 공동의 기반이 된다'고 기술하고 있다. 실제로 1957년 11월에 비준된 '치왕문 방안과 소수민족문자 방안에서 자모설계에 대해 토론한 몇 가지 원칙에 관한 보고'에서 '소수민족이 문자를 창제할 때는 라틴자모를 기초로 해야 한다. 현재 보유하는 문자를 개혁하여 새로운 자모체계를 채용할 때도 가능한 한 라틴자모를 기초로 해야 한다' '소수민족어의 발음이 한어와 같은지, 그것에 가까운 경우는 가능한한 한어병음 방안 안에서 해당되는 자모로 표시한다'고 정해져, '소수민족어에 있고 한어에 없는 음에 대해서'도 그 표기법이 자세히 규정되어 있다.

이와 같이 약 2년간에 '한어병음 방안'의 양상은 오옥장이 당초 기술한 경우와 취지가 크게 바뀌었다. 먼저, '한어병음 방안'이 '한어병음'만이 아니라 '소수민족어병음'으로서 적용할 수 있는 범용성을 갖도록 자모가 부분적으로 수정되어 만들어졌다. 그것만이 아니다. '한어병음 방안'이 로마자를 채용한 이유 자체가 '소수민족의 언어문자와의 일관성을 중시했기 때문이다'고 생각되어질 정도로 '한어병음 방안'과 소수민족어와의 관계가 강조되었다.[18] 하지만 이 시기에 소수민족의 언어문자와 관련된 국가 정책에 급격한 변화가 생긴 것은 왜일까? 그 배경에는 후술 한 중국민족정책의 급진화가 있었다. 어찌되었든 국가의 통합을 서두르는 중국 지도부에는 '한어병음 방안'을 보통화만이 아니라 '소수민족어'를 포함한 중국의 여러 언어를 기록하기 위한 '공동의 기반'으로 하고자 하는 생각의 전환이 있었던 것은 앞에서 기술한 주은래의 보고 내용을 봐도 분명하다.

3-3. 문자개혁(3)-소수민족어의 문자창조와 개혁

중국 공산당이 소수민족의 여러 언어의 표기에 라틴 문자를 도입하려고
한 것은 중화인민공화국 건국이후의 일은 아니다. 1940년 11월 7일, 10월
혁명기념일에 연안延安에서 성립식이 행해진 '陝甘寧辺区新文字協会'의 임
무의 하나가 '변구辺区의 몽회 민족단체와 면밀하게 연락을 취하고, 몽회 민
족어의 라틴화 방안을 연구하고 제정한다'는 것이었다.[19] 그것은 소련이 소
수민족을 위해서 문자를 만들고, 교육을 진행한 것을 배웠기 때문이었다.

건국 직후, '중국문자개혁협회'의 당면의 일의 하나였던 '소수민족 언
어문자의 연구'는 '아직 문자를 갖지 않은 소수민족의 언어를 체계적으로
연구하고, 또한 그 문자개혁과 창조를 연구하고, 그들의 언어교육을 돕
는다'로 그 목적이 확실하고, 매우 구체적이었다. 그것은 건국 이전부터
의 방침과 관계가 없었던 것은 아니다. 실제로 앞에서 기술한 오옥장이
모택동에게 보낸 편지 안에서도 한어방언과 소수민족어의 라틴문자표
기의 문제가 제안되었다. 그에 대해 곽말야郭沫若와 동료들은 '국내 소수
민족 중에서 문자가 없는 혹은 문자가 있어도 역시 불완전한 것은 해당
소수민족이 교육의 보급을 진행할 때에 바로 라틴문자를 시행할 수 있다
고 생각하지만, 한어의 여러 방언도 라틴문자로 표기해도 좋을지에 대해
서는 의문을 갖지 않을 수 없다(중략)'고 모택동에게 답신했다.[20]

그 때문에 건국 후에는 소수민족어의 문자 창조와 개혁을 위한 연구
조사가 바로 시작되어 1949년 10월에 중국문자개혁협회 성립에 이어,
1950년 6월에 중국과학원 어언연구소가 탄생하고, 그 임무 중 하나가
국내 소수민족의 언어를 연구하는 것이었다. 그에 따르면 정부는 과학원
어언연구소의 멤버를 동반한 소수민족지역 방문단을 1950년 7월에 서
남으로, 같은 해 8월에 서북으로, 그리고 1951년 6월에 중남으로, 1952
년 7월에 동북으로 각각 파견하고 소수민족어 조사를 실시하게 했다.

1951년 10월에는 정무원 문화교육위원회 안에서 '소수민족 어언문자연구 지도위원회'가 설립되었는데, 그것은 정무원에 의한 '민족사무에 관한 중앙인민정부정무원의 몇가지 결정'이 같은 해 2월에 공포되고 그 안에서 '정무원 문화교육 위원회내에 민족어 언문자연구 지도위원회를 설치하고, 소수민족의 언어문자 연구에 관한 일을 지도하고 조직한다. 그리고 아직 문자를 갖지 않은 민족을 도와 문자를 창조하고 문자가 불완비한 민족을 도와 그 문자를 점차로 충실하게 한다'고 제정되었다.

그 다음 달부터 중국과학원 어언연구소는 다음 표에 제시된 것처럼, 언어조사의 전문가 팀을 각지로 파견하고, 다음 6가지의 목적으로 조사에 임하게 했다. ① 말의 실태조사. ② 언어학적 기술. ③ 문자개혁을 위한 음소체계 조사. ④ 독립 언어인지 방언인지의 식별. ⑤ 새로운 개념을 나타내는 신조어 조사. ⑥ 각 민족어의 표준어 설정. 또한 몽골어파 여러 언어와 방언조사대는 중앙민족학원, 중국과학원 어언연구소, 북경대학, 내몽골어파연구회에 의해 조직되고, 신강新疆 민족언어 조사대는 중앙민족학원, 중국과학원어언연구소, 신강성新疆省 인민정부에 의해 조직되었다.[21]

1951년 11월~1955년 6월에 이루어진 소수민족 언어조사 실시상황 일람표

개시년월	실행 공작대(조)	대상지	대상언어
1951년 11월	川康(西川省・康西省) 공작대	西川省涼山	이어
1952년 2월	雲南 공작대	雲南	타이어, 리수어, 하니어, 라후어, 와어, 아창어, 이어
1952년 3월	치완어 공작조	広西	치완어
1952년 6월	広西 공작대 야오어조	広西大瑤山	야오어
1952년 9월	貴州 공작대	貴州	먀오어, 부이어
1955년 6월	몽골어파 여러 언어와 방언조사대	내몽골, 新疆	몽골어파 여러 언어(몽골어, 똥샹어, 투어, 보안어, 다우르어)
1955년 6월	新疆 민족 언어조사대	新疆	위구르어, 카자흐어, 키르키즈어, 시베어, 타지크어

1954년 5월에 민족어언문자연구 지도위원회 및 중앙인민 정부민족
사무원회에 의해 '아직 문자를 갖고 있지 않은 민족을 도와 문자를 창조
하는 문제에 관한 보고'가 정무원에 의해 비준되었다. 거기에는 다음과
같은 사항이 제정되었다.

> 각 민족이 새롭게 만든 표음문자의 자모형식에 대해서는 라틴자모의
> 채용이 현행 한어주음자모 보다 약간 편리한 것을 감안해서 한어병음자
> 모 방안이 공포될 때까지는 당장 기본적으로 라틴자모를 시행문자, 혹은
> 기음記音부호로 할 수 있다. 변경에 대해서는 장래 다시 생각한다. 소련
> 과 몽골인민공화국에 인접한 여러 민족은 그 의사에 따라 러시아문자를
> 사용할 수 있다.

주음자모나 로마자는 차치하고 이 시기에 중국에서 러시아문자 채용
이 인정된 것은 1954년 10월부터 1957년 8월까지 중국 정부의 초빙에
의해 중국과학원과 중앙민족학원의 언어학 고문을 맡은 소련에서 온 전
문가 G. P. Serdyuchenko 교수의 존재나 영향력과 관계가 있었던 것은
부정할 수 없다.[22] 이 결정의 영향으로 1955년 7월에 내몽골자치구에서
는 전통적인 몽골문자를 키릴(러시아)문자로 새롭게 하는 것이 결정된 것
외에도 신강 위구르 자치구에서도 1957년 2월, 위구르어, 카자흐어, 몽
골어, 키르기즈어, 시베(시보)어의 5언어가 전통적인 문자에서 키릴문자
로 새롭게 된 것이 공포되었다.

1955년 12월에 중국과학원 어언연구소와 중앙민족학원이 '제1차민
족 어문과학 토론회'를 실시하여 2, 3년이내에 전국소수민족어를 조사하
고, 문자 창조, 혹은 문자 개혁을 필요로 하는 민족을 도와 문자 방안을
확정하는 것을 제의했다. 1956년에 중국과학원과 민족사무위원회는 동
과학원어언연구소와 중앙민족학원 및 각지의 민족어문기구와 그 외의

기관으로 이루어진 700명 이상의 조사원을 7개의 소수민족언어조사대에 편성하고, 전국 16개의 성과 자치구의 소수민족지역에 파견하여 42개의 소수민족어의 전면적인 조사를 담당하게 했다.

그 후에 로마자에 의한 소수민족어의 '문자방안'이 연이어 공포되고 1958년까지 창조되어, 현재도 사용되고 있는 것은 신 리수문자, 나시문자, 하니문자, 라후문자, 차이와문자, 먀오문자(4종), 치완문자, 십손판나 신 타이 문자, 리문자, 와문자 등 14종[23]이다. 문자개혁이 결정된 것은 내몽골자치구의 몽골어를 비롯하여 상기 신강 위구르 자치구의 5개 언어와 동 자치구의 타타르어였다. 이들 언어는 몽골인민공화국과 소련에 인접한 알타이의 여러 언어로 그 대부분이 소련과 몽골인민공화국으로 동일 민족에 의해 사용되었기 때문에 모두 키릴 문자에 의한 개혁이었다.

하지만 1958년 3월말부터 반개월 이상에 걸쳐 북경에서 실시된 중국과학원과 국가민족사무위원회에 의한 '제2차 소수민족어문과학 토론회'에서는 '사회주의 조국 대가정의 단결과 통일 및 각 민족의 공동발전과 번영에 유리하다'라는 전제에 의해 '소수민족을 돕고 문자를 창조하는 원칙'이 결정되고, 그때까지 진행되어 온 소수민족어의 문자개혁과 창조를 가능한한 '한어병음방안'으로 통일하는 형태로 조급하게 정리해야 하는 방침전환이 이루어졌다. 여기서 주목되는 것은 토론회 주최자의 변화이다. 제1차 주최는 학술연구기관(중앙민족학원)이었는데, 제2차에서는 그것이 국가기관(국가민족 사무위원회)으로 바뀐 것이다. 그 배경에는 1957년부터 시작된 '반 우파투쟁'에 의한 소수민족지역에서의 '지방민족주의' 규탄과 그 후 바로 정식으로 선언된 '대약진운동'의 방침이 있었다. 실제로 소수민족어 표기를 '한어병음 방안'으로 통일한다는 의미는 전술한 '치완문 방안과 소수민족 문자방안에서 자모설계에 대해 토론한 몇가지 원칙에 관한 보고'(1957년11월) 및 주은래의 '당면한 문자개혁의 임무'라는 보고(1958년 1월)에 의한 지시가 이루어졌다. 그것보다 먼저 주은래는

1957년 8월에 청도靑島에서 실시된 '전국민족공작 좌담회'에서 각 민족어의 문자기호의 통일을 지시했다.

그것을 받아 그 후 소수민족어의 문자창조는 종료, 또는 중지하고 역으로 소수민족의 한어한문 학습이 장려되었다. 내몽골 자치구에서는 중화인민공화국 건국이전부터 몽골인민공화국과의 문자통일이 목표로 되었기 때문에 순조롭게 진행된 문자개혁도 라틴문자에 의한 개혁의 전망이 서지 않은 채 키릴문자의 도입이 중지되고, '몽골문자개혁 위원회'가 '몽골어문공작 위원회'로 바뀌었다. 다양한 방언이 있는 내몽골측에게는 몽골국의 키릴문자 자체보다도 구어에 기초한 그 맞춤법이 중요했다. 그 때문에 그 후 '한어병음 방안'에 의한 문자개혁이 진행되었다고 해도 몽골인민공화국의 키릴문자 맞춤법이 기반이 되어, 몽골인이 요구했던 몽골어 여러 방언의 통일은 진행되었을 것이다. 컴퓨터의 보급이나 휴대전화의 메일통신으로 기반을 잃은 현재의 상황을 생각한다면, 구두어에서 동떨어진 세로 쓰기의 몽골문자로 돌아간 것은 몽골어 상실에 박차를 가한다는 의미에서는 돌이킬 수 없는 큰 실점이었다.

동일하게 키릴문자에 의한 문자개혁이 진행되었던 위구르어와 카자흐어는 1959년 12월에 라틴문자에 의한 '신문자 방안'이 결의되어 그것이 1964년 10월에 국무원에 의해서 비준되었지만, 1976년 8월에는 사용정지가 결정되었다.

이와 같이 중국이 1950년대 전반부터 소수민족어에 대해서 실시한 문자개혁은 1957년 이후, 정치 중시의 급진적인 정책 전환 때문에 당초의 기세에 맞는 성과를 보이지 않고 종결됐다. 따라서 소수민족어의 표기 시스템을 '한어병음 방안'에 근접 하려고 한 시도는 일부 고유의 문자를 갖지 않은 민족어의 문자창조 등에는 효과가 있었지만, 전통적인 민족문자를 앞에 두고 좌절로 끝나는 일이 많았다.

4. '민족공동어'에서 '국가통용어'가 된 보통화

1950년대 초기 중국에서는 보통화의 존재자체를 의심하는 견해가 있었기 때문에 한민족의 '표준어' 또는 '공동어'는 보통화를 기초로 해야 하는지, 그렇지 않으면 살아있는 북경방언에 기초해야 하는지와 같은 견해의 차이가 있었다. 한어학자로서 잘 알려진 왕력王力은 '만약 소위 보통화가 도시에 있는 각지에서 모인 각 계층의 군중간의 왕래나 교류에 의해 생긴 일종의 서로 통하고, 서로의 방언성분을 포함한 언어를 가리키는 것이라면 이러한 보통화가 혹시 존재한다고 해도 그것은 민족 공동어는 될 수 없다'고 지적했다. 한편, 왕력王力은 '실제 한민족의 공동어는 북방의 말을 기초로 한다. 실제로 이러한 민족공동어는 이미 형성하고 있다(중략)'고 말하고, '방언을 끌어모은' 보통화와 '민족공동어'는 다르다고 생각했다.[24] 하지만 왕력王力의 이러한 생각은 자신이 대표편집자가 된 책 속에서조차 비판받아, 그 후 보통화의 정의는 정치적으로 이루어졌다.

어찌되었든, '공동어'라는 용어는 '민족공동어'라고 말하는 것처럼 '민족'이라는 말에 의해 수식되는 경우가 많고, '민족표준어'의 기초를 이루는 말의 의미로 주로 한민족의 보통화를 가리켜 사용되어 왔다. 건국 당초 화제가 된 '한민족의 표준어'가 '한민족의 공동어'의 문제로서 안정된 것도 한민족의 언어실태로 보아 '표준어'보다도 우선 규범성이 약한 '공동어'의 성숙을 도모한 편이 보다 현실적이었기 때문이다. '민족공동어'의 문제는 한민족에 한정되지 않고 소수민족어에 대해서도 그 형성이나 보급이 화제가 되었다. 실제로 전술한 Serdyuchenko 교수는 스탈린의 말을 인용하면서 '민족의 공동체에는 반드시 공동의 언어가 없으면 안되지만, 국가는 오히려 공동의 언어가 꼭 필요한 것은 아니다'고 기술하고 있다.[25]

이와 같이 만약 '공동어'의 '공동'이 '민족공동체' 즉 '언어공동체'의 '공동'에 유래하고, '공동체의 언어'라고 생각된다면 '민족공동어'란 특정 민족어의 규범화나 표준화와 관련된 용어나 개념이라고 할 수 있다. 그에 반해, 현재의 '국가 통용어'는 민족공동체나 민족어를 넘어, 국가 수준에서의 언어 통일을 목적으로 한 정치적인 용어이고, '공용어'를 겸한 '공통어'이다. 이러한 의미에서 '국가통용어'는 한민족의 언어의 표준화나 규범화를 목표로 하여 등장하고 형성되어 온 '한민족의 공동어'에 비해 규범성이 느슨하지 않으면 안 된다. 그것은 한민족에 대해서 '한민족의 공동어'의 규범을 요구하는 것과는 다르고, 소수민족이 말하는 보통화도 그 수준과는 관계없이 '한어', 즉 '국가통용어'로서 보통으로 받아들여져야 하기 때문이다. 지금이야말로 보통화 즉 '한어'는 한민족만의 언어가 아니라 '국가통용어' '국가공용어'이기 때문이다.

4-1. '보통화'라는 명칭

'보통화'라는 명칭은 일본에서 '국어' 이전에 사용되어 온 '보통어'라는 명칭에서 유래하여, '국어'와 동일하게 일본에서 중국으로 유입한 말이다.[26] 1930년에 중국공산당 정치국원이 해임되고, 그 후 노신魯迅과 함께 '우익 작가연맹'을 지도한 구추백瞿秋白이 '국어'를 '관료적'이라고 비판하고 '대중어'와 '보통화'라는 개념을 꺼내 '국어'와 대치했다.[27] 하지만 중국의 공산주의자들은 '국어'라는 용어를 특히 거부한 것이 아니라 중화인민공화국 성립 이후 '소수민족어'라고 나열된 형태로 '한어'와 '보통화'라는 명칭이 사용됨으로써 '국어'라는 명칭이 모습을 감추고 있다.

사회주의 중국이 전국공통어를 가리키는 의미로 '보통화'를 '국어' 대신 사용하기 시작한 것은 그 이전의 공산주의 운동의 흐름을 이어받는 의미도 있겠지만, '보통화'가 '국어'로 바뀜으로써 그때까지의 보통명사에서 고유명사가 된 것은 사실이다.

현재는 고유명사가 될 '보통화'는 중국어교육 등에서는 '보편적으로 통하는 말'이라고 해석되는 등 보통명사로서의 의미를 잃지 않은 면이 있지만, 중국어 발음으로 '프통화'라고 불리는 것처럼 '보통화'는 고유명사로서 정착하고 있다. 어찌되었든 중국의 헌법과 '국가통용 어언문자법'에서 '전국에 통용하는' 언어, '국가통용언어'의 명칭에 규정된 것이 '보통화'의 고유명사로서의 역할을 확정하고 있다. 하지만 '보통화'라는 명칭이 고유명사로서 변별성이 부족한 것은 그 낱말 구성과 낱말 뜻이 앞서 기술한 것처럼 '대중어'나 '공통어' '통용어'라는 보통명사나 술어와 공통성을 가지고 있는 것에서도 관찰된다. 특정 언어명으로서의 고유명사는 '러시아어' '일본어' '몽골어' 등과 같이 민족명이나 나라명을 고유명사로 하는 것이 일반적이지만, '보통화'라는 명칭의 경우는 그것이 결여된 것뿐만 아니라 '~어(~yu)'가 아니라 언어학상의 분류에서는 사용하지 않는 임의의 지역이나 마을의 '말'을 가리키는 '~화(~hua)'가 사용된 것도 특정 언어를 가리키는 한정성이 결여된다.

중국대륙의 '한어', 대만의 '국어', 해외화인사회의 '화어'라는 명칭이 어찌되었든 '보통화'를 가리키는 의미로 사용된다고 한다면, '보통화'는 잠재적으로 이들 명칭을 정리할 수 있는 입장에 있다. 하지만 '보통화'가 전국에 통용하는 언어와 '국가통용언어'의 명칭으로서 중국의 헌법과 '국가통용 어언문자법'에 기재됨에도 불구하고, 홍콩이나 대만 등 중국어권이나 중국국내에서는 공통이나 '국가어'의 명칭을 둘러싼 논의, 또는 공통어나 '국가어'로서의 '보통화'라는 명칭에 대한 이의가 끊이지 않고, '보통화'나 '한어'를 대신하는 언어명으로서 '화어'나 '국어'의 합리성을 주장하는 견해가 관심을 끌고 있다.[28] 이에 대해서는 장을 새롭게 하여 논하고자 한다.

4-2. 보통화의 정의에 대해서

1955년 10월에 교육부와 중국문자개혁위원회가 공동주최한 '전국문자 개혁회의'에서 교육부장인 장해약張奚若이 '북경어음을 표준음으로 하는 보통화를 널리 퍼뜨리는 것에 힘을 쏟자'고 보고를 했다. 또한 '보통화'에 대해서 '북방어를 기초방언으로 하여 북경어음을 표준음으로 하는 보통화-한민족의 공동어'라는 첫 정의를 내렸다.

그 후 보통화의 정의는 국무원이 1956년 2월에 발포한 '보통화를 널리 퍼뜨리는 것에 관한 지시' 안에서 '북경어음을 표준음으로 하고 북방화를 기초방언으로 하여 견본이 되는 현대 백화문의 저작을 문법의 규범으로 하는 보통화'라는 방식으로 음운, 어휘, 문법이라는 언어구조면에서 내용이 충실하게 완성되었다. 이것은 '한어통일의 기초'로서 제시된 정의이고, 보통화가 '한민족의 공동어'라는 정의와는 변함이 없었다. 실제로 동 '지시'에서는 '각 소수민족지역에서는 각 지역의 한민족인민 안에서 보통화를 널리 퍼뜨리는 것에 힘을 쏟아야 한다'고 소수민족지역에서 보통화의 보급대상이 한민족이라는 것을 명백히 제시하고 있다.

그 후 수십 년에 걸쳐 보통화의 정의는 기본적으로 변하지 않았다. 1990년 6월에 어언문자응용연구소가 주최한 '보통화와 방언문제 학술토론회'에서 '보통화의 정의'에 대해 '많은 동지가 지금까지의 정의는 적절하다고 생각하고 있다. 정의에 대한 토론에서 그다지 에너지를 소모할 필요는 없다'고 정리하고 있다.[29] 그리고 2000년 10월31일에 채택된 '중화인민공화국 국가통용 어언문자법'에서는 초안의 개정단계에서 정의가 삭제되고 보통화의 정의를 그 법에 기술하지 않았던 이유가 다음과 같이 설명되고 있다.[30]

정의를 법률 안에 기술하자면, 학술정의를 법정화시켜, 필요 없는 많은 논쟁을 불러 일으킨다. 본 법에서 보통화와 규범한자의 정의를 규정하지 않아도 사람들의 보통화와 규법한자에 대한 오해를 부르는 일은 없다. 또한 만약 필요하다면 국무원 어언문자 주관부문에서 보통화와 규범한자의 정의에 대해서 해석을 할 수 있다.

하지만 자세한 정의가 회피된다고 해도 '국가통용 어언문자법'의 '제2조'에서는 '본 법에서 국가통용어언문자라고 칭해진 것은 보통화와 규범한자이다'고 규정되어, '보통화는 국가통용 어언語言이다'라는 의미의 기본적인 정의가 내려지고 있다. 이 정의에 의해 처음으로 '보통화'='국가통용언어'라는 관계가 성립했지만, 실은 이 이전에 1982년 수정한 '중화인민공화국헌법'에서 '국가는 전국에 통용하는 보통화를 널리 퍼뜨린다'고 정하고 있다. 즉 헌법에서 '전국에 통용한다'라는 수식부분은 '국가통용 어언문자법'의 '보통화'의 정의에 따라 '보통화'가 '국가통용언어'와 동격이라는 것이 명확히 된 것이다. 다시 말하면 '국가통용 어언문자법'은 헌법에서 '전국에 통용하는 보통화'라는 조문을 '국가통용 언어인 보통화'라고 재정의함에 따라 역으로 법적근거를 보충한 형태가 된다.

이와 같이 '한민족의 공동어'라는 정의가 유효하면서 헌법에서는 '전국에 통용하는' 언어, 또한 '국가통용 어언문자법'에서는 '국가통용언어'로서 규정되는 것이 보통화의 '재정의'를 어렵게하고 있다고 생각된다. 실제로 全國人大敎科文衛(全國人民代表大會敎育科學文化衛生)委員會敎育室·敎育部語言文字應用管理司編寫『中華人民共和国国家通用語言文字法学習読本』(장말의 '참고문헌'을 참조)에서는 '國家通用語言是普通話, 但不能簡單地把普通話理解為漢語或同等于漢語。<u>漢語是漢民族的共同語</u>(중략)漢語除共同語外、還有方言(중략)'[31] (국가통용언어는 보통화이다. 하지만 보통화를 한어, 혹은 한어와 동등하다고 간단히 이해해서는 안된다. 한어는 한민족의 공동어이다. (중략) 한어에는 공동어 외에 방언도 있다.)(중략)(밑줄은 인용자에 의함)라는 해설이 있지만, '한어는 한민족의 공동어이다'라고 하는 것은 지금까지 그다지 보이지 않은 설이다. 하지만 이 '한어'가 본문에서 사용되고 있는 '좁은 의미에서의 한어' 즉 '보통화'라면 지금까지의 정의로 이해되어도 문제는 없지만, '한어에는 공동어 외에 방언도 있다'라고도 쓰여 있기 때문에 이 '한어'가 '보통화'를 의미하는 것이 아닌 것은 명백하다. 따라서 '국가통용 어언문자법 학습독본'의 이 해설을 심층적으로 해석하면 '한민족의 공동어인 한어에는 방언도 있다'고도 이해되고 '공동어' 즉, '공통어'에 방언이 있다는 것이 되어 모순이 생긴다.

즉 '보통화는 한민족의 공동어이다'는 종래의 정의를 피해서 '보통화가 전국 여러 민족의 공동어이다' 라는 것을 강조하려고 했지만, '보통화'를 단순히 '한어'로 바꿔놓았기 때문에 '넓은 의미에서의 한어'와 혼동이 생기고 이와 같은 논리가 통하지 않은 해설이 된 것이라고 생각된다.

4-3. '국가통용어언문자법'의 성립

중국의 '推普'(보통화를 널리 퍼뜨리는 것) 운동은 1956년 2월에 국무원이 발포한 '보통화를 퍼뜨리는 것에 관한 지시'에 의해 시작되어, 1960년까지는 문자개혁의 일환으로서 '한어병음 방안'의 실시와 '차의 양 바퀴처럼' 동시에 진행되어 성과를 올렸지만, '문화혁명文革'에 의해 좌절되어 중단되고 말았다. 그것이 다시 세력을 회복한 것은 1986년 1월에 열린 '전국 어문문자 공작회의'에서 '새로운 시기의 어문공작'의 막이 열리고 나서의 일이다. 이 회의에서는 '보통화'를 널리 퍼뜨리는 것 및 보급시키는 것이 '당면의 어문공작의 하나의 중요한 임무'로서 이야기가 되었다.

그리고 1997년 12월에 열린 '전국 어문문자 공작회의'에서는 '2010년에 보통화를 전국범위내에서 일단 보급시키고, 학령기의 아동부터 근무연령에 있는 70%의 성인이 보통화의 응용능력을 갖도록 하고 언어커뮤니케이션에 있어서 방언의 차이를 일단 없애고, 21세기 중반까지는 상기 연령층 사람들의 보통화의 응용능력을 90%까지 보급시키고, 언어커 뮤니케이션에서 방언의 차이를 없앤다'는 것이 제기되었다.[32]

그 동안 중국에서는 1978년 12월에 개최된 중국공산당 제11기 중앙 위원회 제3회 전체회의 이래, 개혁개방정책의 실시에 의해 특히 1990년 대 이후에는 급격한 경제발전과 사회의 다양화나 정보화가 일어났다. 그 중에서 언어사용상의 혼란을 피하기 위해 언어법의 정비를 요구하는 목 소리가 있었지만, 실제 헌법(1982년) 규정에 따라, '교육법'(1995년), '의무 교육법'(1986년) '유아원관리조례'(1989년)등 국가의 몇 가지 법률이나 조 례에서 '전국에 통용하는 보통화'를 사용하는 것이나 그것을 널리 퍼뜨리 는 것에 대해 결정되었다. 이러한 것도 '보통화'의 '국가통용언어'로서의 언어법에 의한 법적근거를 요구했을 것이다.

한편 '국가통용어언문자법'이 제정된 배경에는 구체적인 문제로서 한 민족의 언어문자에서는 홍콩이 후원으로 경제발전이 진행되어 온 광동 성에 대표되는 남방에서의 '粤語北上광동어의 북상'과 '번체자 범람'이 중국 공산당의 언어정책의 성과로서 성립해 온 보통화와 간체자의 위신을 위 협한 점을 들 수 있다. 또한 대만이 1993년에 모어(대만어)교육을 초등학 교의 정식적인 교육범주에 넣는 것 및 '방송용어는 국어를 주로 사용한 다'라는 라디오, TV법의 규정을 삭제한 것 등이 있다.

그리고 소수민족어와의 관계에서는 '국가통용 어언문자법'(제8조)에서 는 '각 민족은 모두 스스로의 언어문자를 사용하고, 발전시킬 자유가 있 다'는 헌법 정신을 나타내고, '소수민족의 언어문자의 사용은 헌법, 민족 구역자치법 및 그 외의 법률 관계가 있는 규정에 따른다'고 소수민족어 존재에 고도하게 배려를 나타냈다. 또한 '한민족의 공동어'인 보통화를 감히 '국가통용언어'라고 규정한 배경에는 활발한 국내경제나 인구 유동, 사회의 급격한 변화에 의해 소수민족의 경제활동이나 사회생활에 보통 화를 시작으로 하는 한민족의 언어가 급속히 강한 영향을 미쳐왔다는 현

상이 있었다. 게다가 1950년대부터 시작된 소수민족에 대한 민족어와
보통화에 의한 '이중언어화자 교육'이 1980년대부터 새로운 국면을 맞이
해 크게 진전해 온 것 및 21세기에 중국경제발전의 중대국가 프로젝트
인 '서부 대개발'이 이루어졌다.

'서부 대개발'에서 '서부'는 순수한 지리적 개념이 아니라 경제발전이
급속히 진행되어 온 동부지역이나 발전하고 있는 중부지대에 대해 경제
발전이 늦어진 서부를 중심으로 한 전국의 소수민족지역전체를 포함한
지대를 가리킨다. 구체적으로는 중국의 5개 소수민족자치구를 모두 포
함시킨 총면적 691만 평방 킬로미터에 걸쳐 12개의 성, 자치구, 직할시
가 포함되어 그 넓이는 전국 육지면적의 72%에 해당하고, 그 안에서 소
수민족 자치구역이 차지하는 면적은 596만 평방 킬로미터이고 '서부 대
개발'지역 전체의 86.3%를 차지한다.[33] '서부'는 중국경제를 지탱하는 자
원기지이기 때문에 향후 개발이 기대되고 있다.

중국에는 2개 레벨의 '통용언어문자'가 있다. 소수민족자치구역에서 통
용언어문자가 해당 지역범위내의 통용언어문자라고 정해진것에 대해 '국
가통용언어문자'는 그 통용범위가 '국가전체'를 포함한다는 것이다. 이와
같이 보통화에 '국가통용언어'로서의 법적인 지위를 주는 것은 소수민족지
역에서의 국가의 정치적 통제를 강하게 하는 의미가 있는 것은 말할 것도
없이 중국의 경제발전 유지에 빼놓을 수 없는 국토의 6할 이상을 차지하는
소수민족지대에서 '한어'를 '국가어'로서, 현지의 통용어인 소수민족어와
법적으로 지장 없이 '통용'시킨다고 하는 중요한 의미를 갖는다.

4-4. '중화민족 다원일체구조론'과 보통화

한편 중국의 민족이론의 영역에서는 1980년대 이후, 중국의 여러 민

족에 관한 이론으로서 한민족을 중국 여러 민족의 '응집력의 핵'으로 하는 '중화민족 다원일체구조론'이 강한 영향력을 갖게 되었다. 중국의 사회학, 인류학의 제1인자였던 비효동費孝通이 1988년에 홍콩의 심포지엄에서 발표했던 '中華民族 多元一體格局'(중화민족의 다원일체 구조)라는 논설은 그 후 많은 논의를 전개시키면서 중국의 소수민족이 역사적으로 중국의 불가분不可分의 일부였다고 하는 정치적 논점의 근거가 된다.

중국공산당은 중국주권 영내 56개 '민족'의 존재와 다원성을 인정한 후에 그들 모든 집합체를 '중화민족'이라고 부르지만, 그것은 국민당이 중국주권 영내의 비 한인을 한인에게 동화시킨 사람들 전체를 '중화민족'이라고 인식했던 것과 약간의 차이가 있지만, 거의 같은 내용을 가리킨다고 한다.[34] 하지만 현대 중국의 아버지라고 불리는 孫文 사상의 정당한 계승자인 것을 주장하는 중국공산당과 국민당에게 있어서 '중화민족'이라는 개념에 대해 양자의 이 '약간의 차이'는 소위 손문의 '중화민족' 또한 '중국인'론의 다른 발전단계를 나타낸 것일 것이다. 손문에게 있어서 '중화민족'이란 중화민국성립 이전은 만, 몽, 장, 회 등의 비한인을 배재하는 것이었지만, 1912년의 중화민국 성립 시에는 '五族共和論'으로 바뀌고 비한인을 한일으로 동화하여 '단일 중화민족'으로 하려고 했다. 그 후 장개석은 손문의 동화론을 성실히 계승하여 한인 이외를 '민족'으로 인정하지 않고, '宗族' '支族'이라고 불렀다. 하지만, 만년의 손문은 약소민족의 자결과 자치론을 주창하게 되어 '중국 경내境內 각 민족의 일률평등'을 주장했다.

이와 같이 국민당의 동화론의 배경에는 손문이 제기한 중국의 국민국가형성이라는 과제가 있지만, 소련에서 배우고 사회주의혁명을 다하고자 했던 공산당은 '약소민족의 자결이나 자치론'의 길을 선택하지 않을 수 없었다. 하지만 국민당의 동화론으로서의 이미지가 강했던 이 '중화민족'이라는 개념이 1980년대 말이 되어 다시 문제 삼게 된 것은 중국이 그때까지의 민족이론이나 '국민'의 자세에 대해서 재고할 필요가 있었기 때문일 것이다. 따라서 국민당정부가 다하지 못했던 중국의 국민 국가형성이라는 프로세스를 완성시키기 위해서는 '중국의 특색 있는' '국민' 개념을 강구하는 것이 요구되어질 것이다. 거기에서는 종래부터 사용되어 온 '중화민족'이라는 명칭을 선택하는 편이 '국민' 통합에 안성맞춤이었겠지만, 그러기 위해서는 먼저 이 개념이 동반하는 종래의 노골적인 동화론을 피하지 않으면 안 되었다. 그 때문에 비효통費孝通은 경제적 수준이 비교적 낮은 민족이 스타트 라인이 다른 자유경쟁 속에서 도태되고 멸망함으로써 '다원일체 속의 다원이 한쪽에서는 위축하는 것'에는 반대라고 기술하고 있다.[35] 한편 비효통費孝通 이론의 계승자로서 알려진 북경대학의 마융馬戎교수는 통용되는 한문이 있는데 아무도 모르는 새로운 문자를 만드는 것이나 이미 잊어져가는 만주어를 초등학교 수업에서 가르치는 것 등 '인위적으로 '다원'을 강화하는' 것도 바람직하지 않다고 보고 있다.[36] 그리고 많은 학술분야에서 '다원일체' 이론의 전개를 진행하는 마융馬戎교수는 '한어'에 대해서 다음과 같이 해석하고 있다.[37]

> (중략) 한어문은 수천년의 문화적 발전사 및 현대사회의 발전과정에서 이미 객관적으로 중화민족 대가정의 '통용언어' '공용언어' 혹은 '族際 공동어'가 되었다. 따라서 명칭 및 역사상의 사정에 의해 오늘날의 '한어'를 문자대로 '한족의 언어'로 간단히 생각해서는 안 된다.

이것은 비효통費孝通의 '중화민족 다원일체 구조론'과 보통화의 접점을 나타내는 가장 대표적인 논술이라고 생각해도 좋을 것이다. 중국 정치학자의 모리 가즈코毛利和子는 '80년대말에 나오는 비효통費孝通의 '중화민족'론은 실은 '인민'개념이 의미를 잃은 단계에서의 중국적 '국민'론 이다'고 지적하고 있다.[38] 현재의 '중화민족'이란 통상의 국민국가, 따라서 중화민국시대의 '국민'에 필적하는 개념을 찾아 연마되어 온 소위 '旧瓶装新

酒'(전통적인 형식에 새로운 내용을 담은) 의 새로운 개념이라고 이해할 수 있을 것이다.

이와 같이 미완성의 국민국가형성을 위해서는 '국민'개념을 회복하는 것이 필요할뿐만 아니라 '국어'개념의 부활에 의한 '국가어'의 형성도 빼놓을 수 없는 중요한 과제이다. 따라서 '국가통용 어언문자법'에서 보통화가 '국가통용언어'라고 정해진 이론적 배경은 말할 것도 없이, 중국에서 작금의 '국어'라는 명칭의 부활을 호소하는 목소리도 '한어'나 '보통화' 대신에 '화어'라는 명칭의 사용을 주장하는 견해도 기본적으로 '중화민족'이라는 개념 - 그것이 화인을 포함한 한족만을 가리키는지, 그렇지 않으면 중국의 여러 민족을 가리키는지와 같은 이론이나 의식의 차이는 별도로 하고 - 이 되살아나고 '중화민족' 의식의 강화와 연동된 '국가어' 명칭을 요구하는 움직임을 나타낸 것이고, 언어명칭의 논의만이 독보한 것은 아니다. 다시 말하면 언어명의 문제는 '중화민족'의 언어, 즉 중국의 '국가어'의 명칭을 '한어'나 '보통화'라는 '비논리적인 명명'에서 논리적이고 또한 권위 있는 '국어'로 돌릴지 혹은 그것을 '화어'라는 민족의 자긍심 높은 명칭으로 부르는가라는 것이다.

하지만 '중화민족'이 '중국의 특색 있는' '국민' 개념인것과 동일하게 '국어'개념에도 '중국의 특색 있는' 명칭이 있어도 당연한 것이다. 말할 것도 없이 그 담당은 '중화인민공화국국가 통용어언문자법'에 따라 '국가통용언어'로 정해진 '보통화'뿐이다.

'중국의 특색 있는有中国特色的'이라는 수식어는 종종 사회주의 체재에 의한 '사정'을 가리키는 의미로 사용된다. '중화민족'과 '보통화' 모두 '중국의 특색이 있기 때문에 통상의 국민국가의 '국민'과 '국어'로서 단순히 바꿀 수 없다. 그것은 사회주의 체재하에 있는 중국에서는 소수민족과 소수민족의 언어 문제가 역시 중요한 정치적 의의를 가지고 있기 때문이다.

5. 맺으며

여러 민족의 평등을 주창하며 탄생한 중화인민공화국은 특정 민족어가 '국어'라고 이름 붙여짐으로써 배타적이고 독점적인 특권을 갖는 것을 피하기 위해 그때까지 '국어'라고 불린 중국의 주요 언어를 '보통화'로 수정했다. 그런 의미에서 현대 중국에서 '보통화'라는 명칭은 소수 민족어와의 관계에 의해 생겼기 때문에 소수민족어에 대한 배려가 내재되어 사용되어 왔다.

명칭에 한정하지 않고 중화민국시대의 '국어'에 비해 현대 중국의 '보통화'는 '국가어'가 아니라 어디까지나 '한민족의 공동어'였다. 다시 말하면 소수민족도 '보통화'와 대등하게, 예를 들면 '몽골민족의 공동어'나 '티베트민족의 공동어'를 만들어도 당연한 것이었다. 실제로 소수민족어에 대해 '민족공동어'의 성립을 위한 연구조사나 실현에 대한 노력이 이루어져 왔다. 하지만, '국어'에 관해서는 이러한 것은 할 수 없다. 한편 보통화와 소수민족어와의 이러한 대등한 관계는 이론상이고, 실제로 수십억인의 한민족의 공동어였던 보통화는 정치적, 경제적 힘 관계에 의해 소수민족의 여러 언어에 대해서 강한 영향을 주고 소수민족의 여러 언어와 깊은 관련을 가져 왔다. 따라서 현대 중국의 언어정책을 보통화와 소수 민족어와의 관계에서 생각하는 것은 자연스러운 것이다. 여기서는 현대 중국의 언어정책에서 보통화와 소수민족어와의 관계를 크게 2가지 면에서 보았다. 하나는 문자개혁 면에서이고, 또 하나는 '보통화'라는 개념의 변화 면에서이다.

현대 중국의 언어정책은 문자개혁부터 시작해서, 문자개혁의 성과를 받아 실시되어 왔지만, 늘 소수민족의 언어문자와 깊은 관련을 가지면서 진행되어 왔다. 현대 중국언어정책의 중요한 성과 중의 하나인 '한어병음방안'은 '보통화의 병음'으로서 현재는 중국 내외에서 넓게 사용되었지만, 성립 당초에는 '초안'수정의 단계에서 중국의 민족정책의 실시 변화에 따라 보통화의 철자와 한자의 주음뿐만 아니라 소수민족어의 표기에도 사용되도록 적절한 기호를 넣어 다시 만들었다. '한어병음 방안'이 한민족의 보통화교육이나 외국인의 중국어교육에 중요한 역할을 다한 현재, 이것은 그다지 알려지지 않았다. 그것은 소수민족의 한어한문의 학습을 하기 쉽게 하고, 소수민족지역에서 보통화 보급에 '한어병음 방안'을 기능하도록 하기 위해서였다. 문자개혁이 목표로 하는 것은 한민족인지 소수민족인지를 묻지 않고 교육 추진에 의한 언어 통합에 있었다. 그것이 보통화로의 통합이었던 것은 현재는 소수민족에게 자명하다.

한편, '국어'로 바뀌어 등장한 '보통화' 개념에도 변화가 나타난다. '官話'라고 불린 중국의 주요 언어가 '국어'에서 '보통화'가 된 것은 단지 명칭에 변화가 생긴 것 만이 아니다. 양자는 다른 개념이었다. 전자가 '국가어'를 가리키는 것에 반해 후자는 '한민족의 공동어'라고 정의 되었다. 그런 의미에서 보통화는 특정 민족의 공동어로서, 정치성이 강한 '국어'에 대해서 민족어 내부의 규범화를 목표로 하여 등장한 것이었다.

'보통화'의 '국가 통용언어'로서의 현재 위치는 헌법에서 '전국에 통용하는 보통화'에 의거하고 있다. 하지만 헌법에서 '전국'이 '국가통용 어언문자법'에서 '국가'가 된 것은 단지 '보통화'의 '통용범위'로서의 '전국'을 '국가'로 바꾼 것은 아니다. 이것은 보통화의 '국가어'적인 요소를 나타내는 중요한 포인트이다. 즉 '전국통용언어'라는 명칭보다도 '국가통용언어'라고 한 것이 보통화에 의해 강한 권한을 부여하고, 보통화를 국가권력과 연결할 수 있기 때문이다. 하지만 그에 따라 종래의 '보통화'의 개념이나 의미에 큰 변화가 생기는 것은 필연적인 것이고, 새롭게 이론 구축이 되어야 한다. '보통화' 즉 '한어'는 '한민족만의 언어가 아니다'는 논리를 확립해야 한다.

주석

01 '~화'는 '~말'의 의미에 해당하는 일반 어휘인 데에 반해 '~방언'은 학술용어이다.

02 于根元(2005) p.57

03 橋本萬太郎「言語からみた民族と国家—中国的民族観をめぐって—」『民族とは何か』岩波書店, 1998年 pp.76-77

04 浜田悠美「什麼是現代漢語的「規範化」?」石剛編著『現代中国的制度与文化』 香港社会科学出版社有限公司 2004 p.449

05 朱競 編『漢語的危機』文化芸術出版社, 2005年 p.5

06 가타카나로 'ユーグ族(유구 족)'이라고 쓰여 있는 경우가 많다. 이것은 중국어의 '裕固'(Yugu)를 가타카나 전사로 한 것이다.

07 戴慶廈等(2000) p.7

08 橋本(1983), 부록. 본서에서는 '말라이·폴리네시아'는 '고산의 여러 언어'가 8개의 언어, '서 오스트로네시아의 여러 언어'가 1개의 언어로 되어 있는데, 중국에서는 대만 섬의 소수민족에 대해서는 '고산족'의 한 민족밖에 인정하지 않는다. 여기서는 위에서 제시한 소수민족 숫자와의 관계에서 '말라이·폴리네시아'는 1개의 언어로 센다.

09 戴慶廈等(2000) p.26

10 岡本(1999) p.3

11 費錦昌(1997) p.20

12 村田雄二郎「もう1つの簡体字—漢字とナショナリズム—」田中克彦・山脇直司・糟谷啓介『言語・国家・そして権力』pp.197-200

13 『吳玉章文集』(1987) p.656-660

14 『吳玉章文集』(1987) p.642

15 『吳玉章文集』(1987) p.644

16 費錦昌(1997) p.124

17 『吳玉章文集』(1987) pp.684-692

18 藤井(宮西)久美子는 马学良의「漢語拼音方案草案與少数民族文字的関係」(『中国语文』1957年12月号)라는 문장을 인용했다. '소수민족 정책을 담당하는 중추적 기관에 있던 인물이 '한어병음법안'에서 로마자를 채용한 이유로써 소수민족의 언어문자와의 일관성을 든 것은 중화인민공화국의 언어정책이 한족과 소수민족과의 공통성을 중시한 것을 밝힌 지금까지의 검토결과가 실증된 것이다'고 기술했다. 또한 '한어병음 방안'이 소수민족언어문자의 기초가 되도록 원 초안을 수정할 때에 그 범용성을 높이기 위해 자모의 채용을 궁리한 것 등에 대해 자세히 분석하고 있다(藤井2003 p.194).

19 『吳玉章文集』(1987) p.635

20 『吳玉章文集』(1987) p.658

21 岩佐(1983), pp.234-235, 일람표는 p.234에 기초하여 저자 작성

22 羅常培는 '그의 제의에 의해 우리들은 현대한어 규범문제 학술회의와 민족어문과학 토론

회를 실시하여 중국과학원 소수민족어언연구소를 발족했다'고 기술한다('受過十月革命洗礼的国際主義学者—謝 爾久琴柯教授'『中国語文』1957年11月, p.10). 동일하게 소련전문가로서 같은 시기에 중국에 체재했던 처인 B.Kh. Todaeva가 몽골계 카르무이크 자치공화국 출신의 몽골어학자이기도 하여, Serdyuchenko는 중국 안의 몽골민족도 몽골인민공화국과 동일하게 키릴문자를 채용하는 것에 대해 적극적이었다. 岡本雅výsは Serdyuchenko의 활동을 분석하고, '결과적으로 보면 당시의 중국언어학자들은 Serdyuchenko와 그 배후에 있는 소련을 무비판적으로 추종했다고 할 수 있다'고 서술하고 있다. —岡本(1999) p.131

23   岡本(1999) pp.124-125

24   王力等(1956) pp.3-4

25   王力等(1956) p.160

26   宮西久美子「中華人民共和国の言語政策における「普通話」の位置づけ」『言語文化研究』第26号, p.275참조. 일본에서는 '표준어'라고 부르기 전에는 '보통어'라고 했다(大原信一『漢字のうつりかわり』東方書店. 1980年, p.145).

27   呂冀平(2000) p.33

28   呂冀平(2000) pp.31-40

29   于根元(2005) p.64

30   『中華人民共和国国家通用語言文字法学習読本』(2001) p.16

31   『中華人民共和国国家通用語言文字法学習読本』(2001) p.43

32   于根元(2005) p.73

33   趙顕人主編『西部大開発与民族地区経済社会発展研究』民族出版社, 2001年, pp.2-4

34   松本(1999) p.5

35   費孝通(1989) p.34

36   馬戎(2001) p.241

37   馬戎(2001) p.234
이 논점을 주장하는 데에 있어서 馬씨는 많은 소수민족 사이에서 한어가 통용되고 있는 것과 1993년에 중국에서 나온 출판물의 99%가 한어로 된 것을 강조하고 있다. 거기에 따르면 1993년에 중국에서 9만6761종의 도서가 출판되어 발행부수는 59억3372만이고 출판된 잡지는 7011종이다. 그 중에서 소수민족어로 된 도서는 3500종이고 그 발행물의 숫자는 5090만이지만 소수민족어의 잡지는 173종이다.

38   毛利(1998) p.53

참고문헌

岩佐昌暲　1983.『中国の少数民族と言語』（中国語研究・学習双書⑤）東京：光生館

S. R. ラムゼル　1990.（高田時雄他訳）『中国の諸言語 —歴史と現状—』東京：大修館書店

王柯　2006.『20 世紀中国の国家建設と「民族」』東京：東京大学出版会

王力他　1956.『漢族的共同語和標準音』　香港：中華書局出版

岡本雅享　1999.『中国の少数民族教育と言語政策』　東京：社会評論社

加々美光行　1992.『知られざる祈り—中国の民族問題』東京：新評論

現代漢語規範問題学術会議秘書処（編）　1956.『現代漢語規範問題学術会議文件彙編』北京：科学出版社

戴慶厦他　2000.『中国少数民族語言文字応用研究』昆明：雲南民族出版社

全国人大教科文衛委員会教育室教育部語言文字応用管理司（編写）2001.『中華人民共和国国家通用語言文字法学習読本』北京：語文出版社

中共四川省委党史工作委員会　1987.『呉玉章伝』編写組　『呉玉章文集（上・下）』重慶：重慶出版社

中共中央統戦部　1991.『民族問題文献彙編(1921 年 7 月～ 1949 年 9 月)』北京：中共中央党校出版社

陳恩泉（編）　1999.『双語双方言与現代中国』北京：北京語言文化大学出版社

于根元（編）　2005.『新時期推廣普通話方略研究』　中国経済出版社

豊田国夫　1968.『言語政策の研究』　東京：錦正社　1968 年

橋本萬太郎（編）　1983.『漢民族と中国社会』（民族の世界史 5）東京：山川出版社

費錦昌（編）　1997.『中国語文現代化百年記事(1892 ～ 1995)』北京：語文出版社

費孝通　1989.『中華民族多元一体格局』　北京：中央民族学院出版社

藤井（宮西）久美子　2003.『近現代中国における言語政策 —文字改革を中心に—』東京：三元社

馬戎　2001.『民族与社会発展』北京：民族出版社

松本ますみ　1999.『中国民族政策の研究 —清末から 1945 年までの「民族論」を中心に—』　東京：多賀出版株式会社

毛利和子　1998.『周辺からの中国 —民族問題と国家』東京：東京大学出版会

呂冀平（編）　2000.『当前我国語言文字的規範化問題』上海：上海教育出版社

제 4 장 　　　　　　 다언어국가 말레이시아의 언어정책

가와하라 도시아키河原 俊昭

1. 들어가며

제2차세계대전 후 아시아·아프리카의 각지에서 수 많은 식민지가 독립했다. 대부분의 나라들은 국내에 다양한 민족이 있는 가운데에 독립했기 때문에 구심력을 높여 국가통치를 도모할 필요가 있었다. 그 때문에 조급하게 임해야만 하는 과제 중의 하나로서 언어통일의 문제가 있었다. 또한 강한 내셔널리즘 속에서 각 방면의 구 종주국의 언어를 불식시키고 민족어로 바꿔갈 필요가 있었다. 또한 근대국가를 통치한다고 하는 실용적인 목적을 위해 민족어를 근대화하는 것도 과제의 하나였다.

1957년에 영국에서 독립한 말레이시아는 신흥 다언어국가가 직면하는 이러한 문제에 어떻게 대처해 나갔을까? 시행착오를 반복해 나갔지만, 그 언어정책을 살펴보는 것은 흥미롭다. 본 장에서는 말레이시아의 언어정책에 대해서 주로 언어교육정책에 초점을 맞추면서 그 특징과 역사를 기술해 가고자 한다.

2. 다언어국가 말레이시아의 배경

2-1. 역사적·지리적 배경[01]

말레이시아는 다민족국가이고, 그 인구는 2005년 시점으로 약 2500만 명이다. 면적은 약 33만 평방 킬로로 일본의 약 0.9배의 넓이이다. 민족 구성은 주로 말레이인(61%), 화인[02](30%), 인도인(8%)으로 구성되었다. 이 복잡한 인종구성은 식민지 역사에 기인한다. 영국에 의해 식민지화되기 이전의 말레이 반도는 바다나 강가의 작은 마을에 말레이인이 사는 인구가 희박한 지역이었다.

말레이인이 사용했던 언어는 그 당시 말라카 해협 지역의 통상언어인 말레이어(무라유어)였다. 또한 내륙 각부에는 소수의 선주민이 살고 있고 말레이계 언어(니그리토어, 세노이어 등)를 말하고 있고, 보르네오섬 북부(사바·사라와크)에는 카다잔어, 바자우어, 이반어 등의 화자가 살고 있었다. 15, 16세기에 소수의 중국인이 말라카에 이주해왔지만, 그들은 말레이인과 통혼동화通婚同化 하여 중국어의 영향을 받은 독특한 말레이어(바바·말레이어)를 말했다.

18세기 후반부터 영국에 의해 본격적인 식민지화가 개시되고 그 사회의 언어상황은 큰 폭으로 바뀌기 시작했다. 식민지 정부는 주석광산과 고무농장을 개발하려고 했는데, 말레이인은 전통적으로 농어업에 종사하고 있고, 광산이나 플랜테이션의 노동에는 관심을 보이지 않았다. 식민지정부는 노동력부족을 보충하기 위해서 중국과 인도에서 수많은 이민노동자를 받아들였다. 이들 이민에 의해 복합민족사회가 형성되어 현재의 복잡한 인종과 언어구성의 원인이 되었다.

당시 중국은 청조말기로 사회정세가 불안정한 시기이고, 많은 중국인은 이민노동자로서 돈을 벌러 나갔다. 그들은 주로 중국 남부출신자로 중국남부의 여러 방언(복건어, 광동어, 객가어, 조주어 등)의 화자였다. 각 방언은 상호이해가 불가능했기 때문에 지역에서 화자가 가장 많은 방언이 그 지역의 중국인 사회의 공통어로서 사용되었다. 예를 들면, 광동어는 콸라룸 푸루나 이포에서, 복건어는 싱가포르, 페낭, 타이핑, 말라카에서, 조주어는 조호르바루이고, 객가어는 사바주에서 중국인 사회의 공통어였다.

인도인은 주로 남부 인도에서 이주해 왔다. 타밀어 화자가 대다수였지만, 그 외에 말라야람어, 텔그어, 편자브어, 신디어, 벵갈어 화자도 있다. 인도인은 지역별·카스트별로 많은 그룹이 있고, 인도인 전체가 집결되어 있는 것은 아니다. Rogers(1982 : 50)에 의하면, 드라비다계(타밀어, 말라야람어, 텔그어 화자) 인도인은 주로 고무농장에서 일하고, 북인도계(힌디어, 편자브어, 울두어 화자) 인도인은 상업에 종사하는 경향이 있었다.

이주자의 대부분은 일시적인 체재만을 의도하고 어느 정도 벌면 본국에 돌아가는 것이 일반적이었다. 하지만 점차 그들 중에는 거주를 시작하는 자가 늘어, 고향에서 가족이나 친척을 불러 인구가 증가해 갔다. 현재는 말레이계(약6할), 화인계(3할), 인도계(1할)이라는 비율이 되었다. 이 3민족은 인종, 언어, 종교, 문화가 너무나도 다르기 때문에 민족간의 통혼·동화는 거의 진행되지 않는다. 그런 의미에서 잠재적으로 늘 인종대립으로 발전하기 쉬운 경향이 있다고 할 수 있을 것이다. 말레이시아의 언어정책은 이 3민족을 어떻게 해서 연결시키는가라는 점에 최대 역점이 두어졌다.

2-2. 다언어병용polyglossia

말레이시아에서는 중국인과 인도인의 대량 이주에 의해 복합사회·다언어사회가 형성되었다. 이 사회 안에서는 복수의 언어가 사용되고 각각이 기능적으로 보완관계에 있다. 이러한 언어상태는 Ferguson(1959)에 의해 2언어병용diglossia, 혹은 Platt(1977)에 의해 다언어병용polyglossia라고 불리고, 아시아·아프리카 구식민지에서 자주 보이는 현상이다.

말레이시아사회는 다언어병용사회의 전형이고, 여기서는 화자가 화제, 화자의 상대, 장소에 따라서 적절한 언어를 선택하지 않으면 안 된다. 영어는 비즈니스의 장에서 사용되고, 말레이어는 관청이나 학교교육 등의 공공장소에서 사용된다. 중국남부의 여러 방언은 동족의 화인 사이에서 사용되지만, 화어(중국 표준어)가 교양 있는 화인 사이에서 점차로 공통어로서 사용되고 있다. 말레이어는 말레이인 사이에서, 타밀어는 인도인 사이에서 사용되고, 피진영어나 바자·말레이어[03]는 노점이나 시장에서의 이민족간의 교섭 시에 사용된다. 이러한 사회에서 생활하는데에 복수의 언어 지식이 불가결하다.

필자는 1992년 여름에 풀라우피낭 섬 근처에서 어떤 화인계 기술자의 집에 1주일 정도 체재한 적이 있다. 그 기술자의 언어생활을 여기서 예로 들어 보자. 그의 부모는 광동성에서 온 이주자이고, 가정에서는 주로 광동어를 사용했다. 하지만 풀라우피낭 섬의 중국계주민의 대부분은 복건성에서 온 이주자이기 때문에 복건어가 지역의 화인 커뮤니티의 공통어가 되어 그는 소년시대에 친구와의 교제에서 복건어를 자연스럽게 습득했다. 학교에서는 영어로 수업을 받았지만, 교과로서 화어, 말레이어를 배웠다. 현재 직장에서는 동료에게는 영어를 사용하고, 말레이인 부하에게는 말레이어를 사용하고 있다. 지역 친구와는 복건어를 사용하여 교제를 하고 있다. 가정에서는 부모나 처에게는 광동어를 사용하고, 아이에게는 영어나 화어를 사용한다. 이 기술자는 생활의 필요성에 의해 수 많은 언어를 자연스럽게 습득한 것이다.

평균적인 화인은 말레이어, 영어, 북경어(화어), 광동어, 복건어, 객가어를 구사하면서 생활을 보내고 있다. 도시에 사는 말레이계나 인도계 주민도 이만큼 복잡하지 않지만, 각각 복수의 언어를 말하고 있다. Vatikiotis(1991 : 30)는 '도회에 사는 말레이시아인은 늘 언어 곡예linguistic acrobatics를 시행하고 있다'고 기술했는데 정말로 그렇다.

다언어사회에서 사용되는 언어는 어떤 기준으로 나열할 수 있다. '권위'라는 기준을 사용한다면, 공적 장소에서 교양 있는 사람들에 의해서 말해지는 언어는 권위있는 상위언어라고 생각할 수 있을 것이다. 한편 사적인 장소에서 편하게 말하거나 시장 등에서 이민족과의 교섭에 사용되는 간단한 언어는 권위에 결여된 하위 언어라고 생각된다.

말레이시아에서 말해지는 언어는 그 권위에 따라서 나열할 수 있다. Platt(1977)에 의하면 식민지시대에는 영어는 가장 권위 있는 지위에 있고, 행정, 사법, 중등·고등교육, 비즈니스 장에서 사용되었다. 다음으로 각 민족의 모어(말레이어, 중국남부의 여러 방언, 타밀어)가 위치하여 초등교육이나 같은 민족내의 커뮤니케이션에 사용되었다. 이 서열의 가장 하위에는 노점 등에서의 교섭에 사용되는 간단한 문법구조를 가진 바자·말레이어나 피징영어가 위치했다.

각 언어의 이 서열은 독립후에는 바뀌게 된다. 말레이시아정부의 수십년에 걸쳐 언어정책(말레이어 중시정책)의 목적은, 각 언어의 서열 변경이었다. 정부는 말레이어의 행정, 사법, 교육의 장에서 사용을 의무화하고 있기 때문에 영어와 말레이어의 지위가 역전했던 것이다. 또한 화인 사이에서는 자제 교육에 중국 본토의 표준어인 북경어(화어)가 사용되었기 때문에 중국남부방언에 비해 서서히 지위가 높은 언어가 되어 갔다. 화인에게 있어서 현재의 언어 서열은 '말레이어' '영어' '화어' '지역에서 공통어로서 사용되는 중국어방언' '자신의 모어인 중국어방언' '다른 중국어 방언' 그리고 '바자·말레이어'라는 순일 것이다.

21세기 현재, 이 상황이 다시 한번 변화해 가고 있다. 그것은 국제화의 급속한 진전이다. 말레이시아 정부는 Vision2020이라고 하는 2020

년까지 말레이시아를 선진국으로 한다고 하는 경제구상을 세우고 있다. 최신의 과학기술을 흡수하고 국제경쟁력을 갖추기 위해 영어의 필요성이 높아졌다. 그것은 말레이어와 영어 사이의 서열관계에 미묘한 변화를 초래하고 있다.

계속해서 말레이시아 언어정책의 역사와 개요를 기술하고자 하는데 그 전에 언어정책의 기본적인 개념에 대해서 설명하고자 한다.

3. 언어정책이란 무엇인가?

3-1. 언어정책의 개념

언어정책이란 어떤 공적 목적을 위해 언어를 바꾸려고 하는 공적기관에 의한 정책이라고 정의할 수 있다. 언어정책은 '언어의 핵'에 관한 계획corpus planning과 '언어의 지위'에 관한 계획status plannig으로 나눌 수 있다 (Wardhaugh 1986 : 336). 전자는 언어의 본체(핵)를 바꾸는 것이다. 예를 들면 어떤 언어에 관해서 어휘의 확충, 철자의 확정, 문체의 확립, 표준어의 설정, 서기법의 도입 등에 의해 언어자체를 바꾸는 것이다. 그에 반해후자는 언어의 지위를 바꾸는 것이다. 예를 들면 어떤 언어를 공용어나교육 언어로 하는 것으로 그 언어의 기능영역을 넓히고, 정치적 지위를높일 수 있다.

언어정책은 주로 실용성과 상징성의 관점에서 실행되어 간다. 전자는과학기술의 흡수나 경제 발전이라는 실용성의 관점에서 언어정책이 수행되어 가는 것이다. 후자는 언어가 상징하는 민족 문화, 전통, 긍지라는관점에서 언어정책이 수행되어 가는 것이다. 실용성과 상징성이란 언어정책을 수행하는 경우, 종종 서로 모순하는 목적을 갖는 경우가 있다.

예를 들면 막 독립한 신흥국에서 실용성의 입장에서는 종래의 종주국의 언어(영어, 프랑스어, 스페인어 등)를 그대로 행정, 사법, 교육 언어로서 이용해 가면 편리하다. 하지만 민족의 긍지 혹은 상징성의 입장에서는 종주국의 언어에서 민족어(말레이어, 아라비아어, 힌두어 등)로 바꿔가는 것이 바람직하다. 정책 결정자는 이 양자의 조정을 교묘하게 할 필요가 있다. 언어정책이란 이렇게 언어의 실용성과 상징성이라는 2개의 다른 목표를 추구해 가는 것이고 말레이시아의 언어정책이 그 전형이 된다.

3-2. 언어의 실용성

언어의 실용성을 높이려고 한다면, 먼저 다언어상태에 대처할 필요가 있다. 세계에는 말레이시아를 비롯하여 다민족다언어 국가가 수 없이 존재한다. 다언어인것과 경제발전과의 사이에 어떠한 상관관계가 있다고 상정된다. 오래된 자료이지만, Pool(1972)는 1962년 시점의 자료를 이용하여 다언어인 상태(최대어족이 그 나라의 인구를 차지하는 비율)와 나라의 풍족함(한 사람당 국내 총생산고 GDP)과의 관계를 133개국에 걸쳐 조사했다. 그 결과 당시의 다언어국가는 대개 발전도상국인인데에 반해 선진국은 단언어국가인 경향이 나타났다. 또한 쿨마스(Coulmas 1992 : 24-26)는 에티오피아, 프랑스, 베트남, 서독일(당시), 필리핀, 차드 등 18개국의 한 사람당 GNP와 그 나라에서 말해지는 언어 숫자를 비교하여 '다언어상태의 경우 경제발전의 수준이 낮아지는 경향이 있다'고 기술하고 있다.

이들 이유로서 수 많은 언어가 병립함으로써 국내 교통, 통신, 상업활동이 저해되고 민족대립이 유발되어 경제 발전에 악영향이 있다고 생각된다. 이와 같이 실용성 관점에서는 사회에서 사용되는 언어는 가능한

한 적은 것이 바람직하다고 할 수 있을 것이다.

발전도상국의 정책 결정자들은 경제발전·근대화를 위해서 다언어상태를 극복하는 것을 목표로 했다. 그 때문에 공통어(표준어)의 선택이 독립 후의 제1 과제였다. 여러 민족어 안에서 어떤 언어를 공용어·공통어로 선택할지, 또한 그것을 구종주국의 언어와 어떻게 바꾸어 보급시켜가는지와 같은 많은 과제가 있다. 이것은 언어 지위에 관한 계획status planning이다. 또한 민족어를 공통어·공용어 즉 행정, 사법, 교육 언어로 하기 위해서는 다양한 조건 정비가 필요하다. 그러기 위해서 민족어에 관해서는 행정, 법률, 과학기술에 관한 어휘를 조어하는 것, 법률집, 교과서를 발행하는 것, 언어 전문가나 교원을 양성할 필요가 있었다. 이것은 언어의 본체(핵)에 관한 계획corpus planning이다.

3-3. 언어의 상징성

언어정책은 실용성과는 반대인 상징성이라는 관점에서도 실시된다. 인도 예를 들면, 산스크리트어는 과학기술의 습득이나 상공업에는 맞지 않은 비실용적인 언어이지만, 인도에 있는 22개의 공용어(헌법에서 지정된 언어scheduled languages) 중 하나로 선택되었다. 선택된 이유는 산스크리트어가 인도민족의 위대한 문화전통을 상징하기 때문이다. 말레이시아의 예를 들면 이 나라에서는 구종주국 영국의 언어인 영어가 독립 후에도 행정·사법·교육 언어로서 기능했기 때문에 공용어를 영어에서 민족어(말레이어)로 바꾸는 것은 행정의 능률 저하, 사법의 혼란, 교육의 수준 저하를 부르는 위험이 있었다. 하지만 정부는 말레이 민족의 상징이 된 말레이어로 변환을 진행시켜 갔다. 이렇게 언어의 상징성도 또한 언어정책을 정하는 중요한 요인이다.

하지만 실용성 혹은 상징성 만의 추구는 있을 수 없다. 언어정책이란 실용성과 상징성 사이의 타협점을 발견하려고 하는 정책이라고도 할 수 있다. 말레이시아 정부의 언어정책도 다음 장 이하에서 기술하는 것처럼 양자의 타협의 산물이고 어떤 때는 한쪽으로, 또한 어떤 때는 다른 쪽으로 중점을 바꾸면서 오늘날에 이르게 된 것이다.

4. 언어교육정책[04]

말레이시아의 복잡한 언어상태는 역사적인 사정에 의해 생긴 것이다. 식민지정부는 지배를 강화하기 위해 분할통치divide and rule를 실시하고 각 민족간의 분리를 영속화시키는 언어교육정책을 폈었다. 그것은 엘리트 층에는 영어교육을, 말레이인 일반대중에게는 초등수준의 말레이어교육을 하고 이민들에게는 그들의 독자성에 맡기는 형태의 정책이었다. 독립 후의 말레이시아 정부는 일변하여 민족의 융화를 달성하기 위해 말레이어를 공통어로 하는 언어교육정책을 취해 왔다(말레이어의 강요라는 측면도 있지만). 이하 구체적으로 그 추이를 살펴보고자 한다.

4-1. 제2차대전 전의 언어교육정책

19세기 전반부터 선교사들에 의해 영어학교가 개설되기 시작했다. 1816년 페낭에서 지구목사 핫친스가 정부 보조를 받아 프리 스쿨[05]을 개설했다. 1823년 싱가포르, 1826년 말라카에서도 프리 스쿨이 창립되었다. 1883년에 에드워드 7세교가 타이핑에 설립되고 1894년에 콸라룸푸르에 빅토리아·인스티튜션이 생기고, 1905년에는 싱가포르에 라후르즈·칼리지가 생겼다. 19세기 중반 이후 영어학교는 증가하여 졸업자격이 본국의 대학 입학자격 시험과 관련지어졌다. 페낭과 싱가포르에서는 영자신문도 발행되었다.

식민지정부는 지배지의 확대에 따라 다량의 현지인 관사가 필요하게 되어 그 양성을 위해서 영어학교 설립에 의욕적이었다. 관직에 오르기 위해서는 영어지식이 불가결하다는 인식이 퍼짐에 따라 말레이인 왕족·유족의 자제가 점차로 영어학교로 입학하게 되었다. 1905년 페락 주의 쿨라간사루에서 말레이인 상층계급의 자제를 위해서 본국의 공립학교를 모방한 기숙제 말레이·칼리지가 생겼다. 1910년부터는 말레이인 행정관사제도가 실시되어, 졸업생의 등용이 시작되었다. 영어학교 교사로서 대부분의 인도인이 인도에서 초대받았다. 그들 대부분은 교육을 받은 타밀인이나 말라야람인이었다. Platt(1983)에 의하면 그들 인도인의 영어는 말레이시아 영어에 상당한 영향을 미쳤다. 현재도 말레이시아 영어 어휘나 발음에 인도 영어의 영향이 남아 있다.

B.W. Andaya and L.Y. Andaya(1982 : 230)에 의하면 영어학교의 공적은 종래 전혀 교섭이 없었던 다른 민족간에 유대감을 만들었고 20세기가 되어 말레이시아라는 국가형성 시에 그럭저럭 단결하는 원동력이 된 것이다.

말레이인 사회에서는 전통적으로 종교학교pondok school가 존재했다. 이것은 모스크부속 학교이고 교사는 모스크 도사였다. 내용은 이슬람법의 기초학습이나 코란을 아라비아어의 원문 대로 암송해서 기도의 말을 외우는 것이기 때문에, 실용적인 교육은 아니었다. 당시 영어학교에서는 보다 실용적인 교육이 실시되었지만, 경건한 이슬람 교도였던 말레이인들은 선교사가 가르치는 영어학교로 자제를 보내는 것을 망설였다. 거기서 식민지정부는 말레이 대중을 위해서 1875년 세란고르에, 1878년에 페라에 말레이어 학교를 설립했다. 이들은 초등교육을 위한 학교였고 말레이어로는 중등교육이상을 받는 일은 없었다.

1913년부터 식민지정부는 말레이어로 수업을 실시하는 정부 보조의 학교를 대규모로 설립해 갔다. 그 내용은 간단한 읽기 쓰기와 산술을 중심으로 한 것이었다. 교원은 모스크 도사나 메카를 순례한 자가 채용되었지만, 숫자도 적고 교원으로서의 자질이 부족한 사람도 있었다. 그런 이유로 교원을 양성함과 동시에 말레이어학교 졸업생에게 중등교육의 기회를 부여하기 위해서 1922년에 술탄·이드리스 사범학교Sultan Idris Training College가 설립되었다. 1935년에는 여성 교원양성을 위해서 말라카에서 말레이여자사범학교Malay Women Teachers' College가 생겼다. 식민지정부가 말레이어학교를 설립한 목적은 학생에게 실용적인 지식을 부여하기 위해서였지만, 학생들의 대부분은 사상운동에도 관심을 보였다. 경향으로서 말레이인 민족운동의 급진파는 말레이어학교 출신자가 많지만, 대조적으로 보수파는 영어학교 출신자가 많았다고 한다.

1903년에 R.J. 우이르킨손은 연방장학관Federal Inspector of Schools이 되어 말레이어교육에 공헌했다. 그는 학교 교육의 장에서 말레이어 서기법을 종래의 아라비아문자(Jawi문자)에서 로마자(Rumi문자)로 변경하고 말레이어의 표준화를 전행해 학교 도서관을 설립하고 출판조성을 시행했다.

식민지정부는 이민교육에는 간섭하지 않았기 때문에 이민들은 스스로 자제를 위해 학교를 창립하고 독자적인 신문을 발행했다. 특히 중국어학교가 많이 개설되었다. 중국어학교는 본국과의 연결을 중시하여 중국 본토에서 교원을 채용하고 커리큘럼은 본국의 학교와 같은 내용이었다. 19세기 전반까지는 중국어학교에서는 광동어, 복건어 등의 방언으로 수업이 실시되었지만 점차로 중국표준어(화어)로 실시되어 중국인으로서의 공통 아이덴티티가 확립되어 갔다. 수업도 구어인 백화문白話文으로 쓰인 교재가 사용 되었다.

중국계 주민들은 본국에 강한 귀속의식을 가졌기 때문에 본국의 정치정세에 강하게 영향 받았다. 1920년대부터 중국어학교를 통해서 국민당, 공산당의 격한 선전·조직활동이 행해졌다. 중국어학교의 졸업생은 공용어가 영어이기 때문에 희망하는 취업의 기회가 적고 불만을 가지고 반식민지운동에 빠지기 쉬웠다. 1927년에 식민지 최초의 데모가 일어나고 이후 식민지 정부는 경계심을 강하게 하고, 중국어학교에 대해서 종래의 방임주의에서 간섭주의로 방향전환해 간다. 그것은 재정원조를 함으로써 중국어학교를 관리 하에 두려고 한 것이다.

인도계 주민에 관해서는 1870년대에 선교사에 의해서 타밀어학교가 페낭, 말라카, 싱가포르에서 개설되었다. 또한 1900년에 페라와 느그리 슴빌란 주에서 정부에 의한 최초의 타밀어학교가 생긴다. 이 쯤 고무농원경영 학교가 각지에서 개설되어 갔다. 농원 학교는 타밀어학교 전체의 60%를 차지했지만, 설비도 열악하고 아이들의 대부분은 1, 2년만에 자퇴했다. 식민지정부의 재정보조는 먼저 영어학교, 그리고 말레이어학교, 1920년대에는 중국어학교에, 1930년대에 겨우 타밀어학교에도 확대되어갔다. 이것은 식민지 정부의 각 민족 언어에 대한 관심의 높은 순위를 반영하고 있다. 1941년 태평양전쟁발발 시점에서 초등교육은 영어, 말레이어, 중국어, 타밀어로 받을 수 있지만, 중등교육은 영어와 중국어에 한정되고 고등교육은 영어로만 받았다.

식민지 시대의 말레이시아에서는 각 민족이 독자적인 교육제도를 가지고 민족어로 교육을 실시했다. 각 민족의 엘리트만이 영어교육을 받았다. 영국은 민족 통일의 교육정책에는 관심을 나타내지 않고 각각의 민족의 교육제도를 지속시키고 각 민족의 분할통치에 의한 식민지 지배의 안정화를 의도했다. 이와 같은 언어교육 정책은 식민지 체재를 보강하고 민족간의 대립을 강하게 하여 분리를 촉진하게 된다.

4-2. 대전후에서 독립기까지

전후 1946년 영국은 말라야연합 구상을 제창했다. 종래에는 말레이인에게 정치적 특권이 수없이 주어졌지만, 말라야연합 구상에서는 각 민족이 평등한 권리를 갖고 비 말레이계 주민에게도 시민권이 주어질 예정이었다. 이 영국의 계획은 말레이인이 지금까지 누려온 특권을 위협하는 것으로서 말레이인 사이에는 항의의 대중운동이 일어나고, 또한 말레이인을 대표하는 조직으로서 UMNO(통일 말레이인 국민조직)이 1946년 3월에 창립되었다. 그 격한 반대에 직면하여 영국은 말라야연합구상을 1946년 7월에 철회했다. 그리고 1948년 2월에 대신하여 말라야연방이 성립했지만, 거기서는 말레이인의 정치적 우위가 확인되어 비 말레이인의 시민권취득은 엄격하게 제한되었다. 이것은 식민지정부와 말레이인 사이의 협정이고 화인이나 인도인은 의사결정에서 배제된 것이다.

그 반발에서 1948년 2월에 말라야 공산당의 무력봉기가 생겼다. 말라야 공산당은 주로 화인으로 구성되고 이슬람교를 신봉하는 말레이계주민 참가자는 거의 없었다. 그 때문에 화어는 공산주의, 반이슬람과 연결된 것으로 간주되었다. 또한 이쯤 중국에서 공산주의 정권이 탄생하고 각지에의 혁명수출을 강하게 주장했다. 정부는 북경의 정치적 위협을 강하게 느끼고 있고 북경의 이데올로기가 화어와 화어학교를 통해서 국내 화인에 침투하고 이윽고 정부비판을 불러 결국에는 혁명을 초래한다고 생각했다. 식민지정부는 1948년에 비상사태선언을 발령하고, 반란에 대해 철저한 탄압을 했지만, 독립 후의 신정부도 그 방침을 답습했다. 화어교육은 국가의 분열을 초래하는 것이라고 간주되어 적대시되었던 것이다.

이에 대해 화인 측도 대응이 나뉘었다. 화인은 일찌감치 이주해 온 유복하고 영어교육을 받은 보수적인 엘리트층과 근년이 되어 이주해 와 가난하고, 중국어밖에 말할 수 없는 급진적인 사람들로 나눌 수 있다. 전자를 '영어파' 후자를 '화인파'로 부를 수 있다(金子 1992 : 33). '영어파'는 보수적인 그룹이고, 말라야에 대한 귀속의식을 가지고 민족간의 협조를 달성해야 한다고 생각하고, 정부의 말레이어 우선 정책을 소극적이지만 지지했다. 이에 반해 '화인파'는 중국본토에 대한 귀속의식을 강하게 가지고 화어의 공용어화나 화어학교의 유지를 목표로 한 급진파이고, 정부의 언어정책에는 정면에서 반대했다.

당시 교육언어에 관해서 다양한 제안이 이루어졌다. 말라야 연합구상에서는 초등교육은 민족어로 수업이 이루어지고, 중등교육이상은 영어로 실시하는 것이 제창되었다. 1950년에는 번스보고Barnes Report가 나온다. 그 내용은 영어 혹은 말레이어에 의한 국민학교National School제도의 창설이다. 각 민족 독자적인 학교가 민족간의 대립을 깊이하는 결과가 되었다는 반성에서 모든 민족의 자제는 같은 국민학교에 다녀야만 하고, 거기서 영어와 말레이어를 습득해야하고, 그 안에서 훌륭한 학생은 영어로 강의하는 중등학교에 진학한다는 제도였다.

이에 대해 1951년의 화인 Fenn과 Wu, 두 박사의 보고에서는 화어와 타밀어에 의한 교육의 계속을 답신했다. 1952년에는 번스 보고에 기초하여 교육법이 제정되었다. 거기서는 영어교육을 말레이어학교에 도입할것과 영어와 말레이어 교육을 화어학교와 타밀어학교에 도입하는 것이 정해졌다. 하지만 독립을 가까이 하고, 교육개혁의 실시는 신정부에 맡겨지게 되었다.

4-3. 독립직후의 언어정책

1957년 말라야 연방은 독립했다. 각 민족의 엘리트 층의 대표인 UMNO통일 말레이 국민조직, MCA말라야 화인협회, MIC말라야·인도인회의가 연맹

Alliance을 형성해서 독립후의 과제를 수행했다. 그것은 민족간의 대립, 특히 인구의 대부분을 차지하는 말레이계 주민과 경제 실권을 잡는 화인계 주민 사이의 대립을 어떻게 완화하는가라는 점이었다. 각 민족의 엘리트층은 민족간의 통일을 도모하기 위해 무르데카(독립)헌법에서 소위 거래 Bargaining라고 불리는 타협을 했다. 거기서는 비 말레이인은 시민권 취득과 경제적 분야에서의 자유로운 활동을 인정받는 대신에 말레이인의 정치적 특권과 말레이어의 국제화·공용어화가 승인되었다. 이후, 화인계·인도계 주민의 반발을 받으면서도 말레이어 우선주의가 관철되었다.

말레이시아는 전통적으로 말레이인의 국가였지만, 19세기 이래 이민의 유입은 말레이인에게 스스로의 문화전통이 위협되어져 가는 위기감이 점점 심해졌다. 정치적인 분야에서는 말레이인이 주도권을 잡는 것이 인정되었기 때문에 국가의 언어정책은 말레이인의 내셔널리즘에 따르게 되었다. 그 정책은 식민지체재와 연결된 영어와 비 말레이인의 언어(특히 화어)의 영향력을 배제하고 대신 말레이어의 지위 향상을 목표로 한 것이었다(언어 지위에 관한 계획 → 3-1항). 그 때문에 언어정책은 주로 말레이어와 영어의 대립관계, 또한 말레이어와 화어와의 대립관계라는 2개의 축을 중심으로 해서 전개되었다.

1957년, 헌법 152조에 의해 말레이어가 유일 국어national language로 정해졌다. 하지만 이 해부터 10년간은 잠정적으로 영어도 공용어for official purposes로 사용되어, 1967년 이후 처음으로 말레이어가 단일 공용어가 된다고 정해졌다. 한동안 연방의회나 주의회에서 영어의 사용이 인정되고, 법률문서는 영어로 쓰여지며 법정에서는 영어를 사용하였다.

정부는 말레이어의 정비발전을 도모하기 위해서 언어문화청Dewan Bahasa dan Pustaka을 1956년에 설립했다. 당초 20명정도의 직원으로 시작되어 1989년에는 약 1000명이 근무하기까지 되었다. 거기서는 말레이어를 발달시켜 풍부하게 하기 위해 과학기술·정치·경제 등에 관한 전문용어의 조어, 사전 편찬, 잡지, 초등교육의 교과서 발행이 이루어졌다. 여기는 언어정책 중에서도 주로 언어 본체(핵)의 부분 개혁corpus planning 을 담당하는 조직이었다(→3-1항).

언어교육의 개혁안으로서, 1956년에 라자크 보고Razak Report가 발표되어 다음 해 교육법으로서 구체화되었다. 교육은 국가통일에 공헌해야 한다고 하고, 각 민족의 교육제도는 공교육에 편입되어, 공통 학습항목이나 시간표를 갖게 되었다. 화어학교나 타밀어학교에서도 말레이어를 가르칠 수 있게 되어, 영어와 말레이어는 모든 민족의 초등·중등교육에서도 필수교과가 되었다. 하지만 중국어방언(복건어, 광동어 등)을 모어로 하는 아동은 취학을 통해 화어(표준 중국어)로 수업을 받기 때문에 3개의 새로운 언어를 학습하게 되어 상당한 부담이 가중되었다. 또한 케란탄 주나 케다 주의 말레이 방언을 말하는 어린이도 학교에서 새롭게 표준 말레이어와 영어를 배우기 때문에 동일하게 부담이 가중되었다.

또한 종래에는 영어와 화어 중등학교밖에 없었지만, 말레이어를 수업에 사용하는 중등학교가 계속해서 창립되어 갔다. 또한 말라야 대학에서는 1962년에 싱가포르 대학과 분리하는 것을 계기로, 말레이인이 고등교육을 받기 쉽도록 말레이어에 의한 교육을 실시하게 되었다. 또한 전국통일시험의 사용언어가 말레이어나 영어가 되고 화어로의 수험은 불가능해졌다. 이와 같이 말레이어의 지위가 점차로 높아지게 된 것이다.

이 당시 영어학교의 교원과 비교하여 말레이어학교 교원의 급여 수준이 낮아서 말레이어 교원의 대우개선과 취직의 기회 증대를 위해 말레이어학교의 증설 요구가 말레이어학교 조합연합Federation of Malay School Teachers' Associations으로 이루어졌다. 또한 화어학교의 각 조합도 1959년 3월에 콸라룸푸르에서 집회를 열어 교육에 관해 15항목의 요구를 결의했다. 그것은 수업 언어와 동일한 언어로 시험을 치를 수 있는 것, 화어학교에 대한 재정원조 등이었다.

라즈크 보고에 대해 화인계주민의 반발이 강하고 페낭, 이포, 콸라룸푸르에서는 폭동이 일어났다. 이 때문에 정부는 정책의 수정을 약속하고 타리브 위원회에 검토를 의뢰하고, 1960년에 타리브 보고Talib Report가 제출되었다. 그것은 다음 1961년에 신교육법으로서 구체화되었다. 하지만 그 내용은 라자크 보고 내용을 재확인한 것만이 아니라 보다 강력한 말레이화와 중앙집권화의 경향을 강하게 한 것이었다. 말레이어와 영어는 필수과목인 것이 재확인되었다. 또한 초등학교 교육은 무상이 되고, 중학 3년Form Ⅲ까지는 학생은 자동적으로 진급하게 되었다. 화어와 타밀어를 사용해서 가르치는 중등학교는 영어나 말레이어를 수업 언어로 하는 국민형중등학교National-Type Secondary School로 전환하는 것을 조건으로 정부의 재정원조가 계속되었다. 그것에 따르지 않는 경우는 사립의 독립화어중학교ICS : Independent Chinese School로서 취급되어 공적 보조는 폐지되었다. 또한 1967년 이후에는 말레이어어만이 중등학교 수업에서 사용되었다.

1962년부터 화어와 타밀어 학교에 대한 재정원조가 정지되었기 때문에 많은 학교는 공적 원조를 받기 위해서 영어를 수업 언어로 하는 국민형 학교로의 전환이 부득이해졌다. '영어파'를 중심으로 하는 MCA간부는 이 정책을 승인하지만 화어학교 교원들은 헌법에서 보장된 언어 사용의 권리를 침해하는 것이라고 강하게 반발했다. 하지만 '영어파' 지도 아래에 많은 중국어학교가 국민형 중등학교로 이행했다. 당시 존재한 70교 중 16교가 ICS로서 남았지만, ICS로의 진학자는 매년 계속해서 줄어들게 된다.

화어 초등학교에 관해서는 화어를 교육언어로 한 채 정부의 재정부담으로 운영되었지만, 교육 대신이 적절하다고 판단했을 때는 '화어나 타밀어를 사용하는 '국민형 학교'를 말레이어를 사용하는 '초등학교'로 전환시킬 수 있다'고 교육법 제21조의 (2)에서 규정되었기 때문에 비 말레이계 주민에게 큰 불안재료가 되었다(이 규정은 1996년 신교육법에서 삭제되고, 화어와 타밀어에 의한 교육이 보장되었다).

1963년 9월 북 보르네오의 사바, 사라와크 주와 싱가포르(후에 이탈)도 연방에 참가하여 말레이시아 연방이 성립했다. 말레이시아 연방성립에 따라 말레이어도 정식으로는 말레이시아어[06]라고 부르게 되었다. 새롭게 가입한 사바, 사라와크 주에서는 말레이어가 국어라고 인정되지만, 10년 간의 기간(1973년까지)은 영어 공용어로서의 사용도 인정되고, 그 후에는 주의회의 규정에 따르게 되었다. 1967년부터 사바 주에서 말레이어만을 교육언어로 하는 중등학교가 설립되어 사바·칼리지Sabah College에서는 1968년부터 영어를 대신하여 말레이어만을 사용하는 수업이 시작되었다. 주에서 운영하는 라디오국에서는 1968년에는 말레이어 방송이 영어 보다도 길어졌다. 하지만 사라와크 주에서는 1973년이라는 공용어화의 기한임에도 불구하고 주정부는 말레이어화에는 소극적이었다. 사라와크 주의 초등·중등학교에서는 수업은 영어와 각 민족어로 행해지고, 말레이어는 필수 교과조차도 아니었다. 하지만 1966년에 중앙정부에 의한 주의 닝칸 수석대신의 해임을 계기로 말레이어화 정책이 수행되어 갔다.

4-4. 인종폭동과 그 이후

1967년이라는 10년간의 잠정기간의 종료시기가 가까워짐에 따라 언어문제를 둘러싼 논의는 격렬해졌다. 화어의 공용어화를 요구하는 운동이 재연되고, 또한 독립대학Meredeka University 문제가 일어났다. 상급학교 진학을 위한 전국 통일시험에서 말레이어의 합격점이 필수가 되었기 때문에 화어중등학교 학생의 고등교육을 받을 수 있는 기회가 없어졌다. 그 때문에 화인 사이에 화어를 교육언어로 하는 사립 '독립대학'을 설립하려고 하는 계획이 1968년부터 대두었다. 그에 반해 정부는 1978년에 정식으로 거절하지만[07], 대체안으로서 화인계 학생의 직업훈련을 주 목적으로 하면서도 수업 언어는 영어로서 타민족에게도 열린 고등교육기관인 Tunku Abdul Rahman College를 설립했다. 또한 말레이계 학생에게 유리해진 국립대학의 입학자 정원 할당의 일부 수정을 실시했다.

한편 말레이계 주민의 급진파는 1964년 국어행동전선National Language Action Front을 결성하고 말레이어화정책이 더욱 철저해질 것을 외치며 정부에 대해서 압력을 가했다. 1967년 3월에 국어법안(National Language Act)이 의회를 통과해서 말레이어가 유일한 국어 겸 공용어로 규정된다. 하지만 그 실행에 관해서는 공문서나 법안 등의 타언어로의 번역을 인정하는 등 철저하지 못한 요소를 포함시켰기 때문에 말레이인에게는 불만스러운 내용이었다. 말레이인과 화인의 대립은 1969년의 총선거쯤에 일찍이 없을 정도로 높아졌다. 1969년 5월 13일 결국 인종폭동이 일어나고, 다수의 사상자가 나왔다. 정부는 당일 비상사태를 선언하고 헌법과 의회를 정지하여 사태 수습을 도모했다.

이 사건을 계기로 해서 정부는 민족간 관계를 관리할 필요를 느끼고, 종래의 타협적 요소는 제거되고 동시에 말레이화가 진행해 간다. 1971년에 헌법이 일부 수정되어, 의회가 재개되었다. 수정헌법 제10조의 (4)에서 언어문제, 시민권, 말레이인의 특권과 같은 민족간의 미묘한 문제는 원래 공적인 장소에서 논의하는 것조차 금지되었다. 그리고 인종문제의 근본에 있는 경제격차의 시정을 위해서 신경제정책New Economic Policy이 실행된다.

공문서, 공적출판물은 말레이어로만 쓰는 것이 의무지어지고, 공적인 게시는 말레이어만이 되었다. 1972년에 하원의장은 다음 국회부터는 질문과 동의는 말레이어만으로 행하도록 포고했다. 단지 법정에서는 영어에서 말레이어로의 전환은 잘 진행되지 않았다. 또한 정부보조의 영어학교는 모두 말레이어학교로 전환되었다. 그것은 화인계·인도계 학생은 말레이어학교로 진학하려고 하지 않아서 말레이어 보급을 위해서 영어학교의 폐지가 필요하다고 정부가 판단했기 때문이다. 1970년에 초등학교 1학년부터 순차적으로 말레이어화로의 전환이 시작되고 1976년에는 국민형 초등영어학교National-Type English Primary School는 모두 말레이어 국민학교National School로 전환되었다. 1982년에는 중등학교에서도 이 전환은 완료되었다. 1983년에는 대학 수업도 말레이어화되어 갔다. 하지만 이 급격한 변환에 의해 말레이어가 숙련된 교원과 교과서 부족이 문제되었다. 또한 당시는 중등교육의 의무 교육화에 의해 규모 확대가 동시에 행해져서 그 부족은 한층 심각했다. 영어의 중등교육수료자에 대해서도 1970년 이후에는 통일 말레이시아 시험MCE에서는 말레이어 합격점을 따는 것이 요구되어 또한 모든 시험은 말레이어로만 실시되었다.

고등교육에서 말레이계 학생의 특별할당성이 실시되고 과학·공학·의학 학과에서는 말레이계 학생은 우선적으로 입학이 허가되었다. 1970년에는 말레이어만을 수업 언어로 하는 말레이시아 국민대학Universiti Kebangsaan이 창립되었다.

이들 정책에 따라 오히려 화인의 민족의식은 높아지고 독립화어중학교ICS의 진학자가 증가했다. 화인계주민에게 국민형 중등학교나 ICS로 진학하는가의 선택은 중점을 실용성에 두는지 상징성(민족의 긍지)에 두는가에 달려 있다. 1975년부터 화어학교 교육조합연합UCSCA은 독자적으로 화어(이것은 말레이어 번역과 영어 번역으로도 수험이 가능)로 된 통일 시험을 실시했다. 이것은 해외 대학(싱가포르 국립대학, 대만, 합중국, 영국의 대학 등)의 입학자격과도 관련되어 ICS 졸업자에게도 수험자격을 수여할 수 있게 되었다. 종래 ICS란, 국민형중학교에 입학하기에는 성적이 낮은 학생을 위한 학교라는 성격이 강했지만, 점차로 ICS를 제1지망으로 하는 학생도 늘었다. 1983년 시점에 반도 말레이시아의 37개 학교에서 3

만5945명의 학생이 재적하고 이것은 화인계학생의 전체 12%를 차지하기에 이르렀다.

1996년부터 신교육법이 제정되었다. 말레이어중시의 언어정책이 약간 느슨해져, 다언어주의를 시야에 둔 정책으로 전환하고 있다. 주목해야 하는 것은 교육언어로서 화어나 타밀어를 사용한 국민형초등학교의 존재를 보장한 것이다. 반복이 되지만(→4.3항), 교육법 제21조의 (2) 즉, 말레이어를 사용하는 초등학교로의 전환이 있을 수 있다고 한 항목은 삭제된 것이다. 신교육법의 또 하나의 특징은 국제사회에서의 경쟁력 강화에서 영어중시 정책으로 전환한 점이다.

5. 2003년의 개혁까지

1961년 이래 6-3-2-2-3제의 교육제도가 계속된다. 내용은 초등교육(6년), 하급중등교육(3년), 상급중등교육(2년), 대학준비과정(2년), 고등교육(3년)[08]이다. 초등교육은 6세부터 시작되고, 제1학년Standard I 부터 제6학년StandardⅥ까지이다. 초등교육은 수업에서 사용하는 언어에 따라 국민초등학교National Primary School와 국민형초등학교National-Type Primary School로 나눌 수 있다. 국민초등학교에서는 수업은 국어(말레이어)를 사용하고, 제1학년부터 교과로서 영어를 가르친다. 국민형초등학교에서는 수업은 화어(혹은 타밀어)를 사용하고 교과로서 말레이어를 가르치고, 제3학년부터 영어가 포함된다. 영어를 사용해서 수업하는 영어학교는 이미 폐지되었다.

표 1 : 초등학교에서 각 교과의 1주일간 수업시간(단위는 분)

	국민학교(말레이어가 수업 언어)						국민형학교(중국어/타밀어가 수업언어)					
	Phase1			Phase2			Phase1			Phase2		
	1학년	2학년	3학년	4학년	5학년	6학년	1학년	2학년	3학년	4학년	5학년	6학년
말레어	450	450	450	300	300	300	270	270	210	150	150	150
중국어 / 타밀어							450	450	450	300	300	300
영어	240	240	240	210	210	210			60	90	90	90
수학	210	210	210	210	210	210	210	210	210	210	210	210
이과				150	150	150				150	150	150

출처 : 本名·田嶋 '말레이시아' 문부과학성 제출자료 참조

표 1에서 국민형학교에 다니는 화인계·인도계 아동의 어학 부담이 상당하다는 것을 알 수 있다. 말레이계 아동은 영어에 상당한 시간을 할애할 수 있다. 2003년부터 수학과 이과는 영어로 가르치게 되어 상당한 양의 영어를 접하게 되었다.

중등교육은 하급중등교육(중학교 : Form I ~Ⅲ)과 상급중등교육(고등학교 : FormⅣ~Ⅴ)으로 나눌 수 있다. 중등교육에서는 수업은 말레이어로 실시되어 국민형 초등학교에서 온 학생은 수업이 이해되지 않을 우려가 있다. 그 때문에 국민초등학교에서 온 학생은 바로 Form I 로 진학할 수 있는데에 반해 국민형학교에서 온 학생은 1년간 Remove Class(이행학급)에서 말레이어로 집중훈련을 받은 후 Form I 로 진학한다.

하급중등교육의 후반부에 학생은 하급중등시험PMR을 치른다. 말레이어와 영어를 필수로 하여 6~8과목을 시험 치른다. 이 시험 성적에 기초하여 상급중등교육(FormⅣ~Ⅴ)에 진학이 결정되고, 보통과, 기술과, 직업과로 나뉜다. Form Ⅴ를 종료한 후에 학생은 중등교육수료자격시험 SPM을 보고 교원양성학교, 폴리테크닉, 대학예과, FormⅥ(대학준비과정) 등의 진학으로 나뉜다.

고등교육을 살펴보면 말레이시아에서는 대학의 숫자는 한정되어 있고,

공립대학은 말라야 대학, 과학대학, 국민대학, 프트라대학, 공과대학, 국제이슬람대학, 북방대학, 사라와크대학, 사바대학, 술탄·이드리스교육대학 등이다. 말레이인 우선할당제도 있고, 비 말레이계 학생은 해외 대학에서 배우는 경향이 있지만, 현재는 할당제가 능력제로 이행되었다.

1996년 교육법과 사립고등교육기관법을 계기로 하여 많은 사립고등교육기관이 창설되고 있지만, Gill(2004 : 141)에 의하면 아시아 통화위기를 경험하고 나서 종래는 해외에서 유학한 학생에게 국내에서 교육을 받을 기회를 주고 외화 유출을 피하려고 하는 목적과 국제화시대에 지식노동자의 숫자를 늘리려고 하는 목적이 있는 것 같다.

6. 경제적 격차의 시정

다언어사회에서는 엘리트와 일반대중 사이에는 언어 레퍼토리에 큰 차이가 있다. 현지인 엘리트는 지배층의 언어(통상은 영어, 프랑스어와 같은 종주국의 언어)를 독점하는 것으로 스스로의 권력을 유지하려고 해 왔다. 독립 후에도 구종주국의 언어를 독점 유지하고 그 언어를 사용한 식민지시대의 교육제도, 행정제도를 유지하는 것은 현재 지위를 확보해 가는 것으로 연결된다. 이와 같이 언어독점에 따라 스스로의 권력과 지위를 확보해 가는 것을 엘리트 폐쇄Elite Closure라고 한다(Scotton 1990).

말레이시아에서도 영어교육은 식민지체재 아래에서 엘리트 계층을 만들어 냈다. 영어학교는 높은 영어능력을 갖는 졸업생을 배출하고 그들은 관직이나 전문직에 취업했다. 1950년 후반까지 영어는 각 민족의 엘리트계층에게는 공통어가 되었다. 화인계·인도계주민은 주로 도시에 사는 상공업에 종사했지만, 말레이계주민은 지방에서 농어업에 종사했다.

도시부에 사는 많은 화인이나 인도인은 영어교육을 받음으로써 경제적·사회적 성공을 이루었다. 이민자들은 영어능력을 가지고 정부의 일, 비즈니스 정보, 과학기술정보를 입수할 수 있었다. 또한 의사, 법률가, 기술자 등의 전문직에도 이민자들이 많았다.[09] 화인계, 인도계주민에게는 영어가 지배언어인 것이 유리했다. 한편 인구의 대부분을 차지하는 말레이인은 영어교육을 받을 기회는 적고, 그 결과 사회적 성공도 변변치 않았다.

식민지정부는 당초 영어학교 개설에 의욕적이었지만, 점차 졸업생에게 어울리는 일을 충분히 제공할 수 없게 되고, 마음에 드는 취업을 하지 못한 졸업생이 과격사상을 갖게 되어 영어학교를 일정수 이상 늘리는 것에는 소극적이었다. 한정된 숫자의 영어학교도 교육열심인 화인계와 인도계주민의 자제에 의해 채워졌다. 말레이인이 영어교육을 받는 일은 적어서 민족간의 경제력 차이가 심했다.

독립 후에도 민족 간 경제력의 격차는 벌어진채였기 때문에 말레이시아 정부는 말레이인을 대우하는 브미프트라 정책을 채용함으로써 말레이인의 경제력을 높이려고 했다. 민족간의 격차를 줄이고 엘리트 폐쇄의 극복을 위해서 공용어를 영어에서 말레이어로 바꾼 언어정책이 취해져 왔다고 할 수 있을 것이다. 하지만 그 정책은 역설적으로 말레이인이 영어를 습득할 기회를 줄였고 오히려 화인계주민이나 인도계주민과 격차가 벌어지게 되었다.

7. 근년의 상황

(1) 영어

말레이어 추진정책에 따라 국민 사이에 말레이어가 침투되고 영어를 대신하여 공통어가 되고 있다. 하지만 그것은 동시에 말레이시아인 전체의 영어능력의 저하를 초래했다. 1991년 경제지 '파 이스턴 이코노믹 리뷰'는 '최근 영어 수준이 떨어졌고, 극히 우려해야 한다'고 경종을 울리고 있다(Vatikiotis 1991 : 29). 영어능력의 저하는 말레이계 주민 사이에 현저하고, 말레이계 주민과 비 말레이계 주민과의 경제격차가 나는 원인이 되고 있다.

근년, 영어 관광, 무역, 과학기술의 중요성이 인식됨에 따라서 정부는 지금까지의 언어정책의 수정을 시작했다. 제6차 말레이시아 계획에는 '이 이상의 영어능력의 저하를 막기 위해서 영어교육을 지금까지 이상으로 중요시하지 않으면 안 된다'라는 표현이 보였다(Sixth Malaysian Plan, 1991:170). 말레이시아 정부는 영어에 관한 언어정책을 대폭 수정하고 있다. 그 경우, 어디까지나 영어가 말레이어의 지위를 위협하지 않은 범위 내 같지만, 영어가 다시 권위어로서 왕년의 자리를 회복할 가능성이 생긴다.

2003년 1월부터 공립학교의 초등1학년Standard I, 중학1학년Form I 부터 수학과 이과는 영어로 가르치게 되었다. 언어교육정책에 관해서 대폭 수정이 시작된 듯 같다. 이것은 영어가 국제어로서 점점 그 존재감을 높이고 있다는 현실에 대응하기 위해서이다. 말레이시아는 Vision2020이라는 국가목표를 세우고 2020년까지 선진국에 진입하려고 하지만, 국제간의 경쟁에 이기기 위해서 영어 운용능력이 필요하게 된다. 상기의 국가목표를 위해서 영어 능력향상이 불가결하다. 급증하는 사립고등교육기관에서는 외국 대학과 제휴하거나 외국 대학의 분교를 개설할 움직임이 눈에 띄었다. 이들 교육기관에서는 영어가 교육언어로서 사용되고 있다.

(2) 말레이어

말레이어화 정책의 어느 정도의 성공과 70년대 이후의 말레이시아의 경제적 발전은 말레이어에 대한 자신감이 생기게 되었다. 신문 '뉴 스트레이트 타임즈'(August 12, 1992)는 '말레이어 국제회의'의 강연에서 라휘다 통산장관이 말레이어를 ASEAN 여러 나라의 공통어로 해야 한다고 제안한 것을 소개하고 있다. 라휘다 장관은 동남아시아는 인구·자원·발전 속도를 보아 세계 유수의 경제발전 지역이고, 말레이어는 말레이시아, 브루나이, 싱가포르, 인도네시아에서 국어이고, 거의 2억 인의 화자가 있기 때문에 이 지역의 공통어로 혹은 세계 유력언어가 될 수 있다고 기술하고 있다.

하지만 말레이어의 장래에 대해서 보다 엄격한 관점을 가진 사람도 있다. 과학대학의 Mashudi Bin Haji Kader 박사는 말레이어 공통어화 운동을 보고 '말레이어에 대해 현실에서 유리되고, 감성적이고 감정적인 사람이 있다'고 비판하였다.[10] 또한 인도네시아와의 사이에서 양 언어의 어휘나 철자의 통일을 도모하기 위해서 정기적으로 회합Malaysian-Indonesian Language Council이 개최되었지만, 작업은 그다지 진전되지 않은 듯하다. 언어문화청Dewan Bahasa dan Pustaka 언어계획부문의 책임자인 Haji Hamdan bin Yahya씨에 의하면 '인도네시아와의 사이에서는 양 언어는 일치하지 않아도 된다는 점에서 일치했다'[11]라고 비꼬듯이 말했다. 말레이시아 학교에서도 지금도 다른 철자의 말레이어를 가르치거나 교원 중에는 표준 말레이어를 말하지 못한 자도 많고 국내의 환경정비를 우선하지 않을 수 없다.

화인계 주민 중에서도 말레이어로 교육을 받은 세대가 자라고 있고, 문자언어로 말레이어를 가장 잘 한다는 세대도 탄생하고 있다. 하지만 일반적으로 화인은 말레이어에 대한 관심을 그다지 나타내지 않는다. 젊은 세대도 학교교육을 받을 필요 때문에 어쩔 수 없이 말레이어를 공부하고 있는 실상이다. 말레이어는 지금도 말레이인 언어라는 의식이 있고, 화인의 가정에서 사용되게 될 가능성은 적을 것이다.

(3) 화어

화인에 대해서 말레이시아로의 동화압력이 높아진 가운데 중국어에 대한 애착은 여전히 강하다. 독립화어중학교ICS의 진학자 숫자도 근년에는 증가하고 있다. 방언에서 중국 표준어(화어)의 경향이 강해지고, 젊은 세대는 광동어나 복건어는 말할 수 있지만, 읽기 쓰기 능력은 화어뿐이라는 사람이 늘고 있다.

말레이시아정부의 화어에 대한 규제는 완화되고 있다. 樋泉(히이즈미 1993)에 의하면, 말레이시아 정부는 공산중국의 이데올로기 수출은 과거의 이야기가 되었다고 판단하고 있고, 대만에서의 풍부한 자금을 도입하기 위해서 투자 환경을 정비하고 싶다는 의도가 있기 때문이다. 또한 향후 중국남부, 홍콩, 대만, 동남아시아를 일체로 하는 경제권의 성립이 예상되고, 이 지역의 공통어로서 화어가 필요하다는 인식이 퍼지고 있기 때문이다. 그런 의미에서 화어의 복권이 진행되고 있다. 1990년대에 들어서면, 화어교육의 중요성이 한층 인정받게 되었다. 1998년에는 화어로 수업을 실시하는 고등교육기관인 '신기원학원新紀元学院'이 개교했다. 독립대학의 설치가 아무래도 정부로부터 인정받지 못한 시대와 비교한다면 화어를 둘러싼 상황의 변화가 느껴진다.

(4) 타밀어

타밀어는 남인도, 스리랑카에서도 사용되고, 전 세계에서 3000만 명이상의 화자가 있는 대언어이다. 하지만 말레이시아에서는 타밀어의 지위가 낮고, 또한 교원과 교재 부족이 문제되었다. 타밀어 습득에 경제적인 의미를 찾지 못한 사람이 늘어나, 가정 내에서도 말레이어나 영어로의 전환이 일어나고 있다. 말레이시아의 타밀어 장래는 결코 밝다고 할 수 없다.

8. 마치며

사회에서 언어의 양상을 바꿔가는 것, 즉 언어정책을 수행해가는 것이 어떠한 의미를 가지고 있는 것일까? 사견이지만, 선진국에서는 언어는 인위적으로 바꿔야만 하는 것이 아니라 자연의 추이에 맡겨야 한다는 언어관을 갖는 사람이 많은 것 같다. 그것은 이미 사회가 안정되어 변혁의 필요성을 느끼지 않기 때문이다. 하지만 발전도상국에서는 민족 통일이나 근대화라는 긴급한 필요성에 의해 인간의 행위를 첨가하면서 자국 언어의 양상을 바꾸려고 하는 언어정책은 당연한 것이라고 간주되는 경우가 많다.

위와 관련된 것이지만, 언어의 다양성을 선진국에서는 자산이라고 간주하는 데에 반해 도상국에서는 청산하지 않으면 안 되는 부채라고 생각하는 경향이 있다. 또한 도상국에서 언어정책은 지극히 중요한 정치적·경제적인 결정인 데에 반해, 선진국에서는 대조적으로 언어문제를 교육·문화의 문제로서 파악하는 경향이 있다.

어찌되었든 개발도상국에서는 경제발전과 민족통일을 위해서는 언어문제를 교묘하게 처리할 필요가 있다. 그 필요성에서 언어정책연구가 생겨났다. 언어정책연구는 제3세계의 독립에 따라 발전해 온 측면이 있고, 그런 의미에서 언어정책연구는 국가를 어떻게 형성해 가는가라는 시점에서 연구되어 왔다.

구식민지도 독립 후 수십 년이나 지나 많은 나라에서 언어정책의 역점이 변화해 온 것 같다. 예를 들면, 말레이시아는 선진국에 가까워짐에 따라 그 언어정책이 종래의 말레이어로의 강력한 동화주의에서 벗어나 보다 유연함이 나타나게 되었다. 그것은 다언어주의에 입각한 언어정책이 필요하게 된 것을 의미한다. 말레이시아에서는 복수의 민족이 다른 언어를 말하면서도 경제발전이 가능하고 그 나름대로 공존이 가능하다는 예를 나타내 주었다. 3-2항에서는 '언어의 다양성에 따라 경제 발전이 늦어진다'는 공식을 나타냈지만, 이 공식은 현재도 해당된다고 우려할 필요는 없을지도 모른다.

21세기 현대, 언어정책도 새로운 과제에 임할 필요가 있다. 그것은 국제화 시대에 어떻게 다언어주의를 지키는가하는 점이다. 국제 교류가 왕성해지고 사람들이 타국에 옮겨 살게 된 지금 어떻게 민족의 아이덴티티를 지키면서 그 나라 사람들과의 커뮤니케이션을 도모해 가는가? 이것이 바로 언어정책의 새로운 과제이다.

주석

01 21항의 기술은 주로 Asmah Haji Omar(1982, 1987)를 참조했다

02 동남아시아의 중국계 주민은 '화인'이라 불리고 거기에서 사용되는 표준 중국어는 '화어'라고 불린다(小野沢1997:172). '화인'에 대해서 '화교'라는 표현도 있지만, 이주처의 국적을 취득한다면 화인이고, 취득하지 않은 경우는 화교가 된다.

03 바자·말레이어는 접사나 활용이 없어지고 간략화된 말레이어의 문법구조를 가지고 있고 동시에 중국어 여러 방언이나 타밀어 어휘를 받아들인 언어이다.

04 본항의 기술은 주로 K. Watson(1973), Mauzy(1985), Tan Liok Fe(1988), Tan Chee-Beng(1988), 田村(1988), Khoo Kay Kim(1991), Ozog(1993)를 참조했다.

05 이 학교는 인종, 종교를 묻지 않고 자유롭게 지망자를 입학시켰기 때문에 Free School이라고 이름이 붙여졌다.

06 말레이어(Bahasa Melayu)라는 표현은 말레이인만의 언어라는 뉘앙스가 있기 때문에 말레이시아에 사는 많은 민족전체의 상징으로 하기 위해 말레이시아어(Bahasa Malaysia)라는 표현이 선택된 것이다. 또한 본장에서는 학계의 관용에 따라 말레이어라는 표기를 사용한다. →小野沢(1997: 190-191).

07 대학 설립의 희망은 화인계 주민에 의해 법정으로 가져온 것이다. 하지만 1981년 고등재판소, 1982년 연방재판소에서 각하된 후, 이 문제는 진정화된다(Tan Liok Fe 1988 : 64)

08 단 이과계는 4년, 의과치과계는 5~6년의 재학이 필요하다.

09 다만 이민자들도 이주한 시기에 따라 경제력이 다른 경향이 있었다. 초기에 이주한 자는 말레이시아로 동화가 진행되었고, 영어교육을 받아 비교적 유복한 삶을 보내고 있었다. 하지만 후기에 이민해 온 자는 중국어방언, 인도 언어밖에 말하지 못하고, 사회적으로도 혜택을 받지 못했다.

10 1992년 여름 각각 필자가 인터뷰한 것이다.

11 1992년 여름 각각 필자가 인터뷰한 것이다.

참고문헌

樋泉克夫　1993.『華僑コネクション』東京：新潮社

小野沢純　1997.「マレーシアの言語と文化」『ASEAN諸国の言語と文化』東京：
　　高文堂

金子芳樹　1992.「マレーシア華人政治の構造と動態」『アジア研究』アジア政経学
　　会

自治体国際化協会　2001.『マレーシアの教育』（財）自治体国際化協会

杉村美紀　2000.『マレーシアの教育政策とマイノリティ』東京：東京大学出版会

杉本均　2005.『マレーシアにおける国際教育関係』東京：東信堂

田村慶子　1988.「マレーシア連邦における国家統一」『アジア研究』アジア政経学
　　会

本名信行・田嶋ティナ宏子　2003.「マレーシア編、英語が使える日本人の育成の
　　ための行動計画」研究調査班

Andaya, B. W. and L. Y. Andaya. 1982. *A History of Malaysia*. London: Macmilan.

Asmah Haji Omar. 1982. *Language and Society in Malaysia*. Kuala Lumpur: Dewan
　　Bahasa dan Pustaka.

Asmah Haji Omar. 1987. *Malay in Its Sociocultural Context*. Kuala Lumpur: Dewan
　　Bahasa dan Pustaka.

Beer, W. D. and J. E. Jacob (eds.) 1985. *Language Policy and National Unity*. New
　　Jersey: Rowman & Allanheld.

Coulmas, Florian. 1992. *Language and Economy*. Oxford: Blackwell.

Cushman, J. and Wang Gungwu. 1988. *Changing Identities of the Southeast Asia
　　Chinese since World WarII*. Hong Kong: Hong Kong U. P.

Fasold, R. 1984. *Sociolinguistics of Society*. New York: Blackwell.

Ferguson, C. A. 1959. "Diglossia," *Word*. Vol.15, pp. 325-340.

Fishman, J. A. 1972. *Advances in the Sociology of Language*. Vol.2. The Hague: Mouton.

Gill, Saran. 2004. "Medium of instruction in Malaysian higher education," in J.
　　Tollefson and Amy Tsui (eds.) 2004: pp. 177-194.

Jones, G. M. and A. C. K. Ozog. 1993. *Bilingualism and National Development*.
　　Clevedon: Multilingual Matters.

Khoo Kay Kim. 1991. *Malay Society*. Malaysia: Pelanduk Publications.

Malaysian Government Staff. 1991. S*ixth Malaysian Plan: 1991-1995*. Kuala Lumpur:
　　Malaysian Government.

Mauzy, D. K. 1985. "Language and Language Policy in Malaysia," in W. D. Beer and J. E. Jacob(eds.) 1985: pp. 151-177.

Noss, R. B.(ed.) 1982. *Language Teaching Issues in Multilingual Ennvironnment in Southeast Asia.* Singapore: SEAMEO Regional Language Centre.

Noss, R. B.(ed.) 1983. *Varieties of English in Southeast Asia.* Singapore: SEAMO Regional Language Centre.

Ozog, A. C. K. 1993. "Bilingualism and National Development in Malaysia," in G.M.Jones and A.C.K.Ozog. 1993: pp. 59-72.

Platt, J. T. 1977. "A Model for Polyglossia and Multilingualism," *Language in Society.* Vol.6, pp. 361-378.

Platt, J. T. 1983. "Sociolects and Styles in Varieties of English," in R.B.Noss(ed.) 1983 : pp. 213-228.

Pool, J. 1972. "National Development and Language Diversity," in Fishman 1972: pp. 213-230.

Rogers, A. J. 1982. "Malaysia," in R.B.Noss(ed.) 1982: pp. 48-77.

Scotton, C. M. 1990. "Elite Closure in Africa," in B. Weinstein, pp. 25-42.

Tan Chee-Beng. 1988. "Nation-building and Being Chinese," in J. Cushman and Wang Gundwu(eds.) 1988: pp. 139-176.

Tan Liok Fe. 1988. "Chinese Independent Schools in West Malaysia," in J. Cushman and Wang Gungwu(eds.) 1988: pp. 61-74.

Tollefson, J and Amy Tsui(eds.) 2004. *Medium of Instruction Policies.* Manwah, New Jersey: Lawrence Erlbaum Associates.

Vatikiotis, M. 1991. "A Question of Priorities," *Far Eastern Economic Review.* 12. December, pp. 28-30.

Wardhaugh, R. 1986. *An Introduction to Sociolinguistics.* Oxford: Basil Blackwell.

Watson, K. 1973. "The Problem of Chinese Education in Malaysia and Singapore," *Journal of Asian and African Studies.* Vol.8, Nos.1-2, pp. 77-88.

Weinstein, B. 1990. *Language Policy and Political Development.* Norwood: Ablex Publishing.

제 5 장

싱가포르의 언어정책
-영어에 의한 아이덴티티 형성의 시도-

타지마 티나 히로코田嶋 ティナ 浩子

1. 들어가며

싱가포르공화국은 말레이반도 남단의 싱가포르섬과 그 주변의 50 여 개의 작은 섬으로 구성된 동남아시아의 다민족·다언어국가이다. 처음에는 말레이반도와 중국남부에서 이주해 온 말레이인과 중국인이 100명 정도 거주하는 항구였지만, 1819년 동인도회사에서 스탠포드 래플즈가 파견된 이후 동양과 서양을 이어주는 경제, 문화교류의 거점으로 발전했다. 더불어 중국과 남아시아 등에서 이민자가 유입되어 싱가포르는 눈 깜짝할 사이에 다민족, 다문화, 다언어 국가가 되었다.

아와지시마淡路島 (역주 : 일본 효고 현에 속하는 큰 섬) 정도 크기인 좁은 국토에 인구는 약 400만 명 남짓. 인구 구성은 2000년도의 인구조사에 따르면 화인(76.8%), 말레이계(13.9%), 인도계(7.9%), 기타 민족(1.4%)이다. 천연자원은 없고, 식료나 물, 생활자원의 대부분을 세계 각국에 의존하고 있기 때문에 정부는 국민의 인적능력을 유일한 자원으로 삼아 인적자원의 육성에 많은 노력을 기울여 왔다. 그 결과, 놀라운 경제성장을 이루었으며 지금 싱가포르는 아시아 선진도시국가가 되었다.

이렇게 싱가포르가 '선진도시국가'로 불리게 된 것은 싱가포르 국민이 영어를 사용하게 된 것에서 유래한다고 해도 과언이 아니다. 싱가포르는 독립 당시 4개의 공용어를 정했는데, 처음부터 영어를 제1언어로 정했다. 국어는 말레이어지만, 국가나 군대용어에서만 사용되는 것이 현실이다. 따라서 싱가포르의 언어정책은 대부분 국민의 영어습득과 크게 관련되어 있다고 볼 수 있다.

2. 민족구성과 언어

싱가포르의 민족구성은 위에서 서술한 바와 같은 비율이며, 싱가포르인 전원이 가지고 있는 Identity card신분증에는 Chinese화인, Malay말레이계, Indian인도계, Others기타 인종으로 기재되어있다. 하지만 실제로는 30개 이상의 언어를 사용하는 사람들이 존재하며, 그 언어사정은 상당히 복잡하다.

2-1. 화인華人

화인은 1819년 영국이 싱가포르를 영유한 것을 계기로 말라야와 싱가포르에 대거 이주했다고 전해진다. 처음에는 돈을 벌기 위해 중국남부에서 싱가포르로 이동해왔던 중국인은 식민지 개발을 위해 열심히 일하고 부를 축적하여 결국 그대로 싱가포르에 정착하게 됐다. 그들의 고향인 중국남부, 특히 복건성이나 해남도는 당시 매우 빈곤하며 산업이 발달하지 않았었기 때문에, 급속히 발달한 싱가포르에 있는 편이 생활하기 편했기 때문이다.

　싱가포르에서 화인은 인구의 약 80%라는 압도적인 다수를 차지하고 있다. 때문에 싱가포르 정부는 중국, 대만에 이어 제3의 중국이라고 불리는 것을 꺼려 중국인을 화인이라고 부르고, 중국어(북경어)를 화어華語라고 부른다.

　화인은 출신지역의 언어집단으로 분류되는 경우가 많다. 싱가포르에는 복건인, 만주인, 광동인, 객가인, 남해인, 복주인 등이 거주하고 있다. 이 중에서도 가장 많은 복건인이 사용하는 복건어가 원래 화인의 공용어처럼 되어있어, 지금도 복건어를 사용하는 화인이 많으며, 복건어 단어를 영어에 섞어 사용하는 말레이계와 인도계의 싱가포르인도 많다. 즉 공용어가 된 화어가 모어였던 사람은 거의 없고, 중국남부 각지의 방언을 모어로 사용하고 있던 것이다.

　화인의 방언에 따른 분류는 화인들에게 매우 중요한 것이었다. 20세기 전반에는 회관이나 묘, 방(역주 : 중국에서 해외로 고향을 떠난 동향同鄉·동업同業·동족同族 등의 사람들로 구성, 상부상조하는 계 같은 조직)과 같은 지연이나 혈연 조직을 만들어 서로 돕고 생활했다. 이러한 장소에 모이는 것은 보통 중·노년 층이 많았는데, 최근 젊은이들은 영어나 화어를 사용하는 다른 세대가 되어 지연이나 혈연조직에는 흥미를 잃어가고 있다. 이러한 상황에 대응하고자, 영어와 화어로 시행하는 행사를 늘리고, 젊은이들을 모아 자문화의 소중함을 가르치게 되었다. 즉 방언에 의한 구별보다는 화인이라는 민족의 자긍심과 문화유지의 소중함을 우선시하고 있다고 볼 수 있다.

2-2. 말레이계

말레이인은 대부분은 지금도 가정에서 말레이어를 모어로 사용하고 있는 비율이 높다. 말레이계 싱가포르인은 말레이어를 사용하도록 되어 있지만 실제로는 말레이어, 자바어, 부기스어, 미난카바우어 등을 사용하고 있다. 그 중에서도 말레이어를 사용하는 사람들이 가장 많기 때문에 말레이어가 말레이계 싱가포르인의 공용어가 되었다. 실제로 현재 말레이계 싱가포르인의 대다수는 자바인이라는 설도 있다(Li 1989). 20세기 전반 많은 자바인들이 싱가포르를 경유해 메카로 성지 순례를 떠났다. 그들은 순례 전에 싱가포르에서 일을 하고 자금을 모았으며, 순례 후에는 다시 싱가포르로 돌아와 그대로 정착하는 경우가 많았다. 그들은 현재도 싱가포르에서 이슬람교도의 핵이 되어 교양 있는 말레이계 싱가포르인으로 취급받는다(URL① 참조).

제2차 세계대전 후에 싱가포르에 이주해 온 말레이인은 단지 일자리가 부족한 말레이시아에서 일을 찾아 싱가포르로 왔기 때문에 교육수준이 낮고 일을 하려는 동기도 낮아 중요한 일에 종사하지 못했다. 이로 인해 현재도 말레이계 싱가포르인의 사회경제 레벨은 화인이나 인도계의 싱가포르인에 비해 낮다.

2-3. 인도계

인도인은 다른 제2의 민족(화인, 말레이인)보다 다종다양하다고 할 수 있다. 인도계 싱가포르인은 타밀어 외에 아랍어계의 말라얄람어나 텔루구어, 인도아리아어계의 힌디어, 우르두어, 벵골어, 펀자브어, 구자라트어 등 다양한 언어를 사용하지만, 타밀어를 사용하는 사람이 가장 많기 때문에 타밀어가 싱가포르 공용어의 하나가 되었다. 하지만 인도계 싱가포르인 중에서 가장 많은 사람이 사용한다고 해서 타밀어가 인도인들의 공용어로 정해졌냐고 묻는다면 사실은 전혀 그렇지 않다. 인도의 언어는 중국어의 방언과 마찬가지로 그 언어와 방언이 사용되는 지역이 가까우면 조금은 이해할 수 있지만 대부분은 서로 의사소통이 불가능할 정도로 다른 언어이다. 때문에 인도계 싱가포르인은 제2언어로서 인도 언어보다도 말레이어나 화어를 배우는 학생이 늘고 있다. 덧붙여 말하면 처음에는 제2언어로 인도의 언어 중에서는 타밀어만 배웠지만, 인도계 싱가포르인의 강한 요구로 현재는 힌디어, 우르두어, 벵골어, 펀자브어와 구라자트어도 이수 가능하게 되었다(Pakir 2000 : 260).

2-4. 기타 민족

인구의 1%에는 기타 민족Others이 존재한다. 여기에는 유럽인과 아시아인의 혼혈로 유라시아계라고 불리는 사람들과 아랍계, 아르메니아계가 포함된다. 지나치게 수가 적고, 유라시아계 사람들은 혼혈이기 때문에 외국인이라면 싱가포르인이라고 눈치 채지 못할지도 모른다. 그들 대부분은 가정에서 영어를 사용하므로 영어가 모어인 경우가 많다.

2-5. 국어와 공용어

1959년 싱가포르 정부는 말레이어를 국어로, 4개의 언어를 공용어로 제정했다. 이 4개의 언어란 영어, 화어, 말레이어, 타밀어이다. 앞서 서술한 민족의 다양성으로 인해 싱가포르 정부는 일단 이 많은 민족을 4개의 민족으로 분류하고 각각을 대표하는 언어를 공용어로 정한 것이지만 실제로는 국가와 군대의 호령에 주로 사용되는 것 말고는 전혀 실용적인 역할을 못하고 있다. 역사적으로 가장 관계가 깊은 말레이시아에 경의를 표해 말레이어를 국어로 한 것은 부자연스러운 선택으로 보인다.

공용어는 앞서 서술한 바와 같이, 싱가포르의 민족을 크게 4개로 나누고 각각을 대표하는 언어를 선택한 것이지만 실제로 그 민족을 대표하는 것은 아니다. 실제로 화인 중에서는 당시 복건어를 사용하는 인구가 가장 많았으며, 인도인도 타밀어를 사용하는 인구가 가장 많았지만, 화인 전원이 화어를, 인도인 전원이 타밀어를 이해하는 것은 아니었다.

하지만 당시의 정부는 중국어에서는 가장 표준으로 여겨지는 화어를 인도인의 경우는 단지 가장 사용하는 인구가 많은 타밀어를 공용어로 정했다. 그리고 그 3개의 대표 언어(공용어)뿐만 아니라 종주국이었던 영국에 경의를 표하고 또한 후에 싱가포르인으로서의 아이덴티티의 형성을 촉진하기 위해 위의 3민족하고는 전혀 관계가 없는 영어도 공용어로 정했다. 3개의 대표 언어만을 공용어로 해서는 공통어가 없게 되므로, 영어는 국내 통일을 위한 언어로 정의되고 이민족간의 교류 수단으로서 장려되었다.

이러한 경위로 싱가포르에서는 말레이어가 국어가 되고, 영어, 화어, 말레이어, 타밀어의 4개의 언어가 공용어로 지정되었다.

3. 교육으로부터 본 역사적 배경

과거 10년 정도의 기간 동안 ASEAN의 국가들은 다양한 교육개혁을 시행해 왔다. 이는 동남아시아 내의 지역적, 혹은 국제적인 변화에 부응해 경제와 교육을 개혁할 필요가 있다고 느꼈기 때문임에 틀림없다. 앞서 서술한 바와 같이 싱가포르는 천연자원이 아무것도 없어 인재만이 유일한 경제적 자원이기 때문에 특히 교육에 중점을 두어 왔다. 독립 이후, 우수한 인재, 즉 나라를 리드할 수 있는 엘리트를 육성하기 위한 교육을 시행해온 것이다.

호와캄(Ho Wah Kam 2006)에 따르면 싱가포르의 교육은 이하의 4개로 나뉜다.

> Survival-Driven Education(1959~1978)
> Efficiency-Driven Education(1979~1996)
> Ability-Driven Education(1997~2004)
> Innovation-Driven Education(2005~)

이것은 아래에 서술하는 바와 같이 싱가포르의 역사와 크게 연관되어 있다.

3-1. Survival-Driven Education(1959~1978) 살아남기 위한 교육

1955년 부분적인 자치가 허용되고, 이어 1959년 싱가포르는 영국 연방으로부터 외교 이외의 권한을 가지는 자치국이 되었다. 이에 동반해 국가의 건설과 경제의 기반을 만들기 위해 싱가포르 정부는 국민에게 교육을 받게 하는 일을 우선적으로 생각했다. 즉 Survival-Driven Education살아남기 위한 교육이다. 처음에는 영어로 수업을 하는 영어 학교와 그 외의 공용어(화어, 말레이어, 타밀어)로 수업을 하는 vernacular schools민족어학교가 설립되었다. 각 학교는 각각의 언어로 쓰여진 교과서를 사용하고 각자의 커리큘럼을 가지고 운영되었다. 그러는 동안 공용의 커리큘럼이 작성되었지만, 교육언어로는 각각의 공용어가 사용되었다. 때문에 화어학교에는 화인이, 말레이어학교에는 말레이계가, 타밀어학교에는 인도계의 아이들이 다녔다.

그러나 국력을 증강하기 위해서는 영어교육에 힘을 쏟아야 한다고 생각한 정부는, 점차적으로 영어를 주로 사용하고 또 하나의 공용어를 교육언어로 하는 2언어학교를 만들고 영어로 교육하는 학교에는 보조금을 늘리는 등의 대책을 세워 가능한 많은 학생들이 영어를 배울 수 있도록 했다. 부모들은 앞으로 영어를 못하면 아이들이 출세하기 어려울 것이라는 것을 바로 알아차리고 영어학교English-medium schools에 아이들을 전학시키기 시작했다. 그 결과 먼저 말레이어학교Malay-medium schools와 타밀어학교Tamail-medium schools가 1979년과 1982년에 각각 폐교되었다. 화어학교Chinese-medium schools만은 마지막까지 화어로 교육하는 것을 고집했지만 최종적으로 모어Mother Tongue의 수업만을 화어로 가르치고 다른 과목은 영어로 가르치게 되어 이른바 vernacular schools과 함께 사라져 갔다.

1965년 독립 이후, 경제성장과 국가건설을 위해 국제어인 영어를 국민에게 학습시키고 경제력 향상에 큰 노력을 기울인 결과, 싱가포르의 아이들은 모두 초등학교부터 영어로 수업을 받게 되었다.

3-2. Efficiency-Driven Education (1979~1996) 효율적인 교육

1970년대에 들어서자 정부는 2언어교육(영어와 다른 하나의 공용어로 교육하는)에 힘을 기울여 공민이나 역사, 도덕 등의 과목은 민족어로, 그 외는 영어로 교육하도록 했다. 이것은 국민이 영어로 교육을 받음으로써 아시아의 문화와 가치관을 잃고 근면함과 규율을 지키는 자세를 경시하게 되어, 정부가 만들어 가려 한 Singaporean싱가포르인으로서의 아이덴티티 형성에 지장이 생기는 것을 우려했기 때문이다.

싱가포르의 2언어교육은 소위 말하는 바이링구얼교육은 아니다. 어디까지나 영어가 제1교육언어이고, 그 외의 공용어Mother Tongue, 민족어로도 가르치는 특수한 교육시스템이다.

하지만 2언어교육정책은 학생들에게 많은 부담을 줘 뒤처지는 학생들이 나타났다. 영어를 극단적으로 못하는, 혹은 화어 등 영어 외의 공용어를 잘하지 못하는 학생들이 나타나게 된 것이다. 물론 두 언어를 잘 습득하는 학생들도 있었지만, 양쪽 다 제대로 습득하지 못해 어중간한 어학력밖에 지니지 못하는 학생들이 늘어나는 것을 정부는 우려하기 시작했다.

1979년 당시 부수상인 고켕쉬Goh Keng Swee에 의해 대폭적인 교육개혁이 행해졌다. 효율적인 교육의 필요성에 의해 초등학교 3학년생의 과정 수료 시에는 시험을 치르고, 그 성적 여하에 의해 통상2언어코스, 장기(연장)2언어코스, 단일언어코스의 3가지 코스로 학생들을 나누어 교육하는 시스템을 만들었다. 그림 1처럼 처음에 2개 코스의 학생들은 초등교육수료시험Primary School Leaving Examination, PSLE 치르고 중학교에 올라갈수 있는 가능성이 있지만, 단일언어코스에 들어가 버리면 중학교에도 들어갈 수 없는 가혹한 시스템이 만들어진 것이다. 또한 중등교육도 PSLE의 성적여하로 통상코스, 쾌속코스, 특별코스의 3가지 코스로 나뉘어, 여기에서 대학에 진학할 수 있을지 없을 지가 결정된다.

이렇게 해서 70년대, 80년대에 만들어진 '효율적 교육'은 정부의 입장에서 보면 아이들을 어렸을 때부터 선별해 우수한 인재를 발굴하고 육성시켜 국가를 이끄는 리더로 키우기 위한 최적의 시스템이었다. 하지만실제로는 지나치게 언어능력, 특히 영어능력에 의존한 시스템으로, 레벨이 낮은 코스에 배정된 아이들은 의욕을 잃고 학교에 가지 않게 되거나, 비행을 저지르기도 했기 때문에 1991년 정부는 초등학교 4학년 수료 시에 시험을 시행하고 그 성적을 바탕으로 부모와 면담을 통해 각 학생에게 최적의 교육이 주어지도록 새로운 시스템을 만들었다. 그리고 초등학교 졸업 시에 치르는 PSLE도, 중학교에 들어가기 위한 플레이스먼트 테스트가 되었다(그림 2 참조). 즉 초등학교에 올라가면 어쨌든 전원이 적어도 초등학교 6년과 중학교 4년을 합쳐 10년 동안은 학교에 다닐 수 있도록 하는 시스템이 마련된 것이다.

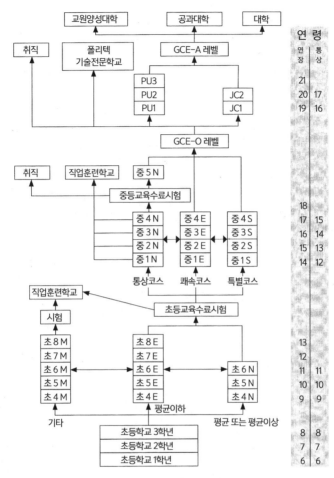

초4N = 초등학교 4학년 통상코스 중1E = 중학교 1학년 쾌속코스
초4E = 초등학교 4학년 장시코스 중1N = 중학교 1학년 통상코스
초4M = 초등학교 4학년 단일언어코스 JC1 = 주니컬리지 1학년
중1S = 중학교 1학년 특별코스 PU1 = 대학예과센터 1학년

그림 1 : 구 학교 교육제도
출처 : 『もっとも知りたいシンガポール』

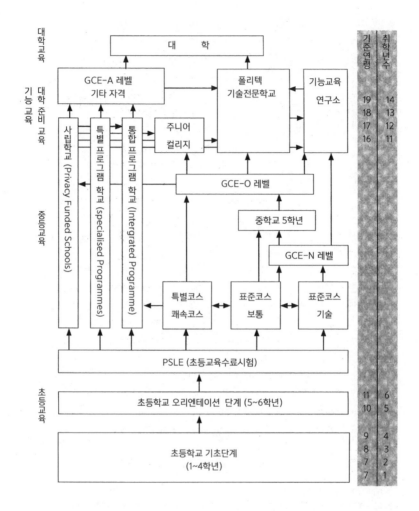

그림 2 : 현 학교 교육제도
출처 : Ministry of Education, Singapore

이처럼 싱가포르 정부는 2언어교육정책에 집착했다. 당시의 교육부 장관이었던 토니탕Tony Tan Keng Yam은 1986년 '바이링구얼교육-영어와 민족어의 학습은 싱가포르교육의 특징이다. 현대사회의 다양한 지식과 기술 등을 익히기 위해서 영어는 꼭 필요한 언어이며, 자신의 문화를 알기 위해서 민족어를 습득하는 일 또한 중요하다'고 말하고 있다 (Parliamentary Speech, March, 1986).

3-3. Ability-Driven Education(1997~2005) 능력별 교육

싱가포르 정부는 1997년 무렵부터 교육에 다액의 예산을 투자하여 교육의 IT화에 힘썼다. 그리고 학생 2명당 1대의 컴퓨터를 확보해 인터넷이나 메일은 초등학교 저학년부터 사용할 수 있게 하고 있다. 초등학교 수업에서도 교원이 파워포인트나 인터넷을 사용하여 수업을 진행하는 케이스가 많다. 이것 또한 영어가 불가능하면 안되므로 영어실력이 낮은 학생은 보충수업을 받거나, 부모가 가정교사를 고용하여 어떻게든 졸업을 시켜 상급 학교에 진학할 수 있도록 노력하고 있다.

당시의 수상 고촉통Goh Chok Tong은 "Thinking Schools, Learning Nation"이라고 강조하며, 싱가포르가 더욱 발전해 나가기 위해서는 애국심을 가지고 잘 배우고 잘 생각하며, IT기술을 구사하고, 결단력 있는 교육을 해야 한다고 연설했다(7th International Thinking Conference, June, 1997). 물론 이 스피치 또한 영어로 이루어졌다.

하지만 이러한 교육에 대한 큰 기대와는 달리, PSLE, 중학교와 고등학교 수료 시에 치르는 GCE-N레벨, GCE-O레벨, GCE-A레벨이라는 통일시험의 지옥을 견디지 못하고 뒤처지거나 비행을 저지르는 학생 수가 매년 늘어갔다. 이러한 '시험 지옥'과 '엘리트 지향'은 세계적으로도 유명해져, 잡지나 신문에도 등장하는 일이 많아졌다. 싱가포르 정부는 인재를 최대의 자원으로 생각했기 때문에 마이너스 이미지를 만드는 인간이 많아질수록 국제무대로 나가기 어렵다고 생각해, 2004년 장벽을 낮

줘 '평등한 교육'을 선언했다.

정부는 교육 시스템은 그대로 두고 영어와 모어의 레벨을 낮춘 수업을 만들기 시작했다. 지금까지는 gifted program영재교육이라 불리며 잘하는 학생이 더욱 잘하도록 최대한의 힘을 쏟아왔지만, 이번에는 바닥을 끌어 올려 이른바 '잘 못하는 아이'가 생겨나지 않도록 하고 있는 것이다.

2002년 "I Not Stupid"라는 TV 드라마가 싱가포르에서 화제가 된 적이 있었다. EM3(초등학교 3학년 단일언어코스)에 들어간, 즉, 영어를 잘 못하는 초등학교 학생들이 주인공으로, '영어를 못한다고 해서 우리들이 바보인 것은 아니다'라고 외치는 드라마였다. 부모들은 가정교사를 고용하거나 동료에게 상담을 하면서 어떻게 하면 자신들의 아이들이 EM3를 탈출할 수 있을까, 즉, 영어를 잘 하게 될까에 대한 방법을 모색하는 반면, 학생들은 화어를 할 수 있고 커뮤니케이션이 불가능한 것은 아니므로 영어를 못한다고 해서 자신들은 낮은 카테고리에 넣지 말아 달라고 부르짖고 있었다.

싱가포르에서는 엔터테이먼트의 종류가 적어 미디어, 특히 TV드라마가 국민들에게 큰 영향을 끼치기 때문에, 이 드라마가 방영된 후(참고로, 드라마는 화어로 만들어졌다), 영어를 못한다고 해서 열등감을 가져서는 안 된다든가, 싱글리쉬(싱가포르의 독특한 영어)를 사용해도 그것은 자신들의 아이덴티티를 나타내는 것이므로 문제될 것이 없다는 내용의 신문칼럼과 인터넷 사이트, 라디오 프로그램까지 등장했다.

싱가포르에서는 매년 독립기념일National Day에 성대한 행사가 열리는데, 극단적으로 말하면 국민들은 수상의 연설의 내용에 따라 이제부터 어떻게 '규제'되는지 혹은 '자유가 주어지는지'를 파악한다. 2004년 리센룽 Lee Hsein Loong 수상은 '교육을 근본적으로 되돌아보고 교육을 개선할 필요가 있다'고 연설했으며, 이어서 2005년 타르만 샨무가라트남Tharman Shanmugaratnam 교육부 장관이 '싱가포르는 국민에게 질 좋은 교육을 제공해야한다. 그러기 위해서는 '효과적인 교육'이 아니라 자신이 선택할 수 있는, 각자에 맞는 교육을 지향해야 한다' 고 발표했다.

이것은 교육 시스템을 더욱 유연하게 만들어 소위 낙오자를 줄이고자 하는 정부의 시도였다. 올 들어 정부는 Mother Tongue Policy민족어정책에도 변화를 가져왔다. Mother Tongue B Syllabus라는 민족어교육에 못 따라가는 학생들에게는 더 쉬운 수업을 받게 하는 커리큘럼을 만든 것이다. 이것은 화어, 말레이어, 타밀어 등의 성적이 극단적으로 좋지 않아 보통 클래스를 따라갈 수 없는 학생들은 부모와 상담 후에 쉬운 클래스로 이동할 수 있도록 한 것이다. 바꿔 말하면, 영어를 하는 것이 우선시된 것이라 할 수 있다.

어느 쪽이든, 영어는 제1교육언어의 지위를 지키고 있으며 싱가포르 정부는 국민들이 영어실력을 갖추는 것, 그리고 '좋은' 영어를 사용하는 것에 전력투구 중이다.

4. 언어사용 현황

여러 가지 문제가 존재한다고는 해도, 싱가포르의 2언어교육정책은 성공적이라 평가할 수 있다. 2000년의 인구조사에서는 15세 이상의 국민의 식자율이 93%에 달하고 있다. 그 중 2언어 이상을 사용할 수 있는 사람은 56%, 영어와 다른 언어를 사용할 수 있는 사람은 71%나 된다. 싱가포르에서는 인구조사가 10년에 한번 행해지는데, 1990년과 2000년의 조사결과를 비교해도 영어화자의 수가 증가하고 있음을 알 수 있다 (URL② 참조).

가정에서의 언어도 변화하고 있다. 5세 이상의 국민이 가정에서 가장 많이 사용하는 언어가 영어로 바뀌고 있는 것이다. 1990년에는 전체의 19%였지만, 2000년에는 23%가 되었고, 향후 더욱 증가할 것으로 예상된다.

4-1. Speak Mandarin Campaign '화어를 사용하자' 캠페인

가장 큰 변화는 화인이 가정에서 사용하는 언어가 여러 방언에서 화어로 바뀐 것이다. 이것은 2언어교육과 1979년에 정부가 시작한 Speak Mandarin Campaign('화어를 사용하자' 캠페인)의 성과라 할 수 있다.

원래 싱가포르 정부는 공산주의의 위협을 초래하기 쉽다는 이유에서 화인들에게 화어의 습득을 권하지 않았었지만, 1970년대에 들어서 점점 영어를 사용하는 인구가 늘어가는 것을 걱정한 정부는 아시아적 가치관을 중시하기 시작했다. 이 '화어를 사용하자' 캠페인의 제1의 목적은 방언의 구축에 있다는 설이 가장 유력하지만, 실제로는 싱가포르의 화인들 사이에 존재하는 약 10종류가 넘는 방언이 이대로 계속 존재하는 것은 화인들 간에 공통어가 존재하지 않는 것을 의미하므로, 이것이 국민통합의 장애가 되는 것을 우려했기 때문이다.

화인이 화어를 사용하는 비율이 증가하는 것은 정부에게는 매우 바람직한 일이지만, 한편 교육을 받지 않아 방언밖에 모르는 고연령층의 화인들에게는 아이들이나 자식들과 원활한 의사소통이 이루어지지 않아 큰 문제가 되고 있다.

4-2. Speak Good English Movement '좋은 영어를 사용하자' 운동

2언어교육의 성과는 특히 1980년대 후반에서 1990년대 전반에 현저하게 나타난다. 하지만 이 영어는 정부가 바라는 이른바 '표준영어'가 아닌 독특한 싱가포르식 영어였다. 싱가포르식 영어는 화어나 말레이어 등의 단어를 포함하고 표준영어와는 악센트가 다른 '이상한 영어'였다. 교육 수준이 높은 사람은 TPO에 맞는 표준영어에 가장 가까운 영어부터 상당히 캐주얼한 영어까지 모두 사용할 수 있지만, 교육레벨이 낮은 싱가포르인은 싱글리쉬Singlish라고 불리는, 외국인이 들었을 때 영어라고는 생각할 수 없는 화어, 중국어 방언, 말레이어 등을 섞은 영어를 사용한다.

특히 1990년대에 유행한 TV 드라마 'Phua Chu Kang'에서는 초졸의 주인공 Chu Kang이 싱글리쉬를 연발해 젊은이들 사이에서 싱글리쉬를 쓰는 것이 유행했다. 정부는 이 일을 크게 우려해 이 프로그램을 강하게 비판하고 최종적으로는 방영도 금지시켜 싱가포르 국민이 표준영어를 사용하도록 2000년 Speak Good English Movement '좋은 영어를 사용하자'운동 (SGEM)을 시작했다(URL③ 참조). 이 운동은 2000년부터 쭉 시행되어 왔다. 다양한 참고서가 출판되고 교원들이 재교육을 받기도 하면서 정부는 국민이 표준영어를 사용하도록 큰 노력을 기울이고 있다.

하지만 많은 젊은이들은 이 운동에 대해 싱글리쉬를 사용함으로써 '자신의 진정한 생각이나 의견을 표현할 수 있다'고 하며 인터넷 등으로 비판하고 있다(URL④ 참조).

5. 나가며

싱가포르의 언어정책은 역사, 정치, 경제, 민족, 교육 등 다양한 요소를 포함하고 있다. 싱가포르는 국력을 키우기 위해 우수한 인재의 양성을 염두에 두고 언어정책을 시행해 왔다. 이러한 의미에서 싱가포르의 언어정책은 상당히 성공적이라 평가할 수 있다. 다양한 민족을 싱가포르인Singaporean이라는 하나의 국민으로 통합하고, 국제무대에서 활약할 수 있도록 일찌감치 영어 교육에 힘써 온 성과는 눈부시다고 할 수 있다.

화인이 압도적 다수를 차지하지만 화어를 제1언어로는 하지 않으며, 정치적인 연관이 큰 말레이어는 명목상 국어로서의 지위를 부여 받았을 뿐, 그다지 중요시되지 않는다. 영국의 식민지 지배로부터 독립하여 최초로 국권을 가진 정부의 중핵이 된 것은 영국에서 유학을 하고 돌아온 리콴유Lee Kuan Yew가 이끄는 사람들이었다. 이것만 봐도 싱가포르에서 영어가 우선시 되는 것은 당연한 일이었을지도 모른다.

이번 민족어 커리큘럼 편성 후, 싱가포르의 젊은이들이 더 '영어파'가 될 가능성이 높아졌다. 정부가 우려하는 '각 민족의 가치관'은 이로 인해 더욱 약해질 것이다. 또한 정부가 배제하려고 하면 할수록 국민의 싱글리쉬에 대한 지지는 더 강해질 가능성이 크다. 싱글리쉬는 자문화와 개성을 표출할 수 있는 언어이며, 무엇보다 편리하게 사용할 수 있는 언어임에는 틀림없다. 매년 크게 변화하는 싱가포르의 언어정책이 앞으로 어떻게 변해갈지 매우 주목되는 바이다.

참고문헌

綾部恒雄・永積昭（編）　1993.　『もっと知りたいシンガポール』　東京：弘文堂

綾部恒雄・石井米雄（編）　1999.　『もっと知りたいシンガポール　第2版』　東京：
　　弘文堂

本名信行（編）　2002.　『事典　アジアの最新英語事情』　東京：大修館書店

Goh, Chok Tong. 1997. "Shaping Our Future: Thinking Schools, Learning Nation,"
　　Opening speech at the 7th International Thinking Conference.

Ho Wah Kam. 2006. *Report on Education in Singapore*. Singapore: Singapore
　　Teachers' Union.

Li, Tania. 1989. *Malays in Singapore: Culture, Community and Ideology*. Singapore:
　　Oxford University Press.

Pakir, Anne. 2000. "Singapore." In Ho Wah Kam, Ruth Y. L. Wong(eds.) *Language
　　Policies and Language Education — The Impact in East Asian Countries in the
　　Next Decade —* . Singapore: Times Academic Press, pp. 259-284.

Tan, Keng Yam Tony. 1986. Parliamentary Speech. March 1986.

HP URL

http://www2.tba.t-com.ne.jp/oldyokohama/ronbun

http://www.signstat.gov.sg/keystats/c2000/r2/highlights.pdf

http://www.goodenglish.or.sg./SGEM/

http://www.talkingcock.com

제 6 장

인도의 언어정책과 언어상황
-언어내셔널리즘과 영어의 확대-

에노키조노 데쓰야 榎木園 鉄也

1. 다언어국가 인도

　광대한 인도에는 많은 언어가 존재한다. 1951년과 1961년의 인구조사에서는 약 3000개, 1981년의 인구조사에서는 약 7000개, 1991년의 인구조사에서는 1만 개 이상의 모어가 보고되었다. 이처럼 모어의 수가 계속 많아지고 있는 것은, 인구조사의 언어조사에서 준비된 예시 중 하나의 언어명을 선택하게 하는 방식이 아니라 피조사자 자신의 모어를 스스로 작성하도록 했기 때문이다. 또한 주요 18언어(1991년 인구조사에서는 헌법 제8부칙 지정언어) 화자가 전 인구의 96.29%를 차지하고 있는 사실로 봐도 실제의 모어 수는 그렇게 많지 않다는 것을 알 수 있다. 따라서 1991년 인구조사에서 1만 이상이었던 모어 수는, 1576개까지 줄고 여기에 언어학적으로 다시 분류를 행해 최종적인 모어 수는 114개가 되었다. 단, 최근 인도에서는 언어내셔널리즘이 거세지고 있어, 어느 언어의 방언으로 취급되던 말이 그 언어로부터 분리독립하는 일도 종종 있다. 인도의 모어 수는 항상 유동적이라고 생각하는 편이 좋다.

2. 인도의 공용어

2-1. 연방의 공용어

1950년 제정된 인도공화국 헌법 제343조 제1항에서는 인도 연방의 공용어official language of the Union를 데바나가리문자로 쓰는 힌디어Hindi in Devanagari script로 정하고, 숫자는 인도숫자의 국제적 형태international form of Indian numerals로 규정하고 있다. '인도숫자의 국제적 형태'라는 것은 실제로는 일본에서도 사용하고 있는 아라비아숫자이다. 아라비아숫자의 기원이 인도라고 자부하고 있으므로 이러한 표현을 쓰는 것이다.

제343조 제2항에서는 '제1항과 상관없이 헌법시행 후 15년간은 헌법시행 직전에 사용되던 연방의 모든 공적목적을 위해 영어는 계속 사용된다'라고 정하고 있다. 또한 제2항에는 '만약 대통령이 상기 기간동안 대통령령으로써 연방의 모든 공적목적을 위해 영어에 더해 힌디어의 사용을, 그리고 인도숫자의 국제적 형태에 더해 데바나가리문자의 숫자(표 1)의 사용을 인정한다면'이라는 조건을 달고 있다. 바꿔 말하면, 이것은 헌법이 시행된 1950년으로부터 15년 후인 1965년까지는 연방정부기관에서 사용되는 언어는 영어가 기본이지만, 대통령이 인정한다면 힌디어를 사용해도 좋으며, 아라비아숫자 외에 데바나가리숫자를 사용해도 좋다는 의미이다.

표 1 : 데바나가리 문자의 숫자

o	१	२	३	४	५	६	७	८	९
0	1	2	3	4	5	6	7	8	9

1965년에 발효된 '1963년 공용어법(The Official Language Act, 1963)'은 1965년까지는 영어가 주된 공용어이고 힌디어가 뒤이은 공용어지만, 1965년 이후에는 영어의 사용을 멈추고 힌디어만을 공용어로 하는 것을 확인한 법률이다. 하지만 반힌디어운동(3-3에서 상술)의 격화에 따른 사회 혼란으로 인해, 연방정부는 1967년 '1963년 공용어법'을 개정하여 '헌법 시행으로부터 15년을 경과한 지정일 이후에도 영어는 힌디어와 함께 계속 사용할 수 있다'라는 조항을 넣게 되었다. 이로써 연방레벨에서는 힌디어와 영어 두 언어가 공용어로서 사실상 무기한 인정된 것이다.

그 외에, 연방의 공용어에 관한 헌법 조항에는 120조, 346조, 348조가 있으므로 간단히 소개하겠다.

헌법 120조는 연방회의에서 사용되는 언어에 관한 조항이다. 120조 제1항에서는, 연방회의에서 사용하는 언어를 힌디어와 영어로 정하고, 이 두 언어가 통하지 않는 자는 모어도 사용할 수 있도록 하고 있다. 동 제2항에서는 헌법시행 15년 후에 영어의 사용을 금지한다고 쓰여 있지만, 제2항은 1967년 개정된 '1963년 공용어법'으로 사실상 무효가 되었다.

헌법 346조에서는 주와 주 사이의 통신, 혹은 주와 연방의 통신에는 연방의 공용어(힌디어와 영어)를 사용한다고 정하고 있다. 잘 생각해보면 이 조항은 언어적 마찰의 소지가 큰 조항이라는 것을 알 수 있다. 한 예로, 힌디어 주의 관공서가 남인도 케랄라 주의 관공서에 힌디어로 문서를 보내자, 힌디어에 그다지 호의적이지 않던 케랄라 주 공무원이 케랄라 주의 언어인 말라얄람어로 답장을 보낸 일이 있었다고 한다.

헌법 348조에서는 최고재판소와 고등재판소의 언어를 규정하고 있다. 제1항에서는 의사록, 법안, 법령의 언어를 영어로 정하고 있다. 단, 제2항에서는 각 주의 주요 지역에 있는 고등재판소에서는 힌디어를 비롯한 주 공용어의 사용도 인정하고 있다. 특히 재판언어에서는 영어가 두드러진 우위를 차지하고 있다.

2-2. 주 및 연방직할지의 공용어

헌법 제345조부터 제347조는 '지역어Regional Language'에 관한 규정이다. 제 345조에는 '주 의회는 그 주에서 사용되는 하나 이상의 언어, 혹은 힌디어를 주의 모든 공적목적을 위해 사용하는 언어로서 법률로 채택할 수 있다'고 하며 조건부로 '단, 그러한 법률이 정해지기까지는 헌법시행 전부터 영어를 사용하고 있던 주에서는 영어를 계속 사용할 수 있다'고 하고 있다. 주의 공용어에 관해서는 기본적으로 그 주의 주요언어 중하나 이상을 공용어로 하며, 그 외에 영어나 경우에 따라서는 힌디어도 주의 공용어로 채택할 수 있다고 되어 있다. 이것은 인도가 연방제를 채택하고 있으므로 주의 사항은 주가 스스로 결정한다는 표면상의 명목 때문이다(실제로는 중앙정부에 의한 중앙집권적 성격이 강하다). 덧붙이면, 주의 공용어의 대부분은 '헌법 제8부칙 지정언어Scheduled Language'(제4항에서 상술)중에서 정해진다.

인도의 주는 '언어 주Linguistic States'라고 불리며 기본적으로 지역의 주요 언어별로 편성되어있다. 주가 처음 본격적으로 언어별로 재편성되어 14개 주와 6개의 연방직할지로 나뉜 것은 1956년의 일이다. 그 후 1960년에는 봄베이 주가 구자라트어권인 구자라트 주와 마라티어권인 마하라슈트라 주로 분할되었다(대 구자라트운동, 통일 마하라슈트라운동에 대응했기 때문). 1966년에는 펀자브 주가 펀자브어권인 펀자브 주, 힌디어권인 하리아나 주, 힌디어권인 히마찰프라데시 주의 3개 주로 분할되었다. 그후에도 언어 주는 계속 증가하고 있다. 1986년에는 미조람 주와 아루나찰프라데시 주가, 1987년에는 고아 주가 탄생했다. 2000년에는 힌디어 주인 우타르프라데시 주로부터 우타란찰, 비하르 주에서 자르칸드 주가, 마디아프라데시 주에서 차티스가르 주가 분리독립했다(이 3개의 주의 공용어는 힌디어인데, 이 주들에서 사용되는 힌디어 방언이 독립된 언어로 인지되어 주의 공용어가 될 가능성은 매우 높다).

어떤 언어가 주에서 제2공용어나 부가적 공용어의 지위를 갖게 되면, 그 언어로 공공서비스를 받을 수 있게 된다. 법률도 그 언어로 번역되며, 그 언어로 교육을 받는 일도 가능하다. 또한 그 언어로 공무원시험을 치르는 일도 가능하다. 따라서 많은 소수언어 커뮤니티는 자신의 언어를 주의 제2공용어와 부가적공용어로 만들기 위해 정치 운동을 계속하고 있다(다음 URL 참조 http://www.telegraphindia.com/1050827/asp/jamshedpur/story_5162495.asp). 2006년 2월 현재 각 주 및 연방직할지의 공용어 및 부가적 공용어를 이 장의 마지막에 첨부한다.[01]

3. 인도의 언어정책의 역사

3-1. 인도, 파키스탄 분리독립 전

인도인의 교육언어는 산스크리트어, 아랍어, 페르시아어 등의 고전어였다. 18세기 후반 인도에 건너 온 영국의 동인도회사도 당시에는 이 고전어를 통해 인도에 관한 정보를 수집했다. 특히 페르시아어는 당시 이슬람왕조의 궁정어로서, 힌두를 포함해 인도 지식인들의 필수 교양어였다.[02] 무슬림왕조의 궁정과 재판소의 언어는 페르시아어였지만, 산스크리트어도 힌두의 법률용어로 사용되었다. 힌두의 고전어인 산스크리트어는 기원전 1500년부터 풍부하고 우수한 문학을 가지며, 문법도 파니니에 의해 표준화된 언어이다. 특히 1786년 벵골아시아협회의 강연에서 Willam Jones가 그리스어와 라틴어의 밀접한 관련성에 대해 지적한 후, 영국인 뿐 아니라 유럽 사람들에게도 인도문화를 대표하는 특별한 언어가 되었다.

하지만 영국인은 인도인과의 커뮤니케이션을 위해 근대 인도의 언어들을 배울 필요가 있었다. 1800년 동인도회사의 공무원양성을 위해 설치된 포트 윌리엄 컬리지에서는 상기의 고전어 외에도 근대 인도어의 교육을 시작했다.[03] 그 후로도 인도의 고등문관을 필두로 한 영국인관료들은 선발시험 합격 후, 부임 전에는 영국 본국에서, 부임 후에는 인도 국내에서 근대 인도어(아마도 주로 힌두스타니어를 배웠을 것으로 추정된다)의 연수를 받았다. 근대 인도어의 교육은 연수의 중핵을 차지하고 있었으며 그 중에는 인도 근무 중에 인도 언어의 문학연구나 사전편찬에 정열을 쏟은 영국인 관료도 있었다.[04]

영국의 지배 하에서 일하는 인도인 관료의 교육에 어느 언어를 사용할 것인가에 대해서, 영어 추진파와 동양어 추진파 사이에 격렬한 논의가 있었지만, 1835년 인도총독 베네티크 경이 공공교육위원회 위원장인 매콜리의 문서[05]를 승인한 후부터는 영국은 영어중시의 교육정책을 펼쳤다. 그 후, 1837년에는 재판소용어가 페르시아어에서 영어로 바뀌며 영어가 주류가 되었다. 이슬람왕조의 영광의 상징이었던 페르시아어의 쇠락은 결과적으로 힌두의 상징이기도 했던 산스크리트어의 융성을 촉진하게 되었다.

영어가 우세해진 후에도 현실적인 문제로 인해 영어를 못하는 대중들을 상대하는 말단 행정직원과 사법부에서는 지역어를 사용할 수밖에 없었으므로 지역어의 사용도 활발해졌다. 이 시기에 각 민족들이 자신들의 언어와 문자에 대해 자각하는 이른바 '언어내셔널리즘'이 흥행하게 되었다. 1935년 오리야어 화자를 중심으로 하는 오디샤 주가, 1936년 신디어 화자를 중심으로 하는 신드 주가 각각 독립한 것도 이 조류를 탄 것이었다.

언어내셔널리즘의 자성과 더불어, 아랍문자와 무슬림, 데바나가리문자와 북인도의 힌두와 같은 특정문자와 특정언어 커뮤니티간의 유대가 강화되고 고정되어갔다. 우르두어에 아랍페르시아어의 어구가, 힌디어에 산스크리트어의 어구가 늘어가고, 이 두 언어가 서로 멀어지기 시작한 것도 이 때문이다. 1872년 중앙 주, 1881년 비하르 주, 1900년 연합주에서 데바나가리어를 사용하는 힌디어가 공용어에 추가된 것도 이 흐름을 탄 것이다.

3-2. 독립 후

1950년에 시행된 헌법에서는 영어와 더불어 데바나가리 문자로 표기한 힌디어가 인도연방의 공용어로 지정되었는데, 힌디어와 힌두스타니어를 두고 국민회의파 정권은 둘로 나뉘었다. 민족과 종교의 융화를 원하는 간디, 네루, 아자드 등의 온건파는 북인도의 일반 서민들 사이에서 공용어로 사용되던 힌두스타니어를 공용어로 하려고 생각하고 있었다. 실제로 평이한 힌두스타니어는 북인도를 중심으로 인도에서 가장 많은 사람들이 이해하는 언어였다.[06] 간디는 힌두스타니어의 문자는 데바나가리문자 혹은 페르시아문자, 경우에 따라서는 로마자 중에 화자들이 자유롭게 선택하면 된다는 유연한 생각을 가지고 있었다. 반면에 힌디어권의 재계와 관계가 깊은 탄단 등의 강경파는 아랍어, 페르시아어적인 요소를 배제하고 산스크리트어를 도입한 데바나가리문자로 쓰는 힌디어를 강경하게 추진했다.[07]

인도 파키스탄 분리독립 전인 1946년 제1회 제헌회의가 개최되었다. 이 당시에는 간디의 힌두스타니어 추진파가 압도적으로 많았다. 하지만 반힌두스타니파(힌디 추진파)의 찬성을 얻지 못하는 동안, 1947년 인도와 파키스탄의 분리독립이 명확해졌다. 힌디어 추진파는 힌두스타니어를 우르두어와 동일시시켜 힌두의 위기감과 반이슬람 감정을 부채질하는 공세를 퍼부었다. 그 결과 제헌회의 투표에서 힌두스타니어 찬성표가 32, 힌디어 찬성표가 63으로 힌디어 추진파가 승리를 거두었다. 또한 데바나가리문자의 채용문제에 관해서도 63대 18로 힌디어 추진파가 다수를 점령했다. 힌두스타니어 추진파인 네루와 파텔은 졸속한 결론을 피하기 위해 저항했지만, 힌디어 추진파의 공세는 끊이지 않았다.[08]

간디가 암살된 후인 1949년에도 힌디어 추진파의 우위는 변하지 않았다. 힌디어 추진파는 이번에는 데바나가리숫자의 채용과 영어의 공용어로서의 사용에 제한을 두고, 이 기간이 끝난 후에는 힌디어를 인도에서 유일한 연방의 공용어로 만들려 했다. 우여곡절 끝에 결국 1950년 시행된 헌법에서는 숫자는 아라비아숫자(문자로는 '인도숫자의 국제적 형태')를 사용하게 되었으며, 데바나가리숫자는 대통령이 인정하면 사용할 수 있게 되었다. 공용어로서의 영어의 사용기한은 헌법 공포 후 15년까지로 제한되었다(제343조 제1항).

3-3. 반힌디어운동과 영어

1950년 시행된 헌법에서는 영어의 사용기한을 1965년까지로 규정하고 있다. 그것은 즉, 1965년 이후에는 힌디어만을 공용어로 사용가능하다는 의미였다. 하지만 1959년 당시의 수상이었던 온건파 네루는 "영어를 보조공용어로 사용하는 것에는 아무런 문제가 없으므로, 영어 사용기한을 한정할 필요는 없다. 인도의 모든 언어는 동등하게 존중되는 우리의 국가어이다"라며 영어의 사용기한에 제한을 두지 않는 유연한 태도를 취했다. 하지만 1964년 네루가 사망한 후부터는 남인도에서 힌디어를 강요하는 위기감이 고조되어 갔다.

이러한 분위기 속에서 국민회의파정부는 선수를 쳐 영어의 사용기한을 1965년까지로 재확인하는 '1963년 공용어법'을 연방 하원에서 가결시켰다. 그러자 반힌디어 감정이 강한 타밀나두 주를 중심으로 격렬한 반힌디어 운동이 일어나, 사상자까지 나오는 사태가 빚어졌다. 결국, 국민회의파 정부는 1967년, '1963년 공용어법'을 수정하여 1968년부터 '개정 공용어법'을 시행하게 되었다. '개정 공용어법'에 따라 영어는 힌디어와 병행하여 연방의 공용어로 계속 사용할 수 있게 된 것이다.

덧붙여 타밀나두 주가 과격하게 반힌디어를 외친 것에는 역사적인 경위가 있다. 타밀민족은 기원 1세기경부터 산감Sangam이라 불려 온 문학을 자랑스럽게 여겼으며[09], 다른 남인도의 드라비다어에 비해 산스크리트어와 북인도의 아리아문화의 영향을 받지 않은 자신들이야말로 드라비다민족의 대표라고 자부하고 있다. 9세기 이후 타밀어 지역에는 북인도에서 바라문이 파견되어 힌두사원이 건설되었지만, 타밀민족은 독자적인 문화를 계속 지켜나갔다.[10] 20세기에 들어서자 비非바라문지도자에 의한 반아리아 반바라문(바라문은 아리아문화의 상징이다)운동이 고조되었다. 타밀민족이 힌디어에 반감을 가지는 것은 힌디어가 북인도의 아리아문화와 바라문문화, 상인을 대표하는 언어이기 때문이다.

3-4. 힌디어와 타언어의 공생

1968년에 공시된 '1968년 공용어결의'에서는 연방 공용어인 힌디어의 보급과 진흥을 주장하는 한편, 인도 문화의 다양성에 대해 언급하고 있다. 나아가 인도의 교육적, 문화적 발전을 위해 헌법 제8부칙에서 지정한 언어(당시 14개의 언어)를 발전시키는 조치를 강구해야 하며, 그 실현을 위해 연방정부와 주 정부가 협력하여 모든 주에서 '3언어방식threelanguage formula'을 실시해야 한다는 취지를 밝혔다. 3언어방식이란, 학교 교육에서 힌디어권에서는 힌디어와 영어 외에 가능하면 남인도의 언어를 하나, 비힌디어지역에서는 지역어와 영어 외에 힌디어를 배우는 것이 바람직하다는 생각이다(상세한 것은 '6-3 언어교육정책'을 참조).

'1968년 공용어결의'는 이전의 힌디어 중심주의 법안과는 달리, 특히 남인도의 비힌디어 화자를 배려해 힌디어와 타언어의 공생을 주장하고 있다. 그리고 이로써 헌법 제8부칙 지정언어와 영어로 연방정부 공무원 시험의 수험이 인정되었다. 다만, 이 결의 이후, 헌법 제8부칙 지정언어가 미지정언어보다 우대받게 되었기 때문에, 미지정언어의 화자들은 자신들의 언어를 헌법 제8부칙에 편입시키려는 정치운동을 활발하게 펼쳤다. '1968년 공용어결의'이래, 헌법 제8부칙에는 특별한 의미가 부여되었다. 즉, 어떤 언어의 방언으로 취급되던 '말'이 헌법 제8부칙에 기재되면, 그 '말'은 방언이 아닌 공식적인 '언어'로서 인정되어 그 언어 화자들이 다양한 편의를 도모할 수 있게 된 것이다.

4. 헌법 제8부칙 지정언어Scheduled Languages

전절에서도 언급했듯이, 어떤 언어가 헌법 제8부칙에 지정되면 그 언어는 공식적인 것으로 인지되어, 주의 공용어에 추가될 확률이 높아지고, 그 언어를 사용하는 교육과 공무원 취직에서도 배려를 받을 수 있다. 따라서 미지정언어 커뮤니티는 자신들의 언어를 헌법 제8부칙에 편입시키기 위해 맹렬한 정치운동을 펼치게 되었다.

헌법 제8부칙 지정언어는 2006년 현재 22언어이다. 알파벳순으로 열거하면, 아삼어Assamese, 벵골어Bengali/Bengla, 보도어Bodo(2004년 1월에 신규추가),

도그리어Dogri, 구자라트어Gujarati, 힌디어Hindi, 칸나다어Kannada, 카슈미르
어Kashmiri, 콘칸어Konkani(1992년에 추가), 마이틸리어Maithili(2004년 1월에 신
규추가), 말라얄람어Malayalam, 마니푸르어Manipuri, 마라티어Marathi, 네팔어
Nepali(1992년에 추가), 오리야어Oriya, 펀자브어Punjabi, 산스크리트어Sanskrit, 산
탈리어Santhali(2004년 1월에 신규추가), 신디어Sindhi(1967년에 추가), 타밀어Tamil,
텔루구어Telugu, 우르두어Urdu이다. 칸나다어, 말라얄람어, 타밀어, 텔루구어
는 드라비다어계, 보도어와 마니푸르어는 시나-티베트어계, 산탈리어는 오
스트로아시아어계, 나머지는 인도아리아어계의 언어이다.

헌법 제8부칙 지정언어의 대부분은 주의 공용어이거나 부가적 공용
어이다. 다만, 보도어, 도그리어, 카슈미르어, 마이틸리어, 산스크리트
어, 신디어는 연고지인 주의 공용어, 또는 제2공용어로는 사용하지 않고
있다(2006년 2월 현재).

카슈미르어의 모어화자는 406만 명(1991년 인구조사)으로, 연고가 있는
잠무카슈미르 주에 가장 많지만, 주 내의 모어화자가 적은 우르두어가
주의 공용어로 지정되어 있다. 이것은 우르두어가 풍부한 문학을 가지는
문화어로서 무슬림들 사이에서 특히 권위 있는 언어로 여겨지기 때문이
다(잠무카슈미르 주에서는 무슬림이 다수파이다. 파키스탄의 우르두어와 사정이 비
슷하다).

1967년에 추가된 신디어와 1992년에 추가된 네팔어는 국내와 연고
가 없지만, 인도 국내에 화자 수가 많은 언어이다. 신디어는 인도 국내에
212만 명의 화자(인도에서 16번째)가 존재하며, 네팔어는 인도 국내에 207
만 명의 화자(인도에서 17번째)가 거주하고 있다. 신디어의 연고지는 현 파
키스탄의 신드지방으로 인도 국내의 신디어 화자는 서인도의 구자라트
주나 마하라슈트라 주에 많지만, 인도 전체에 분산되어 있기 때문에, 모
어의 유지가 곤란한 경우가 많다. 네팔어 화자는 시킴 주와 서벵골의 다
즐링에 많은데, 이 지역에서는 네팔어가 다수파이기 때문에 언어도 잘

유지되고 있어 주와 지역의 공용어로 지정되었다. '네팔어'라는 명칭은 '외국'의 언어라는 인상이 강해, 네팔어 화자는 다양한 차별을 받아왔다. 이로 인해 인도의 네팔어 화자는 스스로의 아이덴티티를 나타내기 위해 네팔어를 고르카어Gorkhali라고 부르는 경향이 강하다. 마니푸르어(또는 메이테이어 Meithei)는 인도에서 21번째로 많은 127만 명의 화자가 있다. 주로 마니푸르 주에서 사용되며, 마니푸르 주의 제2공용어로 지정되어 있다(마니푸르 주의 공용어는 영어). 마니푸르어는 시나-티베트어계지만, 대부분의 화자들이 힌두화되어 벵골문자로 표기하는 경우가 많다.

콘칸어는 고어 주의 공용어로, 176만 명의 화자가 있다. 콘칸어는 인접한 마라티어와 포르투갈어뿐 아니라 주변의 드라비다어계의 칸나다어와 말라얄람어의 영향을 받았다. 콘칸어 화자는 고어 주 주변지역에도 분산되어 있으며 각각의 지역어의 영향을 강하게 받아 그 지역어의 문자로 표기되는 일도 있다. 가톨릭 신자가 많은 고어 주에서는 많은 콘칸어 화자가 영어를 사용한다.[11]

2004년 1월 신규로 추가된 보도어는 아삼지방의 계곡에 사는 시나-티베트어계 부족이 사용한다. 화자 수는 122만 명으로, 인도에서 22번째로 화자 수가 많은 언어이다.

도그리어는 긴 세월동안 펀자브어 방언의 하나로 간주되어 왔지만, 독자적인 문학적 전통을 가지는 언어이며, 잠무카슈미르 주의 잠무에 화자가 집중되어 있다(약 90만 명).

마이틸리어(미티라어)는 1991년 인구조사에 따르면 인도 국내에 776만 명의 화자가 있다(마이틸리어 언어문화 데이터베이스 Mithila Online에 의하면 화자 수는 약 3000만이라고 한다. 네팔 국내에도 약 300만의 화자가 있다). 1000년 이상 지속되어 온 독자적인 문학 전통에도 불구하고, 긴 세월동안 비하르 주에서는 힌디어 방언의 하나로 취급되어 왔다. 하지만 2004년 헌법 제8부칙에 편입되어, 언어로서 염원하던 독립을 달성하게 되었다. 힌디벨트라고 불리는 힌디어 중심지의 일부인 비하르 주에서 인도 최대 언어인 힌디어의 일각이 무너졌다는 점은 주목할 만하다. 어쩌면 마이틸리어의 분리가 효시가 되어, 현재 힌디어 방언으로 취급되는 몇몇 언어들이 향후 힌디어에서 분리독립해 나갈 것으로 예상된다.

산탈리어는 오스트로아시아어계 최대의 언어로, 약 520만 명의 화자가 있으며 인도에서 14번째로 화자 수가 많은 언어이다. 사용지역은 비하르 주 남부, 오디샤, 서벵골로 특히 비하르 주 남부는 2000년 11월에 비하르 주에서 분리독립하여 자르칸드 주가 되었다. 자르칸드 주에서는 산탈리어가 주의 제2공용어로 지정되었다.

고전어인 산스크리트어는 인도아리아어족의 언어 뿐 아니라, 드라비다어족의 언어에도 어휘와 음운의 면에서 큰 영향을 주었다. 헌법제정 직전 산스크리트어는 힌두를 대표하는 특별한 문화어로서 헌법 제8부칙에 포함되었다. 이 시기는 마침 파키스탄의 분리독립과 이슬람을 향한 적대심이 고양된 시기였다. 그리하여 인도 독립 후, 인도 국내에서는 고전어인 페르시아어와 아랍어, 그리고 우르두어는 '무슬림의 언어'로서 쇠퇴해 갔다. 또한 인구조사에서는 고전어인 산스크리트어의 모어 화자가 보고되고 있으며 약 5만 명(1991년)으로 알려져 있다.

영어는 헌법 제8부칙에는 포함되어 있지 않지만, 인도에서 제2언어화자 및 제3언어화자가 가장 많은 언어이다. 1991년 인구조사에 따르면, 영어를 모어로 하는 인도인은 약 18만 명이다. 영어 모어화자의 대부분은 아버지 쪽의 선조가 유럽인인 앵글로인디안이라는 언어커뮤니티에 속한다. 영어는 행정, 경제, 교육, 매스컴에서 가장 유력한 언어이다.

2004년 이후, 표 2에 있는 35개의 언어를 헌법 제8부칙에 추가하려는 정치운동이 성행하고 있다. 이 35개의 언어에는 2004년에 가입에 실패한 투르어(화자 수 155만 명)을 비롯해 힌디어 방언으로 여겨지는 언어(Angika, Bhojpuri, Chhattisgarhi, Magah, Pahari, Rajasthani 등)와 영어가 포함되어 있다.

표 2 : 헌법 제8부칙에 편입시키려는 운동이 행해지고 있는 언어

Angika, Banjara, Bazika, Bhojpuri, Bhoti, Bhotia, Chhattisgarhi, Dhatki, English, Garhwali(Pahari), Gondi, Ho, Kachachhi, Kamtapuri, Khasi, Kodava(Coorg), Kok Barak, Kumaoni(Pahari), Kurak, Kurmali, Lepcha, Limbu, Mizo(Lushai), Magahi, Mundari, Nagpuri, Nicobarese, Pahari(Himachali), Pali, Rajasthani, Sambalpuri/Kosali, Shaurseni(Prakrit), Siraiki, Tenyidi and Tulu

(http://pib.nic.in/release/release.asp?relid=5928&kwd=)

5. 국립문학아카데미Sahitya Akademi

국립인도문학아카데미는 1954년 모든 인도 언어의 문학을 추진하고 이를 발판삼아 인도의 문화적 통일을 추진하기 위해 인도 정부가 설치한 단체이다. 이 단체의 설립의 취지는, '모든 인도 언어의 문학추진'으로 문학 진흥이었지만, 실제로는 자신의 언어를 '모든 인도 언어'에 넣고 싶어 하는 언어단체들에 의해 정치적으로 이용되고 있다.

헌법 제8부칙에 지정언어를 추가할 때, 판단의 근거로 자주 사용되는 것 중 하나가 국립문학아카데미에서 인정한 언어인가의 여부이다. 어떤 언어가 헌법 제8부칙에 가입할 때, '풍요로운 문학'인가, 즉, 문어 전통의 유무가 중요한 기준이 된다. 국립문학아카데미에서 인정한 언어는 공식적으로 풍부한 문학적 전통을 가지는 언어로 인정받은 것과 다름없다. 따라서 어떠한 언어가 국립문학아카데미에서 문학어로서 인정받으면, 헌법 제8부칙에 추가될 가능성이 높아진다고 할 수 있다. 실제로 나중에 헌법 제8부칙에 추가된 8언어 중, 콘칸어, 신디어, 도그리어, 마이틸리어, 마니푸르어, 네팔어는 국립문학아카데미에서 '인도문학'으로서 인정받았

다(헌법 제8부칙 지정언어 중 보도어만이 문학아카데미의 인정을 받지 못했다).

문학아카데미에서 문학전통이 있는 인도의 언어로서 인정받았지만, 헌법 제 8부칙에 추가되지 않은 언어도 있다(라자스탄어, 영어)[12]. 이들 언어는 향후 다른 언어보다도 우선해서 헌법 제8부칙에 추가될 가능성이 높다.

6. 언어정책의 실제

6-1. 언어의 대립과 균형감각

다언어·다민족·다종교국가인 인도에서는 각 언어가 각각의 커뮤니티에서 다양한 의도로 이용되고 있다. 언어에 대한 입장도 모어와 사회, 경제적 요인에 따라 미묘하게 달라진다.

먼저 중산층 이상인가 대중인가에 따라 전 인도적 공용어의 선택이 달라진다. 중산층 이상은 설령 힌디어 모어화자라 할지라도 대화 상대가 중산층 이상이면, 전 인도적 공용어로 영어를 택한다(대화하는 상대가 대중이면 힌디어를 사용한다[13]). 젊은 사람들은 지역어를 배우기도 하지만, 기본적으로 영어와 힌디어를 알고 있으면 인도 국내에서 커뮤니케이션이 가능하므로 힌디어 화자는 비힌디어지역에 가도 그 지역의 언어를 배우려 하지 않는다.[14]

이에 반해, 비힌디어 화자는 연고지에서 멀어지게 되면 상황이 달라진다. 중산층 이상이라면 직장에서는 영어로 부족함이 없지만, 일상생활은 그 지역의 언어, 혹은 힌디어를 알지 못하면 불편하다. 연방의 공용어이고, 화자인구도 매우 많은 힌디어 화자는 연고지를 떠나 살 때도 유리한 것이다. 이러한 불공평한 상황이 존재하므로 비힌디어 화자는 힌디어 화자에게 불만을 갖고 있다. 비힌디어 화자 중에서도 특히 소수언어 화자의 경우는 더욱 문제가 심각하다. 소수언어의 경우, 모어에 더해 주의 주요언어인 지역어(대부분의 경우 주 공용어)를 배우지 않으면 안 된다. 여기에 영어와 힌디어를 추가적으로 배워야 하기 때문에 언어학습에 대한 부담이 더욱 크다고 할 수 있다.[15]

6-2. 중앙정부 지부에서의 언어사용상황

인도 각지에 흩어져있는 연방정부의 지부에서도 힌디어와 영어를 사용하도록 정하고 있다. 다만, 반힌디어 감정이 강한 남인도의 지부에서는 표면적으로는 영어와 힌디어를 사용한다는 방침을 내세우고 있지만, 실제로 문서는 거의 영어로 작성되며, 현지 채용 직원들(채용에는 영어와 힌디어의 운용력이 필수)끼리는 현지의 언어로 대화한다.

인도의 국영기업에서도 연방정부기관에 준해 연방 공용어인 영어와 힌디어를 사용한다. 예를 들어 국제선을 주로 운행하는 국영기업인 Air India와 국내선을 주로 운행하는 국영기업인 Indian Airlines의 경우도 그렇다. 국제선의 경우는 상대국의 언어도 사용하지만, 국내선 Indian Airlines의 경우는 영어와 힌디어만이 사용된다. 따라서 예를 들어 칸나다어권의 방갈로르와 벵골어권의 캘커타 사이를 운항하는 Indian Airlines기의 기내방송에서도 칸나다어와 벵골어는 거의 사용되지 않고, 영어와 힌디어가 사용된다(비행기 이용자는 영어가 가능한 중산층 이상이므로 문제가 되지는 않을 것이다). 공공방송인 Doordarshan(TV)와 Akashcani(라디오)에서도 전국 방송은 영어나 힌디어 프로그램이 대부분이다. 지역어가 사용되는 것은 모두 지역 방송국의 프로그램이다.

인도 내무부·공용어국은 Annual Programme 2005-2006에서 서술하고 있듯이, 실제 연방정부기관에서 영어가 더 많이 사용되고 있는 것을 인정하고 있지만, 힌디어의 보급에도 여념이 없다. 그에 반해 반힌디어 감정이 강한 남인도 사람들은 경계를 늦추지 않고 있다.

'3언어방식The three-language formula'을 실현하기 위해 연방정부는 중앙힌디어연구소CIH, 중앙영어외국어연구소CIEFL, 중앙인도제어연구소CIIL라는 3종류의 언어연구소를 설립했다. 3개의 연구소의 배치는 특히 반힌디, 반아리아 성향이 강한 남인도를 배려해 인도 국내에 분산되어 있다. 예를 들어, 중앙힌디연구소는 북인도의 아그라, 중앙영어외국어연구소는 남인도지만 중앙인도에 가까운 하이데라바드, 중앙인도제어연구소는 남인도의 마이소르에 있는 식이다. 또한 이 연구소들은 제 각각 인도 각지에 균형있게 지부(지역센터)를 배치하고 있다.

필자는 중앙영어외국어연구소CIEFL, 중앙인도제어연구소CIIL와 그 지부를 방문한 적이 있는데, 공적인 문서는 오직 영어로 작성되며, 대화에는 교원 간에는 영어를, 직원들은 지역어를 주로 사용했다. 힌디어가 사용되는 것은 북인도 출신인 교직원을 대할 때뿐이었다(북인도출신자는 지역어에 능숙하지 않은 경우가 많으므로). 또한 앞서 언급한 두 연구소에서는 교원(연구원)의 대다수가 남인도 출신자로, 직원들의 대부분이 그 지역 출신이었다.

6-3. 언어교육정책

언어교육정책은 언어정책의 중요한 부분을 담당하고 있다. 국민이 연방의 공용어와 지역어를 정식으로 배우는 것은 학교이며, '3언어방식three-language formula'이 실제로 행해지는 것도 학교현장이기 때문이다.

인도에서는 초등교육과 중등교육은 주의 관할로, 국민의 대부분이 다니는 주립학교의 교육내용은 주의 교육위원회가 책정한 커리큘럼을 따르고 있다. 주가 커리큘럼을 책정하는 방침으로서, 중앙정부는 2000년에 National Curriculum Framework for School Education, NCFSE라는 전국 통일 커리큘럼의 기본 틀을 제안했다. NCFSE에서는 초등교육에서는 모어(인도의 식자율이 65.38%로 낮기 때문)와 산수의 교육을 중시하고, 초등교육과 중등교육은 가능한 모어를 교육언어로 해야 한다고 제안하고 있다. 또한 많은 주에서는 영어는 후기 초등교육(6학년)부터 배우지만, 부족Tribes의 언어가 할거하는 북동인도의 미조람 주에서는 1학년부터 배운다.

NCFSE는 '3언어방식'의 구체적인 내용에 대해서도 언급하고 있다. 즉 6학년부터 10학년까지는 모든 학생들이 ① 모어(모어=지역어인 경우가 많음), ② 힌디어, ③ 영어 3언어를 배운다. 또한 힌디어권에서는 모어가 힌디어인 경우가 대부분이므로, ① 모어(모어=힌디어), ② 영어, ③ 인도의 언어 중 1개 이상(가능하면 남인도의 언어, 단, 남인도의 언어를 배우는 예는 별로 없음)의 3언어를 배우게 되어 있다. 이 '3언어방식'이 기능하지 않는 주도 있다. 예를 들면, 비하르 주에서는 영어가 필수가 아니며, 타밀나두 주와 트리푸라 주 및 퐁디셰리의 일부지역 외에서는 힌디어가 필수가 아니다.(타밀나두 주는 반힌디어 감정이 강한 지역)

7. 다언어사용의 실태

7-1. 다언어 병용상황

인도가 다언어국가라는 것은 주지의 사실이다. 하지만 어떠한 언어가 어느 정도의 사람들에게 사용되고 있는지에 대해서는 인도인 자신도 모르는 경우가 있다. 예를 들어 인도의 지폐에는 영어를 포함해 15개의 언어로 '루피'라고 쓰여 있지만, 인도인에게 그 문자에 대해 물어보면, 15개의 언어를 전부 정확하게 말하는 인도인은 별로 많지 않다는 사실을 알게 된다.

인도는 다언어국가이지만, 모든 사람이 다언어화자인 것은 아니다. 예를 들어 1991년 인구조사통계에 따르면, 인도 전체의 19.44%가 2언어 이상을 사용하고 있다(이 중, 3언어 이상을 사용하는 것은 7.26%). 바꿔 말하면, 인도인의 80%이상이 모노링구얼monolingual인 것이다. 일반적으로 농촌지역에 사는 교육수준이 낮고 이동이 적은 사람은 모노링구얼, 그리고 대도시에 사는 교육수준이 높은 사람들 중에 2언어를 사용하는 사람이 많을 것으로 추정된다. 특히, 이동성이 높은 언어집단과 소수언어화자는 다언어화자의 비율이 높다(표 3, 표 6 참조[17]). 덧붙여, 인도에서 다언어화자는 매년 증가하는 경향이다. 1961년부터 1981년까지의 인구조사에 따르면 2언어(이상의)병용자의 비율은 1961년에는 9.70%, 1971년에는 13.04%, 1981년에는 13.34%, 1991년에는 19.44%[18]이다.

다음 절에서는 1991년의 인구조사통계를 바탕으로 '3언어방식'으로 모어에 추가하여 배우는 영어와 힌디어에 국한해서 이 두 언어가 얼마만큼 인도 국내에 보급되고 있는지에 대해 살펴보겠다.

7-2. 영어의 대두

영국식민지 정부는 영어를 인도인 통치 수단으로서 인도에 도입했다. 그 후 영어는 교육언어, 매스컴과 통신의 언어, 또한 일부의 교육층에서는 공통어로서 기능해 왔다. 현재도 인도에서는 영어를 교육언어로 하는 학교가 많으며, 이곳에서 영어의 확대재생산이 이루어지고 있다. 학교 뿐 아니라 공공기관, 회사, 상점, 미디어에서도 영어가 사용되고 있다. 이러한 상황에 더해 최근 IT산업 등에 의한 경제발전으로 영어의 의존도가 더욱 높아지고 있다. 현재 인도의 영어화자 수를 나타내는 정확한 보고서는 없지만『주간다이아몬드』2005년 9월 17일자 인도특집기사에 따르면, 인도에는 평균 월수입 6000루피(역주 : 2017년 7월 환율로 한화 약 10만 5천원 상당) 이상의 인구가 3억 5000만 명 정도 존재한다고 한다. 월급 6000루피라는 것은 인도에서 이륜차를 구입할 수 있는 정도의 소득수준이며, 인도의 이륜차는 일본의 승용차에 필적하는 것으로, 월수입 6000루피 이상의 소득이 있으면 활발하게 경제활동을 할 수 있다. 이 계층이 인도의 중산층에 해당한다. 영어는 중산층과 크게 관계가 있는 언어이므로 이 계층이 인도의 영어를 확대 재생산해 나가게 될 것이다. 참고로 1991년 인구조사에서 제시된 주요 언어 화자별 영어, 제2언어, 제3언어 화자 수 및 그 비율을 제시해 두겠다(표 3). 1991년의 인구조사는 경제자유화 정책이 시작되기 전의 데이터이지만, 당시에도 인도인의 11.5%가 영어를 사용하고 있었다는 사실을 알 수 있다. 경제발전이 더욱 진행된 현재는 영어화자인 중산층의 수가 비약적으로 증가했을 것으로 추정된다.

그렇다면 인도에서 영어를 교육언어로 하는 학교는 어느 정도 존재할까. Annamalai(2004)는 제1~4/5학년에서 2.91%, 제4/5~8학년에서 4.25%, 제 9~10학년에서 6.57%의 학교가 영어를 제1언어(즉, 교육언어)로 사용하고 있다고 보고하고 있다. 이 학교들의 대부분은 도시에 있으며, 도시의 중산층 이상의 자제들이 다닌다. 대부분은 사립학교로, 영국의 퍼블릭스쿨을 본따 '~Public School'이라고 이름 붙인 학교가 많다. 이전에는 기숙제가 많았지만, 현재는 통학제가 많다.

표 3 : 헌법 제8부칙 지정언어 화자의 영어 제2, 제3언어 화자 수 및 비율(단위 : 천명)

언어명	전체 화자 수	제2언어 화자 수(비율)*a	제3언어 화자 수(비율)*a	a+b 비율
아삼어	13,079,696	1,322,488(10.11)	538,088(4.11)	14.22
벵골어	69,595,738	5,052,456(7.16)	1,236,168(1.78)	8.92
구라자트어	40,673,814	620,265(1.52)	3,691,582(9.08)	10.60
힌디어	337,272,114	27,569,676(8.17)	2,288,498(0.68)	8.85
칸나다어	32,753,676	3,091,484(9.44)	832,763(2.54)	11.98
카슈미르어	56,693	7,638(13.47)	10,841(19.12)	32.59
콘칸어	1,760,607	381,500(21.67)	232,106(13.18)	34.85
말라얄람어	30,377,176	6,692,407(22.03)	704,134(2.32)	24.35
마니푸리어	1,270,216	245,230(19.31)	88,507(6.97)	26.28
마라티어	62,481,681	1,082,168(1.73)	6,479,857(10.37)	12.10
네팔어	2,076,645	84,187(4.05)	86,136(4.15)	8.20
오리야어	28,061,313	2,933,330(10.45)	619,819(2.21)	12.66
펀자브어	23,378,744	1,467,992(6.28)	4,076,792(17.44)	23.72
산스크리트어	49,736	2,651(5.33)	4,714(9.48)	14.81
신디어	2,122,848	125,724(5.92)	287,160(13.53)	19.45
타밀어	53,006,368	7,092,118(13.38)	355,490(0.67)	14.05
텔루구어	66,017,615	5,460,642(8.27)	1,867,606(2.83)	11.10
우르두어	43,406,932	1,370,343(3.16)	2,039,927(4.70)	7.86
합계(평균)	807,441,612	64,602,299(8.00)	25,400,188(3.15)	11.15

(1991년 인구조사 "English as second and third language among the speakers of Scheduled Languages"에 근거하여 작성 [http://www.censusindia.net/cendat/language/table4_E.PDF])

표 4 : 인도에서 영어를 가르치고 있는 학교의 비율

	제1~4/5학년	제4/5~8학년	제9~10학년
제1언어로서 가르치고 있는 학교*	2.91%	4.25%	6.57%
제2언어로서 가르치고 있는 학교	21.65%	55.06%	54.12%
제3언어로서 가르치고 있는 학교	6.58%	38.02%	35.79%
합계	30.40%	97.32%	96.48%

(참고: Annamalai,E(2004)*National Council of Educational Research and Training에 의한 통계를 바탕으로 산출한 것이라 한다. 제1언어로서 영어를 가르치고 있는 학교는, 제1언어=교육언어라고 생각된다.)

다음으로 영어는 어떤 사람들이 사용하고 있는지에 대해 살펴보고자 한 다. 11~12학년 및 고등교육(13학년 이후)에서는 영어를 교육언어로 하는 학 교가 많아진다. 따라서 11학년 이상에 진학하는 사람은 상당한 영어능력 을 지닌 사람으로 추정된다.[19] 2001년 인구조사의 진학률 통계(표5)에 의하면, 인도 전 인구 10억 2861만 명 중, 10학년 수료자는 1억 5887만 명(약 15.5%), 11학년 이상 진학자 수는 4751만 명(약16.6%)이다. 이에 반해 농촌에서는 농촌인구 7억 4249만 명 중, 10학년 수료자 수는 7603만 명(농촌인구의 10.2%), 11학년 이상 진학자 수는 3207만 명(4.3%)이다. 이와 같은 사실로부터 도시에는 농촌의 수 배에 달하는 영어화자가 있을 것으로 추정된다. 즉, 영어는 도시의 교육받은 일부계층을 상징하는 언어인 것이다.

표 5 : 10학년 수료자수, 11학년 이상 진학자(단위 : 천명)

	인도 전체	도시	농촌
전 인구	1,028,610	286,120	742,491
10학년 수료자 수	158,810	82,780	76,031
11학년 이상 진학자 수	79,581	47,510	32,070

출처 : 2001년 인구조사에 의함
[http://www.censusindia.net/results/C_Series_pdf/c8_india.pdf]

7-3. 힌디어 보급의 실상

이제 다음으로 힌디어를 제2언어 혹은 제3언어로 사용하는 사람의 수와 비율에 대해 살펴보자(표 6). 힌디어 모어화자(제1언어화자)를 제외한 힌디어 화자수는 정부의 힌디어 진흥정책에도 불구하고, 8.76%로 영어보다도 적다. 특히 남인도 언어화자의 힌디어 보급도가 낮으며, 1.56%를 차지하는 타밀어 화자가 눈에 띈다.

힌디어가 모어가 아닌 인도인 친구들에게 물어보면, 학교의 힌디어교육이 비효율적이라고 입을 모아 말한다. 그럼에도 불구하고 친구들 중 힌디어에 능숙한 자가 많은데, 그들은 실제로 사용하지는 않지만 배웠다거나, 힌디어 영화와 TV를 보고 배웠다고 한다. 참고로 그들은 힌디어를 말할 수는 있어도 읽고 쓰는 것은 거의 불가능했다. 게다가 그들이 말하는 힌디어는 도시의 바자르에서 사용되는 간이화된 Bazaar Hindi에 영어의 요소가 많이 가미된 힌디어였다.

표 6 : 헌법 제8부칙 지정언어 화자의 힌디어 제2, 제3언어화자 수 및 비율(단위 : 천명)

언어명	전체 화자 수	제2언어 화자 수(비율)*a	제3언어 화자 수(비율)*b	a+b 비율
아삼어	13,080	1,153(8.82)	1,061(8.11)	16.93
벵골어	69,596	2,776(3.99)	1,844(2.65)	6.64
구라자트어	40,674	9,001(22.13)	723(1.78)	23.91
힌디어	337,272	27,570(8.17)	2,288(0.68)	8.85
칸나다어	32,754	1,273(3.89)	1,666(5.09)	8.98
카슈미르어	57	24(42.16)	6(10.36)	52.52
콘칸어	1,761	151(8.58)	290(16.47)	25.05
말라얄람어	30,378	817(2.69)	4,975(16.38)	19.07
마니푸리어	1,270	127(10.02)	181(14.29)	24.31
마라티어	62,482	14,862(23.79)	1,252(2.00)	25.79
네팔어	2,077	483(23.25)	254(12.21)	35.46
오리야어	28,061	1,281(4.56)	1.909(6.8)	11.36
펀자브어	23,379	7,189(30.75)	1,286(5.5)	36.25
산스크리트어	50	22(44.35)	1(2.36)	46.71
신디어	2,123	865(40.74)	210(9.91)	50.65
타밀어	53,006	373(0.70)	453(0.86)	1.56
텔루구어	66,018	2,165(3.28)	3,125(4.73)	8.01
우르두어	43,407	7,206(16.60)	1,741(4.01)	20.61
합계(비율)	807,442	49,768(6.16)	20,977(2.60)	8.76

출처 : Hindi as second and third languages among the speakers of Scheduled Languages: 1991 Census에 의해 작성 [http://www.censusindia.net/cendat/language/table4_F.PDF]

8. 나가며 : 인도의 언어정책과 언어선택의 미래

인도는 1991년 경제자유화 정책 이래, 항상 5%이상의 경제성장을 지속하고 있다. 골드만삭스는 2032년까지 인도의 GDP가 일본을 추월하고 2050년에는 일본의 약 4배가 될 것이라고 예측하고 있다. 또한 사람들이 '실리콘밸리는 IC(India와 China)가 갖게 될 것이다'라고 말하는 것을 봐도 알 수 있듯이, 인도인의 미국에서의 활약은 유명하다. 특히 전문직의 참여가 눈부신데, 의사의 38%, 의대생의 10%, NASA의 기술자의 30%, 마이크로소프트 기술자의 40%, IBM기술자의 28%, 인텔기술자의 17%, 제록스 기술자의 13%가 인도계라고 한다. 인도인이 국제적으로 활약할 수 있는 것은 인도인의 높은 학력과 전문지식, 그리고 뛰어난 영어실력 덕택이라 할 수 있다.

한편, 인도의 제1차 산업 종사자는 61%로, 농촌인구는 72.8%나 된다. 1인당 GDP는 3080달러(세계125위)로 상당히 낮은 수준이다. 식자율도 매년 상승하고는 있지만 2001년 인구조사에서는 아직 64.8%로, 국민의 3분의 1이 문자를 쓰지 못한다. 이 계층은 최근 경제발전의 혜택을 받지 못하고 있다. 뒤쳐진 이 계층의 불만의 화살은 정치와 종교를 향하고 있다. 때마침 언어민족주의·커뮤널리즘(종교대립)의 흐름 속에서 민족주의자와 힌두지상주의자들이 그 불만을 부채질해, 종종 민족과 종교 대립의 형태로 불만이 폭발한다. 언어내셔널리즘의 확대는 봄베이, 캘커타, 마드라스라는 영국식 이름을 각각 뭄바이, 콜카타, 첸나이라는 현지어 이름으로 변경한 사례에서도 엿볼 수 있다. 언어내셔널리즘의 고양은 2000년 철벽의 다수파였던 힌디어 주의 분열을 야기시켰다.

인도 국내에서 영어는 민족적, 종교적으로는 중립적인 언어이다. 게다가 영어는 교육과 경제발전을 상징하며 인도 국외로도 연결되는 언어이다. 하지만, 국민의 80%가 모노링구얼로, 국민의 3분의 1이 비식자非

識者인 현황을 감안하면, 영어로 인도 전체를 통합하는 것은 비현실적인 생각이라 할 수 있다.

헌법 제정 당시 힌디어를 산스크리트어화 하는 노선을 취한 것도, 전 국민의 공통어 형성이라는 면에서 큰 실패였다. 산스크리트어는 기원전 5세기경 파니니문법에 의해 표준화되었지만, 구조에 굴절이 많고 복잡하기 때문에 교육 수준이 높은 인도인에게조차도 매우 난해한 언어이다. 힌디어는 산스크리트어화 됨으로써 대중들에게서 멀어지게 된 것이다. 하지만 힌디어 TV드라마나 영화는 인도에서 대인기다. 그 이유는 TV드라마나 영화의 힌디어가 인공적으로 산스크리트어화 한 힌디어가 아니라 비힌디어권을 포함해 서민들이 실제로 공통어로 사용하고 있는 자연스러운 힌디어이기 때문이다(이것이야말로 간디가 주장한 힌두스타니어인 것이다). 자연발생적인 공통어가 간편하고 학습하기 쉬운 것은 굳이 스와힐리어와 말레이어의 예를 들지 않아도 알 수 있다. 이러한 의미에서 힌디어 추진파는 힌디어 추진을 위해 법률로 힌디어를 강요하는 것보다 재미있는 힌디어 영화를 제작하는 편이 현명해 보인다. 다만, 자연발생적인 힌디어는 오로지 대중들의 회화에서만 사용되고 있으므로 어디까지나 구어 공통어로서 발전해 나갈 것이다. 현재로서는 영어가 문어 공통어의 역할을 맡을 수밖에 없다.

향후 인도의 언어상황은 영어의 확장과 민족어의 분리가 병행해서 진행되며 이 위에 힌디어가 엮이는 형태가 될 것이다. 여기서 마지막으로 영어와 힌디어 이전에 국민교육에서의 모어의 중요성에 대해 언급해 두고 싶다. 인도의 경제 발전은 IT산업 등 제3차 산업의 비약적인 발전에 따른 것으로, 제3차 산업을 맡고 있는 사람들은 영어로 교육을 받은 도시의 엘리트층이다. 한편, 인도의 제2차산업의 취약점은 여전히 전문가들에 의해 지적되고 있다. 그 이유로서 빈약한 인프라가 자주 지적되는데, 최대의 이유는 제2차산업 종사자의 질이 낮은 것이다. 노동력의 질은 전적으로 교육수준에 비례한다. 여러 선진국들의 예를 볼 것도 없이, 노동자층의 질을 끌어올리기 위해서는 모어를 사용하는 제대로 된 학교교육이 전제되어야 한다. 인도가 진정한 선진국이 될 수 있을지는 제2차 산업의 발전육성여부에 달렸다. 이는 교육, 특히 모어에 의한 일반대중의 교육에 달려 있다고도 할 수 있을 것이다.

주석

01   인도의 주 및 연방직할지의 공용어 및 부가적 공용어

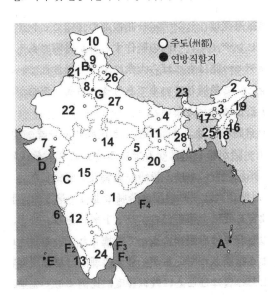

		공용어	부가적 공용어	비고
			주	
1	안드라프라데시	텔루구어	우르두어도 일부에서 제2공용어	오리야어/타밀어/칸나다어/마라티어도 인지
2	아루나찰프라데시	영어		
3	아삼	영어/아삼어	일부에서 보도어, 벵골어도 준 공용어	
4	비하르	힌디어	우르두어(제2공용어)	
5	차티스가르	힌디어		2000년 11월 마디아프라데시 주에서 분리독립
6	고아	콘칸어/마라티어		
7	구자라트	구자라티어/힌디어		
8	하리아나	힌디어		
9	히마찰프라데시	힌디어	영어	

		공용어	부가적 공용어	비고
10	잠무 카슈미르	우르두어	영어(작업어)	도그리어 화자도 많음
11	자르칸드	힌디어	산탈리어, 벵골어(제2공용어)	2000년 11월 비하르주 에서 분리독립
12	카르나타카	칸나다어/ 영어		소수언어의 보호
13	케랄라	말라얄람어, 영어		
14	마디아프라데시	힌디어		영어 일정 부분 보장
15	마하라슈트라	마라티어		힌디어/영어 일정부분 고려
16	마니푸르	영어	마니푸르어(제2공용어)	
17	메갈라야	영어		
18	미조람	영어	미조어(제2공용어)	
19	나갈랜드	영어		
20	오디샤	오리야어		영어/텔루구어 일정부 분 고려
21	펀자브	펀자브어		
22	라자스탄	힌디어		
23	시킴	네팔어/레프 차어/보디아 어/림부어		
24	타밀나두	타밀어/영어		
25	트리푸라	벵골어/콕보 록어/영어		
26	우타르프라데시	힌디어	우르두어(제2공용어)	
27	우타란찰	힌디어		2000년11월 우타르프 라데시 주에서 분리독립
28	서벵골	벵골어	네팔어(다즐링지구)/ 영어(부가적 공용어)	

		공용어	부가적 공용어	비고
연방 직할지				
A	안다만 니코바르 제도	힌디어/영어		
B	찬디가르	영어		*펀자브 주와 하리아 나 주의 주도(州都)
C	다드라 나가르하벨리	영어	힌디어(제2공용어)	*예전 포르투갈의 식 민지
D	다만 디우	영어/구자라 트어	힌디어(제2공용어)	*예전 포르투갈의 식 민지
E	락샤드위프 제도	영어	말라얄람어(제2공용어)	공문서는 말라얄람어 로 번역
F	푸두체리	타밀어(푸두 체리,카라이 칼)/말라얄 람어(마히)/ 텔루구어(야 남)	영어/프랑스어 (제2공용어)	*주 의회가 존재함
수도 특별 행정구				
G	델리	힌디어	펀자브어, 우르두어(제2공용어)	

(http://www.aa.tufs.ac.jp/~tagengo/india_law.html)에 가필

02 예를 들면, 벵골의 사회운동가 Ram Mohan Roy는 바라문이었지만, 페르시아어신문을 편집했다.

03 포트 윌리엄 컬리지는 근대 인도어의 텍스트를 위해 고전어 작품을 인도인 번역관에게 근대 인도어로 번역을 시켰는데, 이는 그전까지 음운 중심이었던 근대 인도어문학에서 산문이 발달하는 계기가 되었다.

04 100년 이상 전에 편찬된 인도어 사전은 개정도 되지 않은 채 현재도 많은 학생들과 연구자들에게 이용되고 있다. 예를 들어 John T. Platts가 편찬한 A Dictionary of Urdu, Classical Hindi and English(1884)(이 사전의 구칭은 A Dictionary of Hindustani and English였지만, 힌디어와 우르두어의 괴리 탓인지 상기의 명칭으로 바뀌었다)는 방대한 언어정보를 뿜내고 있다. 편집에는 우르두어와 힌디어뿐 아니라, 페르시아어, 아랍어, 산스크리트어에 대한 깊은 지식이 필요하므로 아마도 이 사전은 많은 인도인 조수를 고용해서 편찬되었을 것이다. 참고로 Platts는 인도 중앙주의 전 장학관으로, 영국 귀국 후에는 옥스퍼드 대학의 페르시아어 교사를 했던 인물이다.

05 참고삼아 영어교육의 목적을 단적으로 보여주는 다음을 인용해두겠다. "a class who may

be interpreters between us and the millions whom we govern, a class of persons, Indian in blood and colour, but English in taste, in opinion, in morals and in intellect" "(영어교육을 도입하는 것은) 우리들과 우리들이 통치하는 수백만 명의 인도인의 통역을 하는 계층은 피와 피부의 색은 인도인이지만, 센스, 견해, 윤리, 지성에 있어서는 영국인적인 계층(을 양성하기 위한 것이다)"

06 파키스탄 분리독립 전, 힌두스타니어는 힌디어보다도 우르두어에 가까웠다. 때문에 힌디어 추진파는 간디가 힌두스타니어의 이름을 빌려 힌두어를 추진하려한다고 생각했던 것이다. 무슬림과 힌두가 대립하기 전, 이 두 언어의 경계는 애매했다. 프렘 찬드처럼 우르두어로 작품을 쓰는 힌두도 있었으며 그 반대의 경우도 있었다. 무슬림 시인이 자신의 언어를 힌디어라고 말하는 경우도 많았다. 전쟁 전의 일본에서도 동경외국어학교(동경외국어대학의 전신) 힌두스타니어과 및 오사카외국어학교(오사카외국어대학의 전신)인도부에서 가르치던 것은 우르두어였다. 예를 들면 제2차 세계대전 당시 오사카외국어학교에서 우르두어를 가르쳤던 것은 Verma라는 힌두였으며, 현재 오사카외국어대학에서 힌디어를 가르치고 있는 것은 Y. S. Naqvi라는 무슬림이다.

현재 인도와 파키스탄에서 실제로 널리 사용되는 것은 힌디어 영화에서 사용되는 것과 같은 말이다. 이것을 인도인은 힌디어라고 부르지만, 힌디어 영화를 본 파키스탄인은 이 언어를 우르두어라고 말한다. 간디가 말하는 힌두스타니어란 이처럼 자연적으로 퍼진 진정한 공통어를 말한다.

07 힌디어 추진파는 산스크리트어 추진파이기도 했다. 헌법 제정 시에 실제로 거의 사용되지 않던 고전어인 산스크리트어를 제8부칙 지정언어에 끼워 넣은 것도 그들이다. 인도의 인구조사에서는 항상 산스크리트어 모어화자가 있다고 보고되지만, 종교적인 열정은 사어임에 틀림없는 산스크리트어를 영원불멸의 언어로서 부활시키고 있다. 이것은 헤브라이어가 이스라엘에서 부활한 것과도 닮아 있다.

08 힌디어 추진파는 산스크리트어화 한 힌디어로 헌법의 번역을 획책했다. 번역안을 읽은 네루는 이것이 일반적인 힌디어와 지나치게 동떨어져 있어 한마디도 이해할 수 없었다고 술회하고 있다.

09 타밀어는 기원 초기로까지 거슬러 올라가는 문학적 전통을 가지며, 산스크리트어 등의 외적인 영향을 별로 받지 않고 계승되어 온 자랑스러운 언어이다. 주류인 산스크리트어에 대한 뿌리 깊은 저항심에서, 정부에 타밀어를 '고전어'로서 인정할 것을 요구해 2004년 드디어 공인되기에 이르렀다.

10 말라바르 해안 쪽의 케랄라 지방에서는 바라문과 산스크리트어의 영향이 강해, 말라얄람어가 타밀어에서 분화하게 되었다.

11 인도에서는 기독교와 영어문화를 결부시키는 경향이 있다. 기독교도 중에는 영어식의 세례명을 대고 영어를 사용하는 사람이 많다. 또한 1991년의 인구조사에 의하면 34.85%의 콘칸어 화자가 영어를 사용한다. 특히 콘칸어 화자 중에는 다언어사용자가 많아 74.20%가 두 개 이상의 언어를 사용한다.

12 라자스탄어는 10세기까지 거슬러 올라가는 문학적 전통을 가지고 있지만, 다양한 이유에서 힌디어 방언으로 취급되고 있다. 인도영문학(Indian Writing in English)은 200년 이상의 전통을 가지며, 인도 국내에서 뿐 아니라 영국권에서도 인정받고 있어 문학 아카데미는 인도영문학을 '인도 문학의 한 분야'로 인정하고 있다. 인도 영문학은 외국문학이 아니다. 인도 대학의 영어과에서도 인도영문학 작품은 널리 교육되고 연구되고 있다.

13 비힌디어권에서도 도시에서는 Bazaar Hindi라는 간략화 된 힌디어가 대중의 공통어로 통용되고 있기 때문이다.

14 표 3을 보면, 힌디어 화자 중에는 타언어 화자에 비해 모노링구얼이 많고 다언어병용자가 적다. 덧붙여 표4를 보면 힌디어 화자는 영어 학습도 열심히 하지 않는다.

15 1991년의 인구조사를 보면 주요 언어(1991년 당시의 헌법 제8부칙 지정언어)화자 중 2언어 이상을 사용하는 사람의 비율이 18.72%인 것에 반해, 소수언어 화자는 배 이상인 38.14%나 존재한다. (http://www.censusindia.net/cendat/language/lang_table6.PDF)

16 2001년 인구조사에 의하면 미조람 주의 94.5%가 지정 부족(Schedule Tribes)이며, 많은 부족으로 나뉘어 있다(그 대부분이 시나-티베트어족).

17 예를 들면, 카슈미르어 화자, 콘칸어 화자, 말라얄람어 화자, 신디어 화자. 특히 후자 셋은 교육수준이 높다.

18 3언어 이상의 화자수의 조사는 1991년의 인구조사이며, 그 전에는 3언어 이상의 화자를 조사한 공식 데이터는 존재하지 않는다.

19 5년간 학교에서 영어를 배운 10학년 수료자 중에도 성취도는 높지 않지만 영어 사용자가 상당 수 있을 것으로 추정된다. 인도에서는 영어를 사용할 기회가 많으므로 영어의 성취도가 높지 않은 사람들도 fluency는 쉽게 익힐 수 있다. 또한 인도의 언어는 무수한 영단어를 차용하고 있으므로 교육수준이 낮은 사람일지라도 영단어를 많이 알고 있는 경우가 있다.

참고문헌

井筒俊彦　1952.「ヒンドゥスターニー語」『世界言語概説(上巻)』東京：研究社

大前研一　2005.「インドの見方、考え方」『Harvard Business Review』2005 年 5
　　月号　東京：ダイヤモンド社

加賀屋寛・浜口恒夫　1977.『南アジア現代史 II』東京：山川出版社

辛島昇(編)　1985.『民族の世界史 7：インド世界の歴史像』東京：山川出版社

辛島他(監修)　2002.『南アジアを知る事典』東京：平凡社

鈴木義里　2001.『あふれる言語、あふれる文字：インドの言語政策』東京：右文
　　書院

中村平治　1977.『南アジア現代史 I』東京：山川出版社

本田毅彦　2001.『インド植民地官僚：大英帝国のエリートたち』東京：講談社

『週刊ダイヤモンド』2005年9月17日号　東京：ダイヤモンド社

Annamalai, E. 2004. "Medium of Power: The Question of English in Education in India," *Medium of Instruction Policies: Which Agenda? Whose Agenda?* James W. Tolleson and Amy B.M. Tsui (eds.) Mahwah, NJ: Lawrence Erlbaum Associate.

Chaklader, S. 1990. *Sociolinguistics: A Guide to Language Problems in India.* New Delhi: Mittal Publications.

Fatehpuri, F. 1987. *Pakistan Movement and Hindi-Urdu Conflict.* Lahore: Sang-e-Meel Publications.

Kachru, B. B. 1983. *The Indianization of English.* Delhi: Oxford University Press.

King, R. K. 1994. *One Language, Two Scripts: The Hindi Movement in Nineteenth Century North India.* Delhi: Oxford University Press.

Krishna, S. 1991. *India's Living Languages: The Critical Issues.* New Delhi: Allied Publishers Limited.

참고 URL

"Ethnologue language name index"

　　http://www.ethnologue.com/language_index.asp?letter=S

"Meet to seek inclusion of Tulu in Eighth Schedule" The Hindu (Saturday, Mar 06, 2004)

　　http://www.hindu.com/2004/03/06/stories/2004030610300300.htm)

"LANGUAGES IN THE EIGHTH SCHEDULE" Press Releases, Press Information

"PURUSHOTTAM DAS TANDON," Indian Post

　　http://indianpost.com/viewstamp.php/Alpha/P/PURUSHOTTAM%20DAS%20T
　　ANDON

"Department of Official Language, Ministry of Home Affairs, Government of India"

　　http://rajbhasha.nic.in/consteng.htm

"Language: an introduction" Mithila Online

   http://www.mithilaonline.com/maithili.html

「日本のウルドゥー教育の歴史」

   http://www.osaka-gaidai.ac.jp/~sas/Urdu/urduedu.htm

"Punjabi 2nd official language in Delhi" THE TRIBUNE (Thursday, June 26, 2003, Chandigarh)

   http://www.tribuneindia.com/2003/20030626/main8.htm

"Sahitya Akademi: The Organisation-Genesis"

   http://www.sahitya-akademi.org/sahitya-akademi/org1.htm

"Urdu loses second language tag" THE TELEGRAPH (Saturday, August 27, 2005)

   http://www.telegraphindia.com/1050827/asp/jamshedpur/story_5162495.asp

제 7 장

독일어는 누구의 것?
-다양한 독일어 사용자를 대상으로 한 언어정책-

시카마 아야코四釜 綾子
피터 백하우스Peter Backhaus
야마카와 도모코山川 智子

1. 들어가며

　독일어는 대체 누구의 것이며, 독일(정식으로는 독일 연방공화국)의 언어 정책은 누구를 대상으로 하는 것일까. 다양한 지역 방언을 포함해 독일 어를 모어로 하는 사람들은 약 9000만 명이며, 그 대부분이 독일어를 국어 혹은 공용어로 하는 독일(7700만), 오스트리아(700만), 스위스(400만)에 살고 있다. 또한 독일 국내에는 많은 외국인과 이민자가 생활하고 있으며, 그들의 생활에 독일어는 빠질 수 없다. 독일어권 외에도 많은 사람들이 독일어를 배우고 있다. 독자 중에도 대학교에서 제2외국어로 독일어를 배운 사람이 있을 것이다. 한마디로, 독일어는 사용자가 다양하며, 언어정책 또한 사용자별로 다양하게 추진되고 있다. 본고에서는 우선 독일 국내에서도 찬반양론이 분분한 맞춤법 개정에 대해서 살펴보고자 한다. 그 다음으로 독일 국내의 이민자를 대상으로 시행한 이민법, 나아가 세계의 독일어 학습자를 겨냥한 외국어로서의 독일어교육정책에 대해서도 소개하고자 한다.

2. 주에 따라 철자가 다르다? 맞춤법 개혁에 대해서 (2005년 7월)

현재 독일어 모어화자와 세계 각국의 독일어 학습자에게 가장 친숙한 언어정책은 독일어 맞춤법Rechtschreibreform일 것이다. 1998년에 도입된 새로운 맞춤법은 스펠과 띄어쓰기 등을 보다 규칙적으로 알기 쉽게 개선하기 위해 독일어권 전문가들이 긴 세월에 걸쳐 계획한 것이다. 신 맞춤법으로의 전환이 원활하게 진행되도록 2005년 7월 31일까지는 구 맞춤법도 허용하는 '이행기간'을 뒀지만, 그 이후에는 이전의 규칙을 공식적으로 철폐하기로 정했다. 하지만 신 맞춤법에 대한 국민들의 반대가 계속되어, 바이에른 주와 노르트라인베스트팔렌 주에서는 이행기간이 끝났음에도 불구하고 학교와 행정에서 구 맞춤법을 허용하고 있다.[01]

가끔씩 실시되는 여론조사에 따르면, 일반 독일인 중에는 신 맞춤법을 무시하고 일상생활에서는 사용하지 않는 사람이 매우 많다. 나아가 대형신문사도 일시적으로는 신 맞춤법으로 전환했지만, 최근 수년 동안 점점 개혁 이전의 구 맞춤법으로 돌아갔기 때문에 신 맞춤법의 도입에 대한 의구심이 점점 커져가고 있다.

2-1. 맞춤법의 역사

독일어의 맞춤법 개혁은 왜 그토록 실시하기 어려운 언어정책인 것일까. 역사를 돌이켜보면, 오스트리아와 스위스 등을 포함한 독일어권 내에서 처음 문어에 관한 기준이 생긴 것은 1902년으로, 이 기준의 모델이 된 것은 1880년 Konrad Duden가 라이프치히에서 발행한 맞춤법 사전이다. 당시 사전의 정식 이름은 『독일어 완전 맞춤법사전*Vollständiges orthographisches Wörterbuch der deutschen Sprache*』이었지만, 1915년에는 고안자의 이름이 사전 이름이 되어, 일반적으로『두덴』사전으로 알려지게 되었다. 그후,『두덴』에 실린 철자가 독일어 맞춤법의 기준으로 인정되어, 바른 철자법을 정하는 일은 긴 세월동안 민간법인인 두덴 출판사에 맡겨졌다.

하지만『두덴』에는 말의 변화에 대응하기 위해 다수의 개별규칙이 계속해서 추가되었기 때문에 독일어맞춤법은 예외가 많은, 상당히 복잡한 것으로 변해 갔다. 보다 쉽게, 전체적으로 파악하기 쉬운 규칙을 제정하려는 움직임은 몇 번인가 있었지만, 제2차 세계대전과 전후의 동서 분단으로 인해 긴 세월동안 실현되지 않았다.

맞춤법 개혁에 대한 논의가 재개된 것은 1970년대 이후의 일이지만, 구체적인 안이 정해지기까지는 20년 이상의 시간이 걸렸다. 1996년 7월, 드디어 독일, 오스트리아, 스위스 등 독일어권의 국가들이 빈에서 신 맞춤법에 관한 국제협정에 조인하여, 새로운 규칙을 1998년 8월까지 공식적으로 도입할 것을 결정했다. 이로써 거의 100년에 걸친 맞춤법의 개혁이 드디어 완성된 것처럼 보였다.

2-2. 신 맞춤법으로 "NEIN!"

하지만 오스트리아와 스위스에서 신 맞춤법이 비교적 원활하게 도입된 것에 반해, 독일에서는 거의 동 시기부터 반대파의 목소리가 커지기 시작해 격렬한 논쟁이 펼쳐졌다. 우선 대다수 독일 정치가, 작가, 교원 등이 신 맞춤법을 엄격하게 비판했으며, 신문과 잡지의 사설에서도 점차적으로 신 규칙에 관해 부정적인 태도를 취하기 시작했다. 이러한 움직임에 영향을 받아 일반인 중에서도 신 맞춤법에 반대하는 사람이 더욱 늘어 갔다. 부모가 자신의 아이들에게 학교에서 앞으로도 구 맞춤법을 가르치도록 요구하는 재판을 일으킨 몇몇 사건도 발생했는데, 그 수는

1998년까지 약 30건에 이른다. 또한 맞춤법개혁이 헌법위반이라는 소송이 1996년과 1998년 독일의 최고재판소인 연방헌법재판소에 제기되었지만, 모두 기각되었다(Kopke 1996, Gröschner 1997, Hantke 2001).

반대운동이 특히 격렬했던 것은 북독일에 있는 슐레스비히홀슈타인 주로, 1998년 주민투표가 행해져 공공교육에서 구 맞춤법을 사용하기로 결정되었다. 그 결과, 1년 정도는 구 맞춤법에 근거하여 수업이 행해졌지만, 최종적으로는 국내의 철자습관이 제 각각이 되지 않도록 신 맞춤법으로 통일하고 있다(River&Young 2001 : 175-176). 표1은 신 맞춤법으로의 긴 여정에 관한 약식 연표이다.

표 1 : 맞춤법 개혁의 약식 연표(2005년 현재)

년 월	맞춤법에 관한 사건
1880년	*Vollständiges orthographisches Wörterbuch der deutschen Sprache* (『독일어완전맞춤법사전』, K.Duden 편) 제1판
1901년	Ⅱ.Orthographische Konferenz (제2회 맞춤법회의)
1902년	*Vollständiges orthographisches Wörterbuch der deutschen Sprache* (『독일어완전맞춤법사전』) 제7판을 전년 회의를 바탕으로 제작
1970년대 이후	맞춤법 개혁에 관한 논의의 재생
1995년 12월	주 문부장관상설회의에서 신 맞춤법 도입 결정
1996년 7월	신 맞춤법에 관한 국제협정
1998년 8월	신 맞춤법 도입 구·신 맞춤법의 이행기간 개시
1998년 9월	슐레스비히홀슈타인 주 주민투표
2005년 7월	구·신 맞춤법의 이행기간 종료

2-3. 신 맞춤법의 내용

신 맞춤법으로 인해 구체적으로 바뀐 것은 주로 다음의 다섯 영역이다(Castner&Koch 1996, Heller 2000 : 7-24).

(1) 음성과 문자의 대응
(2) 대문자 쓰는 법, 소문자 쓰는 법의 구별
(3) 합성어의 띄어쓰기, 이어쓰기의 구별
(4) 구독법
(5) 분철법syllabication

중요한 점을 각각 간단하게 정리하면, 먼저 음성과 문자의 대응에서는 독일어 특유의 'ß'(에스체트)의 사용이 적어진다. 구 맞춤법과는 달리, 에스체트는 장모음 뒤와 이중모음 뒤에서만 유지되고 단모음 뒤에서는 'ss'로 표기된다. 이에 따르면 예를 들어 이전의 철자 Fluß강과 Kuß키스는 모음의 발음이 짧으므로 Fluss와 Kuss로 표기하게 된다. 마찬가지로 접속사 daß~라는 것의 새로운 표기는 dass로 바뀐다. 에스체트 철자가 바뀌지 않는 것은 장모음 뒤에서 만으로, 예를 들어 Fuß다리와 Ruß매연이지만, 현재 독일 국내의 광고 간판과 지방 행정 출판물 등의 'ss'의 쓰임을 보면, 신 맞춤법에 의해 에스체트가 완전히 없어졌다고 오해하고 있는 사람도 적지 않은 것 같다(Sick 2004 : 173-177).

음성과 문자의 대응을 보다 적절하게 하기 위한 또 하나의 새로운 규칙은 파생형을 어간에 합쳐서 만드는 방침이다. 예를 들면, 예전의 numerieren번호를 붙이다라는 동사는 명사인 Nummer번호에서 파생된 것으로 여겨져, 새로운 철자로는 nummerieren가 된다. 그 외에 외국어도 독일어 본래의 철자법에 맞춰 표기하는 케이스가 몇 개 있다. 예를 들어

신 맞춤법은 구 철자인 Ketchup케첩과 Mayonnaise마요네즈를 앞으로도 사용할 수 있다고 하면서도 새로운 스펠인 Ketschup과 Majonäse의 사용을 장려하고 있다.

독일어는 명사의 처음을 대문자로 쓰는 것이 원칙이었다. 이에 대해 문장의 앞머리와 고유명사를 제외한 모든 단어를 소문자화 하자는 제안도 있었다. 하지만 일반 사람들에게는 너무 극단적인 것으로 여겨져 반대를 불러일으킬 수 있다고 예상해 실제로 시행되지는 않았다(Ledig 1999 : 106). 오히려 결국 대문자로 쓰는 단어가 더 증가해, 예를 들어 구 맞춤법에 의해 heute abend오늘밤과 gestern abend어젯밤로 정해져있던 철자는 heute Abend와 gestern Abend로 변경되었다. 한편, 편지 등에서 사용되던 호칭 대명사 du그대는 이전의 습관과는 달리 소문자로 쓰게 되었다.

합성어의 띄어쓰기는 새로운 규칙에 따르면 더 많아진다. 그 결과로 원래 붙여서 썼던 kennenlernen서로 알다와 sogenannt소위 등이 유래를 고려한 띄어쓰기kennen lernen, so genannt가 되었다. 붙여쓰느냐 띄어쓰느냐에 따른 미묘한 의미의 차이를 표현할 수 없게 된다는 비판도 있지만, 대부분의 경우 적절한 의미를 문맥으로 판단할 수 있다. 그렇다 치더라도 합성어의 띄어쓰기는 신 맞춤법 논쟁에서 이의가 많은 항목의 하나임에 틀림없다.

구두점에 관한 변경은 쉼표의 사용이다. 구 맞춤법에서는 일본어와 영어 등의 표기와 달리, 쉼표를 넣느냐 마느냐에 대해 세세한 부분까지 엄격하게 규정했었지만, 개혁 후에는 쓰는 사람의 자유재량에 맡기는 경우가 많아지고 있다. 이로 인해 독일어의 표기가 애매해졌다는 비판도 있지만, 반대로 문어의 표현력이 늘었다고 환영하는 목소리도 있어, 신 맞춤법 반대파와 지지파에 따라 의견이 나뉜다.

5번째의 분철법에 대해서는, 가능한 발음할 때의 음절에 따르는 방침이 정해져 몇몇 비합리적인 규칙이 사라졌다. 그 덕택에 예를 들어 지금까지는 불가능했던 분철이 가능해졌다. 초등학생이 배워 온 ["Trenne nie 'st', denn es tutihm whe"st는 떼어놓으면 아파한다]라는 룰이 사라져, 이제부터는 lus-tig즐겁다나 läs-tig성가심처럼 하이픈을 연결해도 된다. 마찬가지로 단일 모음의 분철을 금지한 구 맞춤법의 규칙이 없어져 o-ben)나 ü-ben 연습하다 등과 같은 단어도 분철이 가능해졌다(표 2 참조).

표 2 : 구 맞춤법과 신 맞춤법의 차이점(대표적인 예)

구 맞춤법	신 맞춤법
Fluß, Kuß, daß	Fluss, Kuss, dass
Fuß, Ruß	Fuß, Ruß
numerieren	nummerieren
Ketchup, Mayonnaise	Ketschup, Majonäse (Ketchup, Mayonnaise)
heute abend, gestern abend	heute Abend, gestern Abend
Du	du
kennenlernen	kennen lernen
sogenannt	so genannt
lu-stig, lä-stig	lus-tig, läs-tig
oben, üben	o-ben, ü-ben

2-4. 왜 "NEIN!"인가?

제2차 세계대전이 끝난 후 일본에서는 일본어 표기개혁에 따라 일상 생활에서 사용되는 한자 수가 줄고, 가타카나를 현대어의 발음에 따라 쓰도록 정해졌다(Twine 1991, Gottlieb 1995). 이 시책과 비교하면 독일어 맞춤법 개혁 내용 자체는 그다지 대단한 것이 아니라고 할 수 있다. 예를 들어 독일어의 특수문자는 독일어권 내의 컴퓨터에서는 입력에 시간이 걸리는데다가 인터넷에서 정보교환을 할 때 글자가 깨지기 쉽기 때문에 불편하다는 사람도 있지만, 그래도 'ä', 'ö', 'ü', 'ß'는 없어지지 않았다.

또한 일반명사의 대문자화라는 독특한 습관도 독일어를 외국어로서 배우는 경우, 읽는 데는 도움이 된다고 쳐도 쓰는 데는 실수하기 쉬운 것이다. 'ß'의 새로운 규칙을 제외하면 신 맞춤법에 의해 실제로 바뀐 말은 독일어 어휘 전체의 0.5%에 지나지 않는다(Denk 1997 : 41f, Johnson 2005 : 820. 또한 초등학교 4학년까지 배우는 1417어 중에 바뀌는 것은 32어뿐으로, 그 28어가 다소 알기 쉬운 'ß'와 'ss'의 새로운 사용법에 관한 것이다(Coulmas 1998 : 251).

그렇다면 독일어 맞춤법 개혁은 왜 그렇게까지 반발을 사게 된 것일까. 반대파의 주요 논점을 살펴보면, 우선 신 맞춤법은 독일어의 '애매화', '혼란', '파멸', '강간' 등과 같다는 목소리가 많다. 신 맞춤법에 대한 토론은, 독일어와 독일어 문어체는 독일문화의 정신이므로 인공적으로 바꾸면 안된다는 입장과, 언어의 구조주의적 입장에서 개혁을 계획한 전문가들의 두 이데올로기가 정면으로 충돌한 것이다(Johnson 2005 : 119-148).

또한 더욱 구체적으로 비판의 표적이 되는 것은 신 맞춤법의 모순이다. 예를 들어, 이전의 철자 angstmachen겁주다는 대문자인 Angst machen으로 바뀌었지만, angst und bange벌벌 떨고 있다라는 표현은, 개혁 후에도 소문자 그대로이다. 모순이 전혀 없는 맞춤법은 세계에 하나도 없다 치더라도, 만약 신 맞춤법이 이제까지의 모순을 대폭 줄일 수 없다면, 어디에 그 의미가 있는지 반대파는 묻는다. 나아가 신 맞춤법으로의 전환에 필요한 경비 문제도 존재한다. 독일어권 출신이 아닌 사람들을 포함해 독일어 사용자 한명 한명이 새로운 룰을 기억하는데 필요한 시간을 제외하더라도, 출판사와 신문사 등이 신 맞춤법으로 전환하기 위해서는 상당한 고액의 경비를 필요로 한다(Gelberg 1997). 맞춤법 개혁의 범위가 그렇게 넓지 않음에도 불구하고, 수백만 유로[02]에 이르는 경제적 부담이 발생한다고 지적되고 있다.

2-5. 독일 국외의 맞춤법

신 맞춤법이 불러 온 혼란이 외국어로서의 독일어DaF : Deutsch als Fremdsprache의 보급에까지 악영향을 끼치는 것은 아니냐는 불안도 있다. 학습에 이용하는 사전이나 교과서 등이 구 맞춤법에 의한 것이면 새로운 교재를 사야할 필요성이 생긴다. 또한 해외에서의 독일어 교육이 구 맞춤법으로 계속 될 가능성도 존재하는데, 이러한 경우에 학습자는 독일어권 내의 새로운 기준과 다른 쓰기법을 습득하게 된다. 이같은 바람직하지 않은 상황 속에서 독일어를 학습하는 사람의 수가 더욱 줄어들 가능성이 높아질 것으로 예상된다.

긴 세월동안 계속되어 온 독일어 맞춤법 개혁을 둘러싼 격렬한 논의는, 문어가 그 언어의 상징적인 의미를 담고 있다는 것을 나타낸다. 그 중에서도 언어정책의 관점에서 가장 주의해야 할 점은, 국가가 외국인을 포함한 일반 사람들의 언어 사용에 어디까지 참견을 해야 하냐는 문제이다. 흥미롭게도 신 맞춤법이 오스트리아와 스위스에서 아주 순조롭게 도입된 것에 반해 독일에서는 위에서 새로운 문어체를 강요하고 있다고 생각하는 사람이 많아, 같은 독일어권 내에서도 언어와 국가에 관해 다른 태도를 보인다는 것을 명백하게 알 수 있다.

3. 독일어를 하지 못하면 독일에 장기체재가 불가능하다?
-신규 이민자에게 독일어학습을 의무화한 신 이민법에 대하여-

다음으로 독일로 이민을 온 사람들에게 독일어를 강요하게 된 새로운 언어정책에 대해 살펴보고자 한다.

독일 국내에는 독일어를 모어로 하지 않는 이민자가 많이 거주하고 있는데, 2005년 1월 1일부터 이민자에 대한 언어정책으로 '신규 이민자의 독일어학습'이 의무화되었다. 이 정책에는 어떠한 배경이 있으며, 무엇을 목적으로 하고 있는 것일까.

3-1. 독일의 외국인 노동자

독일은 제2차 세계대전 후의 부흥과 경제발전으로 인한 인력 부족을 해결하기 위해 1950년대부터 터키, 이탈리아, 포르투갈, 그리스 등과 정부 간 협정을 체결하여 노동자를 받아들였다. 현재는 독일에서 생활 기반을 마련한 이민자의 2세, 3세가 독일에서 태어나고 자라 현재 외국인 인구는 약 730만 명으로, 전 인구의 약 9%를 차지한다 (Statistisches Bundesamt Deutschland 2005). 외국인 노동자를 나타내는 독일어 Gastarbeiter는 세계적으로도 유명해 졌는데, 일시적인 체재자라는 의미를 가진 이 말은, 외국인 노동자와 그 가족이 독일에 정착하고 있는 현실을 배려하여 현재 공식적으로는 사용되지 않는다.

3-2. 외국인 주민의 언어문제

아이들이 다양한 문제를 안고서도 상당히 빠른 속도로 이주국의 언어를 습득하고 사회에 적응해가는 것은 많은 연구를 통해서 실증되었다. 동시에 어른들이 좀처럼 언어를 습득하지 못하고 사회로부터 고립되어가는 모습도 종종 보고된다. 아이들에 대해서는 학교교육 안에서 지원체제가 정비되어 있어 상황 파악이 수월하지만, 어른들은 본인이 서포트를 요청해 주체적으로 밖으로 나가지 않는 한 방도를 찾기 힘들다.

독일의 외국인 문제의 하나로 그들이 특정 지역에 모여 사는 것을 들 수 있다. 외국인 집주지역은 종종 '게토03'라고 불리는데, 이 게토화는 언어문제와 깊이 연관되어있다. 외국인이 특정 지역에 뭉쳐 사는 심리는 쉽게 이해할 수 있다. 이민이라는 같은 배경을 가진 사람들이 가까이에 있다는 안도감도 있을 것이다. 근처에 고향 친구가 있으면 협력관계를 만들기도 쉽고, 모어로 생활하는 것도 가능하다.

터키의 주요 일간지는 독일판을 매일 발행하고 있어, 베를린 등의 대도시에서는 수 종류의 터키어 신문을 쉽게 손에 넣을 수 있다. 또한 위성방송이나 케이블방송의 보급으로 터키 국내의 거의 모든 TV프로그램을 시청할 수도 있다. 이러한 환경에서는 일상생활에서 독일어를 접할 기회가 적어져, 독일 사회로부터 고립된 상태에 빠지기 쉽다. Rost-Toth(1995)는 독일 이민생활의 특징으로 사회로부터 극단적으로 고립되어 있는 점, 다른 에스닉 그룹과도 접촉이 거의 없는 점, 독일어 학습의 기회와 동기가 적은 점을 꼽으며 특히 아시아와 아프리카에서 온 이민자들은 독일인 사회와의 접촉이 어렵다고 서술하고 있다.

독일어를 몰라서 생기는 폐해는 실생활에서의 불편함을 넘어 심리 면에서도 큰 영향을 미친다. 모국에서는 일상적인 행위인 길거리의 간판이나 표식을 읽는 일이나 일용품을 사는 일조차 자유롭지 못해 자기혐오에 빠지는 경우도 많다. 아이들의 숙제를 봐 줄 수도 없으므로 아이들에게 부모의 권위를 보여 줄 수 없으며, 독일사회에 적응하여 자유롭게 활동하는 아이들과 충돌이 일어나는 케이스도 적지 않다.

한번 자신을 잃어버리고 폐쇄적인 생활을 시작해 버린 어른들이 자율적으로 독일어를 학습하고 생활을 개선하기 위해서는 굉장한 에너지를 필요로 한다. 이민자들이 언어 문제로부터 내향적이 되어 사회와의 접점을 점점 줄여나가는 악순환, 그리고 그것을 탈출하는 어려움은 독일에 국한된 문제는 아니다. Tollefson(1991)은 동남아시아에서 미국으로 이주해 온 사람들의 조사를 통해 언어학습이 새로운 사회에 진입하기 위한 창구라고 논하며, 언어 습득에 의해 사회에 대한 의식과 태도가 호전된다고 서술하고 있다.

3-3. 새로운 이민법이란

독일에서는 2005년 1월 1일부터 외국인에 관한 새로운 이민법이 시행되었다(Zuwanderungsgesetz). 이 이민법은 외국인에 관한 15분야의 법률로 구성되어 있으며, 그 중 하나가 이민자에 대한 언어정책으로 주목받는 'Integrationsprogramm통합프로그램'이다. 이 프로그램에는 독일 사회에서 생활하는 외국인에게 독일어 학습을 의무화하고 사회 통합을 촉진할 것이 명기되어 있다.

독일에는 이미 많은 외국인이 살고 있지만, 독일어를 하지 못하면 생활하기 불편한 사회이다. 이미 오래전부터 독일에 살고는 있지만 독일어를 그다지 잘 이해하지 못하는, 혹은 읽고 쓰기가 불가능한 이민자들의 존재는 이따금씩 문제가 되어 왔다. 특히 주부의 경우, 물건을 살 때 필요한 최소한의 단어 습득에 그치는 경우가 많은데, 단어의 나열로 나름의 의사소통이 가능해지면 다시 새로 문법체계를 습득하기 어려워진다. 독일어 학습의 필요성을 느끼는 사람도 많지만, 가족의 이해와 협력이 없는 한 좀처럼 집을 비우기 힘든 여성들의 사정도 있으므로 '의무'라는 형태로 강제적으로라도 독일어 학습의 기회를 만들어야 한다는 것이 정부의 의도이다. 외국인 인구 중에서도 가장 큰 비율을 차지하는 터키계 이민자의 경우, 이민자들의 2세, 3세가 결혼 상대, 특히 며느리를 터키에서 불러와 새로운 이민을 낳는 케이스가 매우 많다. 독일어와 독일사회의 시스템도 모른 채 독일로 이주 해 온 그녀들은, 집안에 틀어박혀 지내는 경향이 있으며, 말이 통하는 사람들끼리 모여서 생활하므로 독일인과의 접점도 적다. 외국인의 게토화가 진행됨에 따라 독일인사회와 이민자사회의 접점이 감소해, 일상적인 교류로 서로를 이해할 수 있는 기회와 경험이 줄어드는 상황에 대한 우려는 이전부터 존재했다.

3-4. Integration^{통합}이란?

'통합Integration'은 종종 '동화Assimilation'와 동일시되어, 부정적인 것으로 여겨지는 경향도 있지만, 유럽의 이민자 문제에 적극적으로 관여하는 Council of Europe(2004)은 'Integration'을 긍정적이지도 부정적이지도 않은 중립적인 용어로 정의하고 있다. 독일에서도 이민자의 통합문제에 관한 정부의 간행물에서 가끔씩 Integration통합이 Assimilation동화가 아니라는 점을 강조하고 있다. 독일의 통합정책에서는 다문화사회에서 독일인과 외국인이 서로 존중하고 평화적인 관계를 구축하는 것, 그리고 이민자가 사회생활에서 충분하고 평등한 기회를 제공받는 것을 목표로 하고 있다.

말의 습득을 통합을 위한 기초로 생각하며, 생활습관이나 가치관을 바꾸는 일 등은 요구하지 않는다. 통합의 구체적인 목표로서는, 인간관계 네트워크의 구축, 신뢰관계의 촉진, 사회적 마찰의 해소, 그리고 독일어능력의 문제로 인해 취직을 제한받지 않는 것을 들고 있다. 즉, 통합에 의해 다문화공생사회와 바이링구얼 이민자를 탄생시킨다는 것이다.

구체적인 정책으로 독일 국내에 계속해서 재주하는 외국인에게 독일의 언어, 법질서, 문화, 역사의 이해를 촉진하는 통합 코스를 제공하고, 제3자의 도움이 없이도 일상생활에 어려움을 겪지 않을 정도의 독일어와 독일 사정을 익히게 하는 것을 목적으로 한다는 취지를 밝히고 있다. 독일에 계속해서 체재하는 노동자들과 그 가족, 난민 등[04]은 체재 비자를 취득한 후 2년 이내 1번에 한해 코스에 참가할 수 있는 권리가 있으며 간단한 독일어 커뮤니케이션이 불가능한 경우에는 의무[05]적으로 참가해야 한다. 독일어 능력은 외국인국의 담당자가 비자발행과 연장의 수속 시에 판단하며, 참가가 의무인 외국인이 코스에 참가하지 않을 경우, 체재허가를 연장 할 때 어떠한 영향이 미치는지를 설명한다. 바꿔 말하면, 코스 참가의 유무가 체재의 연장허가에 직접적인 영향을 미친다는 것을 의미한다. 연방이민난민국Bundesamt für Migration und Flüchtlinge이 코스 제공의 축이 되는데, 실제로 코스의 운영은 각 주가 담당하며[06], 코스의 구성이나 학습내용, 교사의 선택과 인가 방법에 관한 조건은 연방정부의 법규명령 Rechtsverordnung으로 규정되어 있다.

구체적으로 규정된 코스 내용은 독일어 기초코스 300시간, 응용코스 300시간의 총 600시간이며, 100시간을 1텀term으로 하는 6개의 텀으로 구성되어 있다. 즉 1개월 100시간의 인텐시브코스로 6개월, 반년에 100시간의 일반 코스로 3년이 필요하다. 모든 학습과정을 끝내면, 장기체재로의 길이 열린다.[07] 2005년 8월 말의 보고에 의하면, 독일 전체에서 4679의 코스가 실시되고 있으며, 약 14만5000명이 수강하고 있다(Bundesministerium des Innern 2005). 정부는 코스의 실시를 위해 2억 800

만 유로의 예산을 계상하고 있으며, 수강자의 개인부담은 100시간 당 교재비용을 포함하여 32유로가 기준이다. 코스제공 장소는 이미 독일어 교육 실적이 있는 Goethe Institut독일문화원(제4장에서 상술)이나 민간 어학학교, 기독교 등의 종교단체가 운영하는 어학교실, 또는 일반 시민도 수강할 수 있는 대학의 독일어 코스와 Volkshochsule시민학교 등이 있다.

독일어 학습에 더해 독일에서 생활하기 위해 필요한 지식을 배우는 오리엔테이션 코스가 30시간 개설되어 있다. 이 오리엔테이션 코스를 수강함으로써 이민자들이 독일에서 보다 나은 생활을 꾸리고 주변의 독일사회와의 마찰을 피하게 하려는 목적이다. 항목은 크게 법질서, 역사, 문화로 나뉘며, 구체적으로는 다음의 항목들이 있다. (1)법질서 : 독일연방공화국의 국가구조, 민주주의, 정치 영향력, 선거권, 지방자치단체와 주의 지위, 법치국가, 복지국가원리, 기본법(헌법), 주민으로서의 의무, (2)역사 : 독일연방공화국의 성립과 발전, (3)문화 : 국민성, 시간개념, 생활규칙, 종교의 다양성 등이며 더 나아가서는 유럽, 시장경제, 유럽통합, EU확대, 독일 이민자의 역사, 지역의 역사, 문화적 지역적 다양성, 공사의 구별, 심볼에 관한 테마가 더해진다. 상당히 높은 레벨이므로 어학 코스에 부속하는 형태로 독일어 학습과정을 수료한 단계에서 실시된다. 쓰레기 버리는 법 등과 같이 실생활과 직접적으로 관련 있는 테마는 독일어 학습 중에 배운다.

3-5. 문제점과 전망

이민자의 사회적 통합이라는 문제에 대해 다양한 의견들이 신문과 TV를 떠들썩하게 했다. 이 통합프로그램의 등장은 다양한 문화적, 언어적 배경을 가진 사람들이 함께 생활해 나가는 사회를 목표로 하고 있어 다양한 문제가 제기되고 있지만, 일반적으로 이 프로그램은 이민자들에게 좋은 것으로 인식되어 실제로 프로그램 수강이 의무화된 외국인 측에서도 비교적 긍정적인 의견이 많다. 법률 시행 후에 큰 혼란도 일어나지 않았다.

구체적으로 외국인이 어떻게 하면 '통합되었다'라고 말할 수 있는 것일까. 외국인을 받아들인 호스트 사회는 그들에게 어느 정도의 어학능력을 요구해야 하는가. 독일어를 습득함으로써 외국인은 게토를 형성하지 않게 될 것인가. 또한 600시간으로 실제로 어느 정도의 독일어를 익힐 수 있는가 하는 언어교육상의 문제도 무시할 수 없다. 바쁜 주부들과 매일 생활을 지탱하기 위해 일하는 그들은 설령 독일어 코스에 다니는 노력을 게을리 하지 않는다 치더라도, 집에서 교재를 펴고 사전을 찾을 충분한 시간은 없다. 결코 경제적으로 여유가 있다고는 할 수 없는 이민자들을 630시간이나 구속하는 것은 지극히 어려운 일이다. 독일어 학습에 대한 의욕은 있지만, 말을 체계적으로 배운 경험이 없어 모어로도 '동사', '형용사'에 해당하는 단어를 몰라 수업의 문법 설명을 이해하지 못하는 이들도 적지 않다. 이러한 이민자들에게 독일어를 가르치기 위해서는 교사의 능력이 중요하다. 새로운 정책으로 인해 독일어 교사의 수요는 급증하였지만, 동시에 교사의 질을 확보하는 것은 어려워졌다. 막 시작된 새로운 이민법에 대한 평가와 결과가 나오기까지는 한동안 시간이 필요하겠지만, 어학습득의 개인차만 봐도 독일의 새로운 정책에 큰 어려움이 있으리라 예상된다.

통합프로그램은 재정상의 문제로 인해 기본적으로는 새로운 이민자를 대상으로 하고 있다. 때문에 새로운 이민법으로는 이미 장기체재는 하고 있지만 독일어학습이 필요한 사람들의 문제를 해결할 수 없다. 하지만 신규이민자가 이른 단계에서 독일사회에 참여할 수 있는 길을 제공받을 수 있다면, 이 새로운 시도에 어느 정도의 성과는 기대할 수 있을 것이다.

외국인 노동자를 받아들인지 반세기, 외국인이 전체 인구의 약 10%를 차지하게 된 상황에서, 막대한 비용을 투자해서라도 독일어학습을 축으로 이민자의 사회통합을 달성하고자 하는 독일의 자세는, 시간이나 임시방편의 대책으로는 외국인과 그들을 받아들이는 사회에 발생하는 다양한 문제를 해결할 수 없다는 것을 명확히 보여준다.

4. 독일어를 세계로 -외국어로서 독일어 보급 정책에 대해서-

이제 세 번째로 외국어로서의 독일어 보급 정책에 대해 살펴보고자 한다.

독일에서는 국외에 독일어를 어떻게 보급시키려 하고 있는 것일까. 두 차례 세계대전에서의 패배와 나치시대의 반성이 더해져 독일어를 국외로 보급시키는 데 있어 독일은 고전을 면치 못하고 있다. 이 점이 이웃나라인 프랑스의 프랑스어 보급 정책과 크게 다른 부분이다. 본고에서는 독일어 보급에서 큰 역할을 맡아온 대표적인 조직인 Goethe Institut독일문화원(이하 GI)에 대해 설명하고자 한다.

4-1. GI의 역사[08]

GI는 독일어 보급과 국외에서의 문화교류 등을 통해 독일 그 자체를 소개하는 독일의 문화기관이다. 독일 아카데미Deutsche Akademie를 이은 조직으로, 1951년에 설립되었다. 당초의 목적은 외국의 독일어 교사를 위해 연수의 장을 제공하는 것이었다. 1953년, 바트라이헨할Bad Reichenhall에 최초로 어학코스가 개설된 후, 무르나우Murnau와 코헬Kochel 에도 GI가 설립되었다. 이렇게 작고 목가적인 지역이 선택된 이유는 전후 독일의 좋은 부분을 어필하기 위한 목적에서이다. 처음 사용되는 교재는 Schulz-Griesbach가 집필한 교과서로, 현재도 이 교과서는 높이 평가되어 판을 거듭해 세계적으로 사용되고 있다(吉島·境 2003 : 121). 1955년 무렵까지는 독일어 수업을 하고, 독일어 교원에게 연수의 장을 제공하며 문화 활동을 하는 3개의 역할을 했다. 1959년부터 1960년에 걸쳐서는 GI를 독일 국외에도 설립하는 계획이 세워졌다. 1980년에 들어서자 GI의 설치지역을 선정하는 기준이 변경되어 바이에른 주를 중심으로 한 소도시라는 설치기준에서 대도시와 대학도시로 변경되었다. 1989년 베를린의 벽 붕괴와 더불어 1990년대의 GI의 활동은 주로 동유럽에 집중되었으며, 이 지역에 새롭게 GI가 설립되어 갔다. 2001년에는 Inter Nationes와 합병하여 Goethe Institut Inter Natioines e. V. 가 되었고, 이후 2003년 명칭을 GI로 변경하여 현재에 이른다. 2005년의 데이터에서는 독일 국내에 16개, 국외에는 79개국에 128개, 합쳐서 144개의 GI가 설립되었으며, 교직원은 합쳐서 3049명이었다. 2004년 어학 코스 참가자는 독일 국내에서 2만 700명, 국외에서 14만 9000명이었다.

4-1-1. GI활동 -다양한 코스의 제공-

GI의 활동을 크게 분류하면, '다양한 독일어 코스의 제공', '아이들과 젊은이들을 위한 맞춤 코스의 제공', '각종 시험의 실시', '통신교육의 실시', '교원 연수의 실시', '통합코스의 설립'이다. 일상생활에서 필요한 독일어를 배우는 코스, 고등교육을 받기 위한 독일어 코스, 일에서 독일어를 사용하는 사람들을 위한 코스, 독일 문화에 특히 관심이 많은 사람들을 위한 코스 등, 개인의 니즈에 맞는 코스가 제공되고 있다. 또한 급히 독일어가 필요해진 사람들을 위해 소그룹으로 수업과 개인 수업을 실시하는 경우도 있다. 아이들과 젊은 사람들을 위한 코스에서는 독일어 학습에 스포츠, 하이킹, 음악을 도입하는 등, 학습자의 연령에 맞는 학습방법이 시행되고 있다. 고등교육을 받기 위한 코스에서는 전문 과목의 공부를 독일어로 하기 위한 대책수업이 제공된다. 직업 면에서 독일어가 필요한 사람을 위한 코스에서는 경제용어를 구사한 텍스트를 이용하는 등, 학습자가 실제로 직장에서 직면하기 쉬운 장면을 상정한 수업이 이루어진다. 또한 독일 문화에 관심이 많은 사람들을 위해 독일문학, 독일문화, 독일음악을 이용하는 수업도 있다.

통신교육도 실시되고 있으며, GI의 본부가 있는 뮌헨 교외의 무르나우에는 원격수업시설Fernlerninstitut을 설치해, 통신교육전문 스태프를 두고 있다. 통신교육에서도 통학제 수업코스와 같은 레벨설정이 되어 있어, 확실하게 연계가 되는 구조로 구성되어 있다.

4-1-2. GI활동 -세계에서 통용되는 시험과 그 평가법-

GI에서는 독일어 능력을 공적으로 나타내기 위해 각종 시험을 실시하고 있다. 시험 레벨의 구분은 유럽평의회Council of Europe가 작성한 유럽공통참조기준[09]을 바탕으로 한다. 이 기준에서는 독일어능력을 A1부터 C2까지로 분류하고 있다. 각 레벨마다 해당하는 시험으로 GI가 설정하고 있는 것은 다음과 같다.[10]

- A1: Start Deutsch1 스타트 독일어1
- A2 : Start Deutsch2 스타트 독일어2
- B1 : Zertifikat Deutsch(ZD) 독일어 기초통일시험
- B2 : Zertifikat Deutsch für den Beruf(ZDfB) 직업 독일어검정시험
- C1 : Prüfung Wirtschaftsdeutsch(PWD) 국제비지니스 독일어검정시험
  Zentrale Mittelstufenprüfung(ZMP) 독일어 중급통일시험
- C2 : Zentrale Oberstufenprüfung(ZOP) 독일어 상급통일시험
  Kleines Deutsches Sprachdiplomv(KDS) 독일어 소 디플롬
  Großes Deutsches Sprachdiplom(GDS) 독일어 대 디플롬

각 레벨의 능력평가는 단순한 수치에만 의존하는 것이 아니라 '~할 수 있다'라는 기술방법을 이용하여 평가한다. 예를 들어 입문레벨의 능력을 평가하는 경우에도 그 능력에 대해서 긍정적인 기술로서 평가하고 있다는 점이 특징적이다.

4-1-3. GI의 활동 -교원연수-

GI의 설립 당초부터 과제였던 독일어 교원 연수에 대해서는 독일 국내의 16도시를 중심으로 세계 각지에서 실시되고 있다. 연수 참가를 위한 장학금도 마련되어 있어, 외국에서의 연수도 받아들이고 있다. 교원 연수로 최근 주목받고 있는 것이 '통합코스Integrationskurs'를 담당하는 독일어교사의 연수이다. 3절에서 서술했듯이, 2005년 1월 1일부터 새로운 이민법이 시행되고 이민자들을 대상으로 '통합코스'가 제공되고 있는데, GI는 이 코스에서 독일어를 가르치는 교원을 위한 연수에도 힘쓰고 있다. 이 교원 연수의 참가자는 이민자를 열린 태도로 접하기 위해 처음부

터 이민학습자에 관한 기초지식을 배운다. 또한 이민자의 클래스를 가르친 경험이 있는 참가자가 다른 참가자에게 정보를 제공하고, 서로 지식을 공유함으로써 더욱 연계를 강화시키려고 노력하고 있다.

4-2. 이념을 향해서[11]

GI는 정치적, 경제적인 교류 외의 문화적 교류를 기반으로 하고 있다. 문화 활동을 행하기 위해서는 이념이 필요한데, GI는 민주주의와 평화에 공헌할 수 있는 이문화간의 대화를 촉진하는 것을 궁극적인 이념으로 내세우고 있다. 유럽만이 아니라 세계 전체가 다언어상황이라는 사실을 감안하여 이에 대응하기 위한 연계를 조화롭게 만들어가는 것을 목적으로 문화 활동을 시행하고 있다.

이 목적을 달성하기 위해서는 먼저 GI가 외국의 독일 문화시설로서의 역할을 다하는 것이 중요하다. 각지의 문화인과 독일의 접점을 만들어냄으로써 독일의 인상을 조금이라도 좋게 만들려는 노력 또한 필요할 것이다. GI는 멀티미디어를 구사하여 세계 각지와의 연대를 강화하고, 독일에 우호적인 사람들을 늘리기 위해 노력하고 있다. GI가 독일뿐 아니라 유럽 전체의 문화시설로서 역할을 다 해 나갈 수 있을지 향후의 활동에 주목할 필요가 있다.

4-3. 독일어의 역할에 관한 GI의 인식

독일어를 모어로 하지 않는 사람들이 독일어를 배우는 이유에 대해, GI는 다음의 10가지 이유를 들고 있다.[12] ① 독일은 세계에서도 손꼽히는 수출국이다. ② 독일어가 EU중에서 가장 화자수가 많은 언어이다. ③ 세계에서 출판되는 책의 18%가 독일어로 쓰여져 있다. ④ 많은 기업이 독일에 지부를 두고 있다. ⑤ 다른 많은 언어들에 비해 배우는 데 특별히 어려운 언어가 아니다. ⑥ 독일어는 학문 세계에서 2번째로 많이 사용되는 언어이다. ⑦ 독일어는 괴테, 니체, 카프카의 언어이며, 모차르트, 바하, 슈베르트, 아인슈타인의 언어이다. ⑧ 독일어를 이해하고 말함으로써 문화를 보다 잘 이해할 수 있으며, 노동시장에서도 기회를 쉽게 얻을 수 있다. ⑨ 독일어를 학습하면, 중앙 유럽의 정신적, 경제적, 문화적인 영역을 개척할 수 있다. ⑩ 많은 국가들에 독일여행객이 적지 않다.

GI의 소장인 유타 림바흐Jutta Limbach는 영어가 '세계어Weltsprache'가 된 사실을 받아들이고 '영어는 필요한 언어, 독일어는 이에 더해 배울 가치가 있는 언어Englisch ist ein Muss, Deutsch ist ein Plus'라는 자세를 GI를 통해 권장해 나갈 것이라고 밝혔다(Limbach 2005). 림바흐는 언어가 단순한 커뮤니케이션의 도구가 아닌, 문화를 내포하는 것임을 강조한다. 각각의 언어에는 각각의 사고방식이 있다는 훔볼트의 학설을 인용하면서, 독일어 학습으로 획득할 수 있는 새로운 세계가 얼마나 매력적인지를 이야기한다. 그 한편으로 독일어 모어화자들이 점점 독일어를 특별하게 생각하지 않는 다는 사실을 지적하며, 프랑스에 비해 독일인은 국제무대에서 동시통역을 이용하지 않고 영어를 사용하는 케이스가 많으며, 모어를 사용하지 않음 으로써 표면적인 것 밖에 표현하지 못하는 것을 우려하고 있다. 이러한 과제에 직면해 나가기 위해서는 독일어 모어화자의 독일어에 대한 태도를 다시 되돌아봐야한다고 림바흐는 주장한다(Krumm 2003). 역시 이와 유사한 지적을 하고 있다.

4-4. 과제와 전망

우리는 GI의 독일어 보급정책을 통해 시대의 동향과 각 지역 사람들의 니즈에 유연하게 대응하려는 자세를 엿볼 수 있다. GI는 만하임의 독일언어연구소Institut für Deutsche Sprache, 독일어협회Gesellschaft für Deutsche Sprache와도 연계하여 독일어 그 자체의 연구에도 매진하고 있다.

2005년부터 2006년에 걸쳐서는 '일본 독일의 해Deutschland in Japan 2005/2006'가 기획되었는데, GI도 통괄지원기관의 하나가 되었다. 이 기획의 목적은 현재 독일을 일본에 어필하고 독일과 일본의 관계를 보다 한층 두텁게 하는 것이었다. 일본 국내에서도 독일 전체상을 소개하는 행사가 개최되었다.

GI의 정책은 다양화되고 있는 일본의 언어교육에도 참고할만한 부분이 많다.[13] 여기서는 예를 들어 일본어교육에 대해 생각해 보겠다. 현재 일본어교육계에서는 일본어학습자가 처한 현황도 충분하게 파악하지 못하고 있다. 국제교류기금의 일본어교육정책은 일본어 학습자가 처한 상황을 파악하는 일의 어려움을 토로하면서, 235만 명이나 존재하는 일본어학습자(국제교류기금 2003)의 현황파악과, 학습언어의 스탠다드평가의 기준 제작에 나섰다. 유럽공통참고기준도 여기서 많이 활용되고 있다.

GI가 활동영역을 어떻게 확장해 나가는가, 즉, 독일이 언어정책으로 이민자 문제와 독일어 보급이라는 과제를 어떻게 극복해 나가는가 하는 문제는 일본어교육에 대해 생각할 때도 하나의 모델로서도 앞으로 주의 깊게 지켜볼 필요가 있는 테마이다.

5. 나가며

　본고에서는 독일어는 대체 누구의 것인가 하는 질문에 따르는 형태로 독일의 세 개의 언어정책에 대해 살펴보았다. 언어정책은 대상자와 목적에 따라 다양하지만, 세부를 살펴보면 각각 개별적으로 존재하는 것이 아니라 상호 관련되어 있다는 것을 알 수 있다. 제2절에서 서술했듯이, 맞춤법의 변경은 독일 국내와 독일어를 공용어로 하는 나라뿐만 아니라, 조금이라도 독일어와 관련이 있는 출판, 신문, 그리고 독일어를 사용하는 기관에까지 영향을 미친다. 물론 독일 국내뿐 아니라 독일에서 멀리 떨어진 곳에서 독일어를 학습하는 사람들에게도 영향을 준다. 신문사에 따라 맞춤법이 다른 기이한 현상, 그리고 이에 따른 혼란은 언제까지 지속될 것인가. TV에서는 정부관계자, 연구자, 출판사, 그리고 처음 맞춤법을 배우는 아이들을 담당하는 교원들로 구성된 토론회가 종종 열린다. 독일어화자 한명 한명이 자신들의 말에 대해 생각해보는 기회이기도 하다. 또한 이 문제는 일본에서 제2차 세계대전 후에 행해진 대규모의 표기개혁과 비교해 봐도 흥미롭다.

　독일에 많은 외국인이 살고 있다는 것은, 동시에 모어와 독일어라는 다언어환경에서 생활하고 있는 사람이 많다는 것을 의미한다. 새로운 이민법은 독일어 습득이 이민자의 사회적 통합의 가장 중요한 열쇠라고 생각해 독일어의 학습을 의무화했다. 이 새로운 정책을 성공시키기 위해서는, 준비된 독일어 학습기관과 제도, 교과서, 그리고 교사가 필요하며 독일 내외의 독일어교육과 독일문화보급의 역할을 맡고 있는 GI의 역할이 중요하다.

　사람들이 국경을 넘어 왕래하고 많은 정보와 다양한 언어가 난무하는 현대사회에서, 한 국가의 언어정책은 많은 사람에게 영향을 준다. 독일의 언어정책은 일본의 정책에 대해 생각할 때에도 참고가 될 것이다. 일본은 앞으로 더욱 많은 외국인과 함께 생활하는 사회를 만들어 나가게 될 것이다. 일본에서 생활하고 일을 하는 외국인들에 대한 일본어교육 문제는 이미 신문이나 TV에서도 다루고 있지만, 향후 더욱 구체적인 정책이 필요해질 것이다. 또한 세계 각지에서 일본어를 모어로 하지 않는 사람들이 일본에 흥미를 갖고 일본어를 학습하고 있다. GI의 국가적인 독일어, 독일문화 보급정책은 세계를 향한 일본어교육을 생각할 때도 도움이 될 것이다.

주석

01 독일은 16개의 주로 구성된 연방제이며, 학교교육에 관해서는 국가가 아닌 각 주가 결정
   권을 가지고 있다.

02 당시는 아직 독일마르크.

03 게토(Ghetto) : 중세 유럽의 한 도시의 유대인지구를 의미하는 단어였지만, 현대에서는
   공통된 에스닉 문화적 특징을 가지는 특정한 집단이 모여 사는 도시의 특정 지구를 가리
   키며, 일반적으로 이민 지구를 게토라고 부르는 경향이 있다. 경멸조의 의미로 사용되는
   경우가 많아 차별어라는 의견도 있다. ワース(1993), キャッシュモア編(2000)

04 연구자와 주재원, 그린카드 소지자 등 체재가 일시적인 자는 생략된다. 그린카드는 2000
   년 8월부터 도입된 5년간 유효한 비자로, IT관련직에 종사하는 외국인에게 발급된다.

05 1.독일 내의 직업훈련학교, 또는 학교교육을 받고 있는 자(아이들과 청소년을 포함), 2.
   코스와 같은 교육 서비스에 참가하고 있는 것을 증명할 수 있는 자, 3. 환자 등 계속적인
   참가가 불가능한 자는 코스 참가의 의무가 완전히, 혹은 부분적으로 면제된다.

06 독일은 연방제이며, 교육제도도 주에 따라 다소 달라지므로, 교육 분야의 일부로 여겨지
   는 통합코스 운영의 재량도 각 주에 위임하고 있다.

07 독일어학습자를 위한 초급수료테스트로서 이제까지 널리 사용되었던 Zertifikat Deutsch
   가 600시간의 독일어학습의 도달목표로 제시되고 있다(四釜·松尾 2006).

08 http://www.goethe.de/uun/ges/deindex.htm 을 참조.

09 정식 명칭은, *Common European Framework of Reference for Languages: Learning,*
   Teaching, Assessment(Council of Europe2001). 그 독일어판은, *Gemeinsamer europäischer*
   Referenzrahmen für Sprachen: lernen, lehren, bewertung(Goethe Institut/Inter nationes
   u. a.,2001). 또한 영어판에서 일본어로도 번역되어 있다(吉島·大橋 2004).

10 언어테스트에 관한 상세한 내용은 四釜·松尾(2004)를 참조.

11 http://www.goethe.de/uun/auz/ths/deindex.htm을 참조.

12 http://www.goethe.de/ins/de/ler/deu/jaindex.htm을 참조.

13 독일이 '이민국(Einwanderungsland)'이라는 의식을 가지기 시작한 것은 '이민국가'로서
   성립한 미국이나 호주 등의 국가들에 비해 상당히 최근의 일이다(Meier-Braun 2002). 외
   국인이 최근 많이 거주하게 된 일본은 아직 '이민국'이라는 인식이 없지만, 독일의 정책에
   서 일본이 참고로 할 만한 부분이 많이 있으며 이는 언어교육에도 적용이 가능할 것이다.

참고문헌

キャッシュモア・エリス（編）　2000.『世界の民族・人種関係事典』東京：明石書店

国際交流基金　2003.『海外の日本語教育の現状—日本語教育機関調査』東京：国
際交流基金

四釜綾子・松尾馨　2006.「多様性に応じたドイツ語テスト」国立国語研究所編『世
界の言語テスト』pp. 97-130　東京：くろしお出版

吉島茂・大橋理枝他（訳・編）2004.『外国語の学習、教授、評価のためのヨーロッ
パ共通参照枠』東京：朝日出版社

吉島茂・境一三　2003.『ドイツ語教授法—科学的基盤作りと実践に向けての課題』
東京：三修社

ワース・ルイス　1993.『ユダヤ人問題の原型・ゲットー』東京：明石書店

Bundesministerium des Innern. 2005.09.12. Schily stellt Integrationsaktivitäten des
Bundes vor. http://www.bmi.bund.de/Internet/Content/Nachrichten/Pressemit
teilungen/2005/09/Integrationsaktivitaeten.html（2005.09.20 現在）

Castner, Thilo; Koch, Klaus. 1996. "Einführung in das neue Regelwerk der
Rechtschreibreform," *Wirtschaft und Erziehung*. 48(11), pp. 363-369.

Coulmas, Florian. 1998. Commentary: spelling with a capital "S". *Written Language
and Literacy*. 1(2), pp. 249-253.

Council of Europe. 2001. *Common European Framework of Reference for Languages:
Learning, teaching, assessment*. Cambridge: Cambridge University Press.（吉島・
大橋他（2004）も参照。）

Council of Europe. 2004. *Foreigners' Integration and Participation in European Cities*.
Strasbourg: Council of Europe.

Denk, Friedrich. 1997. "Eine der größten Desinformationskampagnen," in Eroms,
Hans-Werner and Munske, Horst H.(eds.) *Die Rechtschreibreform: Pro und
Kontra*. Berlin: Erich Schmidt Verlag, pp. 41-46.

Gelberg, Hans-Joachim. 1997. "Konsequenzen der Rechtschreibreform," in Eroms,
Hans-Werner and Munske, Horst H.(eds.) *Die Rechtschreibreform: Pro und
Kontra*. Berlin: Erich Schmidt Verlag, pp. 57-58.

Goethe-Institut Inter Nationes et al.(eds.) 2001. *Gemeinsamer europäischer
Referenzrahmen für Sprachen: Lernen, lehren, beurteilen*. Berlin et al.:
Langenscheidt.

Gottlieb, Nanette. 1995. *Kanji Politics: Language Policy and Japanese Script.* London and New York: Kegan Paul International.

Gröschner, Rolf. 1997. "Zur Verfassungswidrigkeit der Rechtschreibreform," in Eroms, Hans-Werner and Munske, Horst H. (eds.) *Die Rechtschreibreform: Pro und Kontra.* Berlin: Erich Schmidt Verlag, pp. 59-79.

Hantke, Irena. 2001. "Geschichte der Rechtschreibreform," *Verwaltungsrundschau.* 47 (7), pp. 235-239.

Heller, Klaus. 2000. *Rechtschreibung 2000: Die aktuelle Reform.* Stuttgart et al.: Klett.

Johnson, Sally A. 2005. *Spelling Trouble? Language, Ideology and the Reform of German Orthography.* Clevedon: Multilingual Matters.

Kathe, Steffen R. 2005. *Kulturpolitik um jeden Preis. Die Geschichte des Goethe-Instituts von 1951 bis 1990.* München: Martin Meidenbauer.

Kopke, Wolfgang. 1995. *Rechtschreibreform und Verfassungsrecht: Schulrechtliche, persönlichkeitsrechtliche und kulturverfassungsrechtliche Aspekte einer Reform der deutschen Orthographie.* Tübingen: Mohr.

Krumm, Hans-Jürgen. 2003. "Deutsch im Konzert der Sprachen. Die Rolle der deutschen Sprache in Konzepten europäischer Mehrsprachigkeit," in Krumm, Hans-Jürgen (ed.) *Sprachenvielfalt: Babylonische Sprachverwirrung oder Mehrsprachigkeit als Chance?* Innsbruck et al.: StudienVerlag, pp. 165-180.

Ledig, Felicitas. 1999. "Die öffentliche Auseinandersetzung um die Rechtschreibreform von 1996," *Deutsche Sprache.* 27(2), pp. 97-118.

Limbach, Jutta. 2005. "Berliner Lektion: Ich liebe unsere Sprache." Berlin et al.: Goethe-Institut.
http://www.goethe.de/mmo/priv/367926-STANDARD.pdf. (2006.05.19 現在)

Meier-Braun, Karl-Heinz. 2002. *Deutschland, Einwanderungsland.* Frankfurt/Main: Suhrkamp.

Rivers, Julian; Young, Christopher. 2001. "Wer beherrscht die deutsche Sprache?," *Zeitschrift für Dialektologie und Linguistik.* 68(2), pp. 173-191.

Rost-Toth, Martina. 1995. "Language in intercultural communication," in Stevenson, Patrick (ed.) *The German Language and the Real World.* Oxford: Clarendon Press, pp. 169-204.

Sick, Bastian. 2004. *Der Dativ ist dem Genitiv sein Tod.* Köln: Kiepenheuer & Witsch.

Statistisches Bundesamt Deutschland. 2005. "Bevölkerung nach Geschlecht und

Staatsangehörigkeit."

http://www.destatis.de/basis/d/bevoe/bevoetab4.htm（2005.09.20 現在）

Tollefson, James W. 1991. *Planning Language, Planning Inequality.* London: Longman.

Twine, Nanette. 1991. *Language and the Modern State: The Reform of Written Japanese.* London: Routledge.

제 8 장

다언어국가로서 스페인과 모로코
-현재 상황과 역사적 배경-

이시하라 다다요시石原 忠佳

1. 이베리아 반도의 다언어사용 현황

이베리아 반도의 약 5분의 4를 지배하는 스페인에서는 전국 공용어인 스페인어(74%) 외에도 다양한 언어가 쓰이는데, 그 중 주요 3언어가 지방공용어이다. 포르투갈과 접경인 스페인 북부 갈리시아 지방의 갈리시아어(7%), 스페인 제2도시 바로셀로나를 중심으로 한 지역의 카탈루냐어(17%), 그리고 중앙북부의 칸타브리아 지방 일대에서 사용되는 바스크어(2%)가 있다. 특히 바스크어는 오늘날까지 많은 언어연구자의 관심을 받고 있지만 그 언어기원에 관한 연구에는 근년까지 거의 손을 대지 못하고 있는 실정이다.

나아가 남스페인을 보면, 안달루시아 지방의 코스타 델 소르(태양의 해안)에 면한 지중해 건너 아프리카 대륙 쪽에 세우타Ceuta와 멜리야Melilla라는 두 도시가 있다. 모로코는 1956년에 프랑스에서 독립했지만, 일찍이 스페인이 통치하고 있던 이 두 지역은 여전히 모로코에 반환되지 않고 스페인령인 채 남아 있다(제9절 지도 5참조). 이들 주변지역에서는 스페인어와 더불어 아랍어나 베르베르어가 사용된다. 나아가 옛 스페인령 서부사하라 근교의 하사니아어, 베르베르어에서 파생했다고 여겨지는 카나리아 제도의 선주민인 관체인guanche의 언어 등의 존재도 무시할 수 없다. 이는 '이베리아 반도에서는 옛부터 어떤 언어가 사용되었나'라는 의문에 베르베르어가 무언가 단서를 제공할 가능성을 배제할 수 없기 때문이다.

2. 스페인어는 어떠한 언어인가 : 스페인어의 방언

유사 이래 이베리아반도에 살고 있는 것은 이베로인이라 불리는 사람들인데, 그 언어는 북아프리카 기원이라고 한다. '이베리아 반도'라는 명칭은 이 '이베로'에서 유래한다. 기원전 900년 즈음 이베리아 반도의 북서부로부터 켈트인이 이 지역에 침입하기 시작해, 이베로인과 섞여 '켈트-이베로 인종Celtiberian'이 반도 전체에 진출했다. 그리고

그림 1 : 이베리아반도

그들의 언어도 점차 획일화됐다. 그 후 '이스파니아'라 불리는 이 지역을 지배한 것은 페니키아인과 카르타고인이었다. 기원전 206년, 로마인들의 이베리아 반도 정복이 시작되는데, 라틴어가 이스파니아에 보급되기 시작한 것은 이 즈음이다.

그러나 종래의 이베리아반도 선주민의 언어가 바로 소멸하지 않고 오랜 기간에 걸쳐 이 지역은 2언어사용지역이 되었다. 라틴어로 쓰인 문학이 보급됨에 따라 라틴어 자체도 상류계급의 라틴어Classic Latin와 세속 라틴어Vulgar Latin로 분화되어 갔다. 이 세속 라틴어는 시대에 따라 더욱 분화해, 로망스어가 탄생하게 되었다. 오늘날 유럽 각국에서 사용되는 로망스언어는 이탈리아어, 루마니아어 등 동방 로망스어와 스페인어, 포르투갈어, 프랑스어, 프로방스어 등 서방 로망스어로 분류된다.

한편, 스페인어라고 해도 여러 방언이 있다. 그 중 스페인 국내에서는 카스티야 방언Castilian이 가장 우세하다. 이 카스티야 방언은 스페인어로 '카스티야노castellano'라 불린다.

칸타브리아 지방에서 탄생한 카스티야 방언은 종래 부르고스Burgos 주변의 작은 지역에서 쓰이던 카스티야 방언 중 하나에 지나지 않았으나 서방 레온 방언[01]지역과, 동방 나바라 지역의 아라곤 방언[02]을 압박하면서 점차 남하하여 확대되어 갔다. 카스티야 방언이 탄생한 칸타브리아 지역에서 이베리아 반도 중앙부까지는 '옛 카스티야'라 불리며 오늘날 카스티야 레온 주를 형성한다. 그리고 가장 초기의 카스티야 방언 형태를 오늘날까지 비교적 충실히 보존하고 있는 것이 이 지역 일대의 스페인어라고 한다.

카스티야 방언은 남쪽으로 퍼지면서 점차 음성적 변천이 일어나는데, 수도 마드리드나 라만차 지역은 카스티야 방언의 원형을 꽤 유지하고 있다. 이 카스티야 방언이 오늘날 소위 '스페인어'로 정식으로 인정받고 있으므로, 이 지방의 구어인 '스페인어'를 배운 외국인 입장에서는 그 발음이 가장 알아듣기 편하다고 한다.

그러나 그 후에도 더욱 남하하여 사용영역을 확대한 카스티야 방언은 칸타브리아 지방의 말과는 상당히 다른 형태가 되었다. 남서부에 퍼진 카스티야 방언은 에스트레만두라 방언[03], 남동쪽으로 뻗은 것은 무루시아 방언[04], 최남단 지역 안달루시아에 이르러서는 안달루시아 방언[05]이라는 새 명칭을 각각 얻게 되었다. 이들 방언은 방언의 방언이라는 의미로 언어학상 '하위방언subdialect'으로 분류되며 보통 '방언'과는 일선을 긋는다.

계속 남하를 이어간 카스티야 방언은 이베리아 반도를 넘어 대서양의 카나리아 제도에 이르렀다. 카나리아 제도에서 쓰이는 스페인어는 카나리아 방언[06]이라 불리며 역시 스페인어의 하위 방언 중 하나로 꼽힌다.

3. 스페인어와 포르투갈어의 사용영역

이베리아 반도에서 스페인어와 포르투갈어의 분포가 그 국경선과 반드시 일치하는 것은 아니다. 특히 포르투갈 북부의 스페인 갈리시아 지역에서는 언어사정이 복잡하다. 이는 포르투갈어와 그 방언에 해당하는 갈리시아어gallego[07]가 공존하고 있기 때문이다. 갈리시아어는 엄밀한 의미로는 스페인어로 '갈리시아 포르투갈어gallego-portugués'라 불리며, 언어학적으로는 포르투갈어의 초기 방언이 스페인어화 된 것이라고 간주된다. 나아가 이 지역에는 스페인어 방언인 레온 방언의 개입으로 그 언어사정은 한층 복잡하다. 따라서 갈리시아 지방은 스페인어와 포르투갈어라는 2언어병용지대임과 동시에 바꿔 말하면 갈리시아 방언, 레온 방언, 스페인어라는 다방언혼재지역multi-dialectal이기도 하다.

이런 상황은 정치언어학political linguistics의 관점에서 보면 다음과 같은 추론을 가능하게 한다.

"만일 갈리시아 지방이 정치적으로 카스티야 왕국에 병합되지 않았더라면, 오늘날 이 지역은 포르투갈어를 사용하고 있었을 것이다."

갈리시아 지방은 1093년에 카스티야왕 알폰소 6세에 의해 카스티야에 병합되어 1096년 앙리 왕이 포르투갈 백작으로 임명되었다. 당시 포르투갈은 아직 스페인의 일부였는데, 1143년 독립을 달성했다. 그 후 1580년부터 60년간 포르투갈은 카스티야의 필립 2세에 의해 다시 스페인 지배 아래 놓인 시기가 있었다.

포르투갈과 스페인을 가르는 세로 국경선은 옛 카스티야의 레온Léon 주, 사모라Zamora 주, 살라만카Salamanca 주를 통과해 에스트레만두라 지방의 카세레스Cáceres 주, 바다호스Badajoz 주를 거쳐 안달루시아 지방의 웰바Huelva 주에 걸쳐 있다. 레온 주는 갈리시아의 여러 영향을 받았지만 언어학 상 그렇게까지 복잡한 문제를 안고 있지는 않다. 그러나 사모라 주 서부에서는 레온 방언이 포르투갈 국경으로 나뉜 상태로 사용되고 있다. Rinor, Guadramil, Miranda do Douro의 세 지점이 그렇다.

더욱 남하하면 이번에는 포르투갈어가 스페인 국경 안에 섬상태enclave로 사용된다. 구체적으로는 살라만카 주의 남서부 카세레스와의 주 경계 Alamedilla에서 사용되는 포르투갈어이다. 카세레스 주에서는 북서부의 Valverde de Fresno, Eljas, San Martín de Trevejo 세 지역과 주 내부의 Cedillo, Herrerra de Alcántera 두 지점에도 포르투갈어가 들어와 있다.

바다호스 주를 보면 포르투갈어와 스페인어 2언어병용이 보이는 지역

그림 2 : 스페인어, 포르투갈어의 경계

이 있다. 올리벤사Olivenza 지방재판소의 관할구에 속하는 Cheles, Táliga이다. 16세기 이전 이 일대는 상황에 따라 어느 시기에는 포르투갈의 지방재판소의 관할구에 속하고, 또 어떤 시기에는 스페인 지방재판 관할구에 들

어갔는데, 16세기 말에는 영구적으로 스페인에 속하게 된 지역이다. 말하자면 정치행정상 요인이 이 지역의 언어사용을 결정지은 것이다. 나아가 오늘날 이 지역의 주민은 포르투갈어는 상용용어로, 스페인어는 교육에 쓰는 말로 인식하며 이 두 언어를 그 때 그 때 상황에 맞춰 나눠 쓰고 있다.

4. 갈리시아 지방의 현황 : 사회언어학적 측면에서의 고찰

2언어병용지대인 갈리시아 지방에서는 사회언어학적 입장에서 볼 때 매우 흥미로운 측면을 찾아볼 수 있다. 갈리시아는 도시에서 스페인어가 우세한 반면, 농촌에서는 갈리시아어를 선호한다. 이같은 상황을 보면 갈리시아어는 문화수준이 낮은 사람들의 언어라 생각하기 십상이다. 그럼 왜 이러한 생각이 일반화 되었을까. 실은 갈리시아어의 스페인어화는 15세기에 시작된 현상으로, 이 즈음에는 이미 갈리시아어는 문학상 언어로서의 지위를 잃고 있었다. 여기에서 말하는 '스페인어화'라는 용어는 당시 역사적 배경을 생각한다면 '카스티야화'의 의미이다. 어쨌든 갈리시아어gallego와 스페인어castellano는 늘 상호간에 영향을 주면서 전개되어 왔으므로 많은 스페인어 어휘가 갈리시아어에 들어가거나 반대로 갈리시아 지방의 스페인어가 갈리시아어화 되는 경위도 간과할 수 없다. 그렇다면 19세기에 이르기까지 갈리시아어 사용이 농촌에 넓게 퍼진 현상은 어떻게 설명할 수 있을까.

그 이유는 카스티야 왕국이 자신들의 언어인 "castellano"의 사용을 갈리시아 주민에게 강요하지 않았다는 정치적 요인 때문은 아니다. 그보다 갈리시아 지방은 19세기까지 교육제도가 완비되지 않아서 스페인어가 확대될 토양이 충분하지 않았다는 단순히 사회적 요인에 의한 것이다. 학교가 없어 카스티야 왕국이 스페인어를 보급하는 것은 힘들었을 것이다.

또 설령 정복자가 피정복자에게 자신의 언어 사용을 강요한다 해도 의사소통이라는 관점에서 보면 사람들은 자신이 가장 쓰기 쉬운 언어를 사용하는 것은 당연하다.

그러면 이 지방의 카스티야화는 어떻게 진행된 것인가. 우리는 여기에서 '이민의 문제'로 시점을 옮겨야 한다. 당시 경제적 이유로 중남미 특히 아르헨티나의 수도인 부에노스아이레스, 쿠바 수도인 하바나, 그리고 멕시코로 많은 갈리시아 주민이 돈벌이를 위해 이주했고, 갈리시아로 다시 돌아왔다. 그들은 결과적으로 중남미의 스페인어를 가지고 돌아온 것이다. 이민자들은 사회적으로 하층계급의 비율이 높았고 당연히 갈리시아어밖에 못했지만, 현지에서 노동하기 위해 어쩔 수 없이 스페인어를 써야 하는 상황이었다. 점점 늘어난 이민노동자는 갈리시아 변경으로 돌아왔고, 결과적으로 그들을 통하여 농촌에 스페인어가 보급되었다. 이런 흐름이 사실이라는 것을 뒷받침하는 설명으로 아래의 두 가지를 들 수 있다.

① 중남미의 스페인어에 있는 특유의 단어가 갈리시아 지방에서 많이 사용되는 점
② 중남미의 스페인어를 특징짓는 2인칭 대명사가 스페인 본토에서 사용되는 유일한 지역이 갈리시아 지방인 점[08]

5. 스페인어와 카탈루냐어의 사용영역

스페인어와 카탈루냐어의 경계는 스페인어의 아라곤 방언과 카탈루냐어의 경계선이다. 현재의 언어분포를 엄밀히 고려하면 아라곤 방언은 피레네 산맥

의 지극히 한정된 지역에서 사용되는 하나의 방언이지만, 웨스카Huesca에서 무르시아Murcia에 이르는 카스티야화가 14세기에 진행된 점을 고려하면 당연히 아라곤 방언과 카탈루냐어의 관계를 조사할 필요가 있다.

카탈루냐어는 헤로나, 바로셀로나, 타라고나, 레리다라는 카탈루냐 지방 네 개의 주에서 사용되는 말인데, 그 사용지역은 피레네 산맥 일대까지 퍼져 있어서, 웨스카나 사라고사에서도 약 7만 명이 오늘날에 이르기까지 카탈루냐어를 사용하고 있다. 그러나 이 두 지역의 카탈루냐어는 카탈루냐어와 아라곤 방언이 섞여 있는 듯한 언어적 특징을 보여주고 있다.

우선 피레네 지방의 카탈루냐어와 아라곤 방언의 경계선을 보면, 상당히 애매한 모양을 하고 있다. 즉 이 지역 일대에서는 사실상 이 두 가지가 혼재되어 사용되고 있기 때문이다. 이 지역에서는 몇 가지 언어현상이 복잡하게 교차되는데 방언이라는 관점에서는 대략 3지역으로 구분할 수 있다. 이 지역에 흐르는 3개의 강이 그 지역을 거의 결정하기 때문이다. 첫째는 에세라 강으로, 이 계곡 일대에

그림 3 : 카탈루냐어 영역

①에세라 강, ②이사베나 강, ③노게라 리바고르사 강

서는 아라곤 방언이 사용된다. 다음 이사베나 강인데, 이 분지 유역의 마을에서는 카탈루냐어와 아라곤 방언의 중간적 성격을 지닌 방언이 사용된다. 그리고 마지막으로 노게라 리바고르사 강을 보면 이 근교에서 사용되는 것은 전형적 카탈루냐어이다.

이렇게 북부의 복잡한 상황과는 대조적으로 베나바레에서 아리칸테에 이르는 지역에서는 그 경계가 명확해서 카탈루냐어를 말하는 지역과

아라곤 방언을 말하는 지역이 일목요연하게 식별가능하다. 그 이유는 그리스도교도에 의한 국토회복운동(레콘키스타)이 베나바레에서 남부 지역으로 진행됨에 따라 이 두 언어의 경계선이 점차 뚜렷해졌기 때문이다. 즉 포르투갈과 스페인의 국경이 명확한 것에서 알 수 있듯이 당시 레콘키스타가 아라곤과 카탈루냐에서 진행되는 과정에서 양국의 왕이 정치세력 분포를 조약에 따라 면밀히 정한 것이다. 아라곤 왕국과 카탈루냐 왕국 사이에서 1244년 알미스라Almizura로 불리는 정치 조약이 맺어져 발렌시아의 경우 해안지대는 카탈루냐인들이 다스리고, 해안선에서 카스테욘에 이르는 지역은 카라고나 교구에, 발렌시아 내륙부는 톨레도 교구에 편입되었다.

발렌시아에서 쓰이는 카탈루냐어는 흔히 "Valenciano"라 불리는 카탈루냐어의 세분화 방언인데, 양자의 차이는 안달루시아 방언과 표준 스페인어 정도로 사소한 것이다. 발렌시아 주의 해안지방과 수도 주변에서 사용되는 카탈루냐어 인구는 주 전체 주민의 3분의 1에 해당하며 인구가 많은 내륙부는 아라곤 방언을 쓰는 주민이 점령하고 있다. 아리칸테에서는 비예나 등 카스티야 방언을 쓰는 지역과 알코이 등 카탈루냐어를 쓰는 지역이 있다. 이러한 상황은 당시 아라곤과 카탈루냐의 주민이 이 지역을 정치상 완충지대로 보고 그 경계를 명확히 정하지 않았던 것에 유래한다. 따라서 오늘날에도 이 일대에서는 두 언어의 구분이 애매하다.

그런데 발렌시아 남부의 나바레스 운하 지대에서 언어적으로 지극히 흥미로운 상황에 조우하게 된다. 엔게라를 비롯한 이 지대의 일부지역에서는 16세기 스페인어 카스티야 방언이 그 형태대로 오늘날에도 쓰이고 있는 것이다. 이러한 현상은 이 지역에 일찍이 존재했던 유대인 사회와의 관련에서 고찰해야 할 테마로, 본고에서는 14절 이후에 다룬다.

6. 카탈루냐어의 발전 : 사회언어학적 측면

스페인 국내에서 카탈루냐어가 오늘날까지 뿌리깊게 유지되고 있는 이유는 무엇일까. 하나는 스페인 문학사상의 요인, 예를 들면 보스칸 Boscán[09]등 르네상스 시대의 문학자가 카탈루냐어로 많은 저작활동을 한 것을 들 수 있다. 당시 문학자들은 처음에는 스페인어로 창작을 시작했지만 카탈루냐어 사용도 결코 방기하지 않았다. 이처럼 당시 인텔리 상류계층이 카탈루냐어를 쓴 것, 즉 부르주아 계급 사이에 카탈루냐어가 보급된 것이 이 언어의 계속성을 지탱한 요인일 것이다.

스페인어의 침투에도 불구하고 카탈루냐어는 같이 쓰였고, 이 지역은 전형적인 2언어병용 지역이 되었다. 어쨌든 19세기 이후 각지에서 내셔널리즘이 고양되면서 독자의 문화와 습관에 대한 재인식이 널리 퍼졌다. 이 때 재빨리 이 기운에 편승한 것이 카탈루냐 지방으로, 갈리시아나 바스크가 스페인어 사용에 매진한 것과 대조적으로 카탈루냐는 어디까지나 토착 언어vernacular language인 카탈루냐어를 고집하는 상황이 전개되었다. 나아가 종래 스페인어를 사용하던 프롤레타리아들이 스스로 카탈루냐어를 배우려고 한 것도 바이링구얼리즘을 조장한 또 하나의 요인이다. 카탈루냐 지방의 언어사정을 바로셀로나 도시지역의 예로 살펴보면, 대부분 주민이 2언어병용자인데 스페인어만 하는 주민도 적잖이 존재한다. 그리고 가장 소수집단이 카탈루냐어만을 사용하는 사람들이다. 어쨌든 바로셀로나를 비롯한 2언어병용지역에서 카탈루냐 사람들은 외국인을 보면 우선 다수파 언어majority language인 스페인어로 커뮤니케이션을 하려고 한다.[10]

7. 스페인어와 바스크어의 관계
: 바스크어의 기원과 사용지역의 역사적 추이

바스크어 사용 지역이라고 해도 바스크어만 쓰는 극히 제한된 지역을 제외하면 대부분이 바스크어와 스페인어 2언어병용지대 혹은 스페인어만 사용하는 지역이 된다.

대다수의 바스크인은 스페인어를 하는데 이 지역의 스페인어야말로 본래의 스페인어 발음을 가장 충실히 지키고 있다고 한다. 이는 바스크인이 말하는 스페인어는 음운적으로 지극히 명료하기 때

그림 4 : 바스크어 사용지역

문인데 이러한 명료성이 바스크어와 스페인어의 원래 관계를 시사한다. 바꿔 말하면 스페인어가 프랑스어나 이탈리아어 등 다른 로망스어와 비교해 언어적 측면에서 눈에 띄는 특질을 많이 보이는 것은 대부분 바스크어가 그 기층substratum에 자리 잡고 있기 때문이다. 우선 음성면부터 로망스어 중 발음상 애매한 모음이 가장 적은 것이 스페인어이며 어휘나 형태, 통사 면에서도 스페인어는 그 독자성을 지니고 있다.

특히 나바라Navarra 지방의 언어사정이 자주 언급되는데, 이 지역의 2언어병용 상황은 언어가 형성된 시대로 거슬러 올라갈 수 있다는 흥미로운 지적이 있다. 당시 이 지역 일대에서는 스페인어와 바스크어가 혼합된 하나의 언어가 사용되었다고 추측되는데, 이는 순수한 형태의 바스크어가 아니라, 소위 아라곤 방언과 스페인어castellano가 합쳐진 혼성언어 mixed language로서의 바스크어이다.

바스크어는 사용지역을 특정할만한 역사적 자료는 많지 않지만 이 지역이 로마화된 시대와 오늘날을 비교하면 바스크어 영역이 거의 동일하다는 설은 신빙성이 있다. 그렇다면 문제는 '바스크어는 어느 지역까지 퍼졌나'라는 것으로 자연히 좁혀진다. 바꿔 말하면 이는 바스크어의 기원이라는 문제와 깊이 연관이 있기 때문이다. 스페인 각지 지명의 기원은 이베로 민족으로 거슬러 올라가는 것이 많다. 예를 들면 남스페인의 그라나다는 예전에는 'Iliberiis'로 불렸는데 이 지명도 이베로가 기원이다. 오랜 동안 바스크어도 이베로인이 말하는 언어에서 유래한다고 여겨졌지만, 바스크어는 이베로인들의 언어와 관련이 없다는 설이 점차 주류가 되어 오늘날은 바스크어 기원을 코카사스 언어 계통으로 보는 설이 유력하다. 연구자 중에는 구 소련의 조지아 언어와의 유사성을 전면에 내세우거나 바스크어를 코카사스언어의 하나로 꼽는 학자도 있을 정도이다. 이에 반해 켈트어에 조예 깊은 학자는 '바스크어 기원은 종래 주장대로 코카사스 언어에서 찾을 수 없다'고 주장하고 구체적 예를 들며 베르베르어를 중심으로 한 북아프리카 언어와 바스크어의 어휘가 유사하다고 지적한다.

어쨌든 바스크어는 이베리아 반도가 로마의 지배를 받기 이전에는 오늘날 이상으로 넓은 지역에서 쓰였으며, 중세에 그 사용지역은 동쪽으로는 웨스카에서 레리다 주까지, 남쪽은 리오하 주의 로그로뇨, 서쪽은 비스카야 주의 네르비온 강에 이르렀다고 추측된다. 그렇지만 오늘날의 바스크어 경계선이 학문상 확실한 형태로 표시된 것은 19세기에 들어서이다.

19세기 이후 스페인어의 북부 확대는 현저해서 바스크어는 급속히 나바라나 알라바 방면까지 축소되었다. 이들 지역은 지형상 쑥 들어간 산악부인데, 알라바 주의 상황에 관해 비토리아 평야의 대부분에서 바스크어가 사용되었다는 18세기말 자료의 보고가 있다. 그러나 오늘날에는 바스크어의 비스카야 방언[11]이 일부 지역에서 사용되는데 지나지 않는다. 이처럼 18세기부터 오늘날까지 바스크어의 사용지역은 눈에 띄게 북상했다.

한편, 나바라 주에 관해서는 이 지역을 셋으로 세분화하여 현 상태를 정리해 볼 수 있다. 우선 에브로 강 유역Ribera de Ebro인데 이 일대에서는 바스크어 사용이 확인되지 않는다. 그 이유는 이 주변 지역이 원래 로망스어 사용지대였기 때문이며, 이 곳에서 아라곤 방언의 초기 형태가 탄생됐다고 추측된다. 다음 에브로 강 유역에서 산악지대에 걸친 지역에서 바스크어는 팜플로나Pamplona 남부 지역까지 사용된다고 본다. 물론 이 지역의 바스크어는 방언이다.[12] 이와 대조적으로 북부의 산악지대야말로 가장 명확한 형태로 오늘날 바스크어가 사용되는 지역이다. 이 지역의 바스크어 역시 일종의 바스크어 방언이며, 나아가 북서부에서도 바스크어 방언이 쓰이고 있는 상태이다.[13] 이같이 나바라 주에서는 바스크어의 몇몇 방언이 사용되고 있다.

20세기 초, 바스크어의 보호와 연구를 목적으로 하는 공공기관인 '스페인 바스크 아카데미'가 창설되어 에우스카라 바우타Euskara Bauta로 불리는 통일 바스크어가 규정되기에 이르렀다. 이는 주민 보급도를 기준으로 가장 사용빈도가 높은 바스크어 방언을 수집한 후, 거기에서 언어적 공통항을 산출한 결과를 바스크어 공용 문어로 선정하려는 시도였다. 당연한 결과로 이 통일된 바스크어에는 기프스코아 방언과 비스카야 방언의 특성이 많이 들어 있다.

이처럼 신세대 바스크어를 계승하자는 운동은 여론의 적극적인 지지를 받았으나, 학교제도가 정비되지 않은 벽지 등에서는 이러한 운동의 주지를 이해하지 못하는 젊은이들이 있고, 이 '새 바스크어'를 아이덴티티로 인정할 수 없다는 사람이 있는 것도 사실이다.

8. 인구언어학Demolinguistics에서 본 현대 스페인의 언어정책

근년에 이르러 많은 언어학자가 데모링귀스틱스[14]의 분야에서 여러 가지 견해를 발표하고 있다. '인구언어학'이란 언어별 사용자 수 조사에 기반해 각각 언어가 직면한 현상과 동향을 탐구하는 언어학의 새로운 방향이다. 나아가 이 분야에서는 글로토파지Glottophagy[15]라는 현상에 대해 많은 연구자가 언급하고 있다. 예를 들면 어떤 특정 언어가 다른 언어를 사용하는 지역에 들어가 토착 언어 사용을 사회적으로 말살해버리는 상황 등이 글로토파지의 전형적인 예이다.

사실 다양한 언어가 사용되는 나라에서 언어정책상의 방침으로 한 언어가 다른 언어 사용을 압박해가는 상황은 과거나 오늘날이나 몇몇 지역에서는 여전하다. 그 결과로 어떤 일이 일어나고 있을까. 예를 들어 한 나라의 역사에서 특정 언어가 장기간 금지된다면 당연히 그 주민 사이에 반발이 일어나고 오히려 그 억압된 언어를 사용하고자 하는 움직임으로 이어질 것이다.

최근 카탈루냐나 발렌시아 나아가 바스크 지방에서도 과거의 단속에 대한 이러한 반동이 활발해지고 있다. 이러한 종류의 반동은 20세기 후반에는 많은 사회계층을 끌어들여 소위 부자연스러운 형태의 내셔널리즘 고양으로 발전했다. 그 결과는 자신들이 사용하고 있던 카탈루냐어나 바스크어 등 각 언어에 대한 애착으로 이어지게 됐다. 카탈루냐 지방이나 바스크 지방 등지에는 다른 지역에서 온 이민자가 다수 있는데, 그들은 본래 스페인 국가의 언어인 스페인어를 쓰는 사람들이다. 그런데 카탈루냐나 바스크의 사람들은 마치 과거 역사에 대한 앙갚음이라도 하듯이 자신들의 언어를 정식 언어로 삼을 것을 새로운 이민자에게 강요했다. 설령 카탈루냐나 바스크 출신이어도 카탈루냐어나 바스크어를 모어로 하지 않는 주민들이 있는데, 그들 역시 스페인어를 모어로 하는 사람들과 마찬가지로 일상생활에서 어떤 형태로든 제약을 받게 되는 사회구조가 만들어 졌다. 이러한 과거 역사에 대한 반동에서 생긴 언어사용상의 제한에 관해서는 최근 언론도 관심을 갖고 그 상황을 다루고 있다. 이베리아반도에서 보이는 이러한 '언어분쟁'에 관해 많은 언어학자가 보다 글로벌한 시점에서 견해를 피력하고 있는 사실은 놓칠 수 없다.

스페인 국내의 언어 문제에 있어, 필자는 앞 절까지 스페인의 지방자치 정부가 통치하는 행정관할구역이 각 언어가 사용되는 경계선과 반드시 일치하지 않는 현황을 소개했다. 각 지자체를 통치하는 정치지도자들은 이러한 언어사용의 실정을 파악해야만 자치정부를 통치하고 일상생활과 관련된 법률을 제정하는 책임을 다할 수 있는데, 언어 현황에 대한 인식은 지극히 미미하다. 물론 이런 인식은 동시에 주민 측의 의무이기도 하다. 현실 즉 어떤 언어가 자신 주변에 사용되고 있는지를 민중이 숙지하지 않으면 각자 가진 독자적 문화를 정확히 파악할 수 없다.

앞 절에서는 바스크어에 방언 종류가 많고, 방언 간 의사소통이 불가능한 상황에 대해 언급했다. 이런 바스크어의 복잡성에 대해 최근에는 모두가 이해할 수 있는 통일된 바스크 문어가 있어야 한다는 생각이 지배적이 되었는데 그 한편 교육상 공통언어라는 의미에서 '에우스카라 바우타'라고 불리는 바스크어가 제창된 경위에 대해서도 앞서 다뤘다. 이처럼 '언어의 규범화'는 실은 이전 카스티야어에서도 시도된 적 있다. 이는 사회정치학상 필요성에서 15세기 출판된 안토니오 데 네브리하의 저서 '카스티야어 문법'에 기초해 언어를 규범화하려는 시도이다. 카스티야 왕국의 이사벨 여왕과 아라곤 왕국의 페르난도의 혼인에 의해 성립한 15세기 스페인 왕국은 당시 국가 형성기에 있었으며 어떻게든 '언어의 통일'이 당면과제가 되었기 때문이다.

그러나 카스티야어를 가르치고 보급하며 '규범화'와 '언어통일'을 이루려고 한 정치적 의도가 당시 바스크, 카탈루냐, 갈리시아 지방 등의 지역에서 각각 언어에 대한 간섭으로 나타나는 일은 결코 없었다. 만일 이 시기에 카스티야어 사용이 모든 스페인 지역에서 강요되었다면 오늘날 이베리아반도에서는 스페인어만이 사용되고 있을지 모른다. 바꿔 말하면 스페인어가 바스크어나 카탈루냐어, 갈리시아어와 공존하는 오늘날 다언어 사용상황은 애초에 소멸했을 것이다.

그럼에도 스페인은 역사적 흐름 속에서 오늘날에는 상상할 수 없는 시대를 경험해 왔다. 현대 스페인 민주주의가 확립되기 이전 단계가 그 시기이다. 나라의 공용어로 정해진 언어 이외에는 격한 탄압을 받고 위정자의 정치정책을 우선하여, 각 지방의 언어가 희생되어 버린 시대, 일상생활에서 자신의 언어를 말하는 것이 금지되고 그 결과 언어와 함께 지방자치 존재가 무시당한 시기를 스페인은 맛 본 것이다. 그 뿐 아니라 이런 비상식이 뻔뻔하고 당당하게 통용되던 것이 프랑코 장군 독재 정권 아래의 스페인이었다.

프랑코 장군의 서거로 비상식이 상식이었던 시대는 종언을 고하고, 현대 스페인은 1970년대 후반부터 민주주의를 기반으로 한층 더 발전했다. '새 국가 스페인'의 탄생이다. 그러면 이러한 암흑시대를 거쳐 왔음에도 불구하고 왜 오늘날 스페인은 다언어 사용국가로 존재하는가. 이를 이해하기 위해서는 스페인 역사의 특징을 바르게 인식할 필요가 있다. 스페인어가 스페인 왕국의 공용어로 군림하는 한편, 법적으로는 다른 언어도 준공용어Co-official language로 그 지위를 확보해 왔다는 사실이다. '준공용어'란 즉 지방자치정부에서는 스페인 언어에 준해 다른 언어도 공용어로서 동등한 지위를 인정받은 상황을 말한다.

9. 부르봉 왕조에서부터 스페인 헌법 제정까지의 공용어 정책

18세기의 스페인을 지배한 것은 중앙집권국가의 수립을 목표로 했던 필립5세의 부르봉 왕조이다. 부르봉 왕조가 그 정치정책의 일환으로 힘을 쏟은 것이 국내유일 공용어를 보급하는 것이었는데, 그러한 방침에도 불구하고 다언어사용 상황은 계속 이어졌다. 이는 부르봉 왕조가 행정면에서 언어에 관한 중앙집권 지배를 행사할 수 없었던 것에 기인한다. 당시 카탈루냐, 발렌시아, 바스크, 갈리시아 지방에는 각

그림 5 : 스페인의 도시들

지방 독자의 언어가 있었고, 이에 더해 이 시기에는 하나의 새로운 사회현상도 발생했다.

18세기는 무엇보다도 카스티야 왕국이 주역의 자리에서 내려오는 역사적 단계였으며, 그 몰락은 경제적, 사회적 나아가 문화적 면에서까지 뚜렷했다.

18세기 이후에는 카스티야 왕국 주변의 카탈루냐와 바스크 지방으로 주도권이 옮겨지고, 이들 지방은 공업과 상업 발전으로 경제적 기반을 반석에 올려놨다. 여기에서 각 지방의 독자문화에 대한 아이덴티티가 싹텄다. 이 현상은 '19세기 카탈루냐 르네상스'라 불리는 부흥운동으로 발전하여 다른 지역의 내셔널리즘을 부르는 원동력이 됐다. 그리고 언어면에서도 카탈루냐어와 바스크어 나아가 갈리시아어가 전면에 등장하게 된다. 1931년에 우선 카탈루냐어가 그 확고한 지위를 확립했고, 다른

언어도 스페인 헌법에서 준공용어로 인정되었다.

그러나 1940년 이후 독재자 크랑코 장군의 정치정책이 언어 획일화로 치닫고 준공용어 폐지라는 사태에 빠진다. 프랑코 정권 아래 스페인에서는 헌법이라는 법형식은 존재하지 않고, 몇 가지 기본법이 하나씩 확정, 공포되어 국가 최고규범으로 효력을 갖던 시대였다.

프랑코 독재에 종지부가 찍히고, 카탈루냐어, 바스크어, 갈리시아어가 카스티야어와 더불어 다시 준공용어 지위를 획득한 것은 1978년의 일이다. 교육면에서도 스페인 교육부는 1982년 국내 바이링구얼 교육의 촉진이라는 방침을 명확히 했다. 이어 카탈루냐, 바스크, 발렌시아, 바레아레스 제도, 나바라 등 지방자치단체는 1978년 언어교육에 관한 헌법을 토대로 1982년에서 86년에 걸쳐 '언어 규격화에 관한 법안Leyes de normalización lingüísitica'를 채택했다. 이렇게 되어 각 지자체에 언어교육에 관한 정책을 추진하는 전문기관이 설립되기에 이르렀다.

10. 스페인헌법 제정 후의 과제
: '스페인어Español'인가 '카스티야어Castellano'인가

앞서 1931년 스페인 헌법 제정으로 카탈루냐어가 스페인어와 더불어 준공용어로 인정되었다고 말했으나 그 한편으로 바스크어와 갈리시아어는 문어로 완성되는데 상당한 세월을 요했다. 그럼에도 결과적으로는 카탈루냐어와 동등한 취급을 받는 데는 이르지 못했다. 이는 스페인 국내에서 1936년 인민전선 내각의 성립으로 이어지는 시민전쟁이 시작되어 버렸기 때문이다.

그런데 1978년에 제정된 스페인 헌법은 제3장 제1절에서 스페인의 다언어사용 실정을 다음과 같이 제창하고 있다. 〈카스티야어는 스페인 국가의 공용어이며 모든 스페인 국민은 이를 습득할 의무를 지고, 동시에 이를 사용할 권리를 갖는다.〉 그러나 스페인 헌법이 스페인 국가의 공용어를 언급할 때 '카스티야어'라는 표현을 사용한 것이 많은 물의를 빚었다. 많은 언어학자가 '카스티야어'라는 용어 사용에 문제가 있다고 하여 물러서지 않은 것은 본래 '카스티야어'라는 명칭이 중세 카스티야 왕국의 한 방언을 가리키는데 지나지 않는다는 이유 때문이다. 사실 카스티야어는 그 후 곧 영역을 확대해 상당히 광대한 지역에서 사용되었지만 이를 근거로 스페인 국가의 공용어를 '스페인어'라 하지 않고 '카스티야어'라고 하는 것에 과연 정치적 의도가 개입하지 않았다 할 수 있냐는 지식인의 반론이 있었다. '카스티야어'라는 것은 원래 카스티야 출신의 정치가들이 쓰기 시작한 용어로 사실 많은 언어학자의 반대의견을 누르고 정해진 명칭이다. '스페인어'라는 보편성을 가진 용어를 구석으로 내몰고 중세 기원의 지방색이 강한 '카스티야어'라는 명칭을 과시하듯 유지하는 것은 오늘날 지나친 시대착오라는 견해도 적지 않다.

한편, '카스티야어'의 확대와 더불어 이번에는 카스티야 지방 일대에 주변영역의 언어적 요소가 도입되었다. 나아가 그 문법적 특징과 어휘가 카스티야어에 응축된 것도 사실이다. 이렇게 되어 많은 스페인 지역의 용법, 나아가 라틴 아메리카 지역의 용법 등도 카스티야 지방 언어에 다수 받아들여지게 되었다. 예를 들면 1726년에서 1739년에 걸쳐 스페인 왕립아카데미 대사전의 초판을 세상에 선보일 때, 이 사전에는 스페인 표준어 어휘 외에 지방 방언에서 사용되는 어휘가 4%정도 포함되어 있었다. 초기 연구자의 지적에 따르면 스페인 남부의 안달루시아 지방의 어휘까지 빠짐없이 수록되어 있다는 것이다. 종래 안달루시아 지방에서만 사용되던 어휘[16]가 이 대사전에 게재된 것으로, 많은 연구자들은 당연히 이들 단어를 '카스티야어'라고 부르는 것에 저항을 표하게 된다.

11. 이슬람 스페인에 남은 아랍어의 흔적

앞 절까지는 유럽어를 분류, 정리하는 언어학적 입장에 서서 이베리아 반도의 언어사정을 바라보았는데, 북아프리카 일대와 더불어 지중해 문화권에 속하는 남스페인 지역은 또 다른 시점에서 검증해야 한다. 그 것은 약 800년에 걸쳐 이베리아 반도와 접촉한 아랍의 존재이다.

711년 아랍군은 북아프리카 선주민 베르베르인을 복속하고 지브롤타 해협을 건너 남스페인에 침입했다. 그들이 이베리아 반도의 언어에 미친 영향과 그 후 그리스도 교도들의 국토회복 운동(레콘키스타)에 관해서는 많은 역사책이 밝히고 있는 바와 같다.

750년까지 많은 아랍인이 도래한 이베리아 반도에서 당시 스페인어 는 아랍어의 영향을 광범위하게 받았고, 특히 구어성을 중시한 세속문학 에는 아랍어의 어휘가 다수 받아들여졌다. 8세기경 이베리아반도의 스 페인어는 세속 라틴어에서 분화된 지 얼마 안 된 초기 형태였으며, 〈로 만세〉라 불리며 현대 스페인어와는 상당히 동멸어진 언어였다. 그리고 로만세는 아랍어와 접촉하면서 이전 로만세에는 없던 아랍어의 음운을 일정한 규칙에 따라 받아들이게 된다. 그 후 레콘키스타 진행과 더불어 아랍인들은 이베리아 반도를 떠났는데, 그들이 가져온 농업용구, 관개개 발에 관한 어휘 등에 아랍어의 언어적 흔적은 남아 있다.

이베리아반도에 있는 동안 아랍인은 당시의 스페인어를 사용했지만 여전히 그들의 모어는 아랍어였다. 스페인어를 구어로 자유로이 구사했 던 그들도 스페인어로 문장을 쓰는 일이 쉽지 않았다. 자신의 아이덴티 티를 확립하기 위해 스스로 생활과 문화의 흔적을 문자로 남기고 싶다고 생각한 아랍인들은 고심 끝에 아랍 문자를 써서 당시 스페인어를 기록하 기로 한다. 그리고 그러한 습관이 세월과 함께 그들의 일상생활에 정착 해 아랍 문자로 쓰인 스페인어 시가 다수 등장했다.[17] 오랫동안 이베리아

반도에 거주한 아랍인의 전통이 구승문학 성립의 포석이 된 것이다. 아랍인 뿐 아니라 당시 남스페인 사람들은 구어성을 중시하는 민간문학으로 일상생활의 희로애락을 노래했고 11세기에는 '무왓샤하Muwwashshah'라 불리는 이슬람-스페인 독자의 시 형식을 낳게 된다. 무왓샤하에는 아랍어뿐 아니라 이베리아 반도에 사는 유대인이 헤브라이어로 쓴 것도 다수 존재한다.[18]

12. 남스페인에서 사용된 구어 아랍어

본래 코란의 언어였던 아랍어는 아라비아 반도에서 탄생했으나 이슬람 세력의 확대와 더불어 각 정복지에서 언어접촉이 일어나 크게 형태가 바뀌게 된다. 특히 그 과정에서 그리스어, 페르시아어, 라틴어의 어휘가 다수 도입되었으며, 아랍어는 무함마드가 탄생한 땅인 메카에서 멀어질수록 원래 아랍어와는 발음, 어휘, 심지어 문법 면에서도 점점 큰 차이가 생겼다.

문어뿐 아니라 아랍인의 도래와 더불어 8세기 이후에는 아랍어의 구어가 이베리아반도에 도입되었다. 그렇다면 당시 스페인 사회에 정착하게 된 아랍인의 아랍어는 어떤 형태

그림 6 : 지중해 주위 국가

였을까. 아랍어의 구어 특히 모로코, 알제리, 튀니지, 리비아 서부 등에서 사용되던 마그레브 구어는 서방 아랍어의 하나로 분류된다. 많은 아랍어학자는 문어 아랍어Literary Arabic외에 구어에는 그다지 관심을 보이지 않은 채 구어 아랍어 연구를 방치하고, 구어문법기술이라는 작업을 회피해 온 것이 사실이다. 역사적으로 프랑스어와 관계가 깊은 알제리에서 프랑스어로 알제리의 아랍어구어문법을 기술하는 일이 종종 시도되어 왔는데, 모로코 구어의 경우 20세기까지 그러한 동향은 거의 보이지 않았다.

남스페인에서 당시 사용되던 아랍 구어는 이 서방 아랍어의 하나로 꼽히는데 오늘날은 이미 사어死語가 되었다. 소위 '스페인 아랍어Spanish Arabic'라 불리는 구어는 북아프리카 각지에서 다른 아랍 구어 뿐 아니라 다양한 계통의 다른 언어의 영향을 받아 최종적으로 이베리아 반도에 도입되었다. 이 아랍 구어는 그 후 남스페인에서 구어로서 지위를 흔들림 없이 확보하고 이 지역은 스페인어와 아랍어의 2언어병용지대로 변모해 간다.

그러나 13세기가 되면 이 땅에 거주하는 이슬람교도 아랍인들은 로만세의 사용을 방기하고 점점 아랍어만을 사용하는 단일언어사용자가 되어 간다. 이 즈음이 아랍인 지배의 절정기, 또 그와 더불어 아랍어가 급속도로 보급된 시대이다. 이베리아 반도가 이슬람교도의 지배에 종지부를 찍고 다시 그리스도교도의 손으로 돌아온 것은 그 뒤 3세기가 경과한 뒤였다. 그리스도교도의 지배 아래 놓인 마지막 이슬람교도들은 계속 아랍어를 사용했으나 이러한 상황에 큰 의미는 없다. 17세기 초엽 이슬람교도가 지브롤타 해협을 넘어 북아프리카로 추방될 무렵에는 이미 이베리아 반도에 아랍어 구어의 흔적은 미미했다. 8세기 이래 아랍어를 모체로 남스페인 문화와 전통을 담당해 온 아랍인 이슬람교도는 그 역사의 무대를 다시 북아프리카로 옮기게 된다. 그리고 그들의 언어적 흔적도 북아프리카의 아랍 구어 안에 매몰되어 버린 것이다.

13. 이베리아반도와 모로코의 다이글로시아

'문어'와 '구어'라는 한 언어가 드러내는 두 측면은 '다이글로시아diglossia'
라 불린다. 이 현상은 소위 동일언어의 한 변종이 각각 일정한 사회적 기
능을 갖고 다른 상황에서 화자가 이 두 가지를 구별해 사용하는 경우를
나타내므로 '구별적 2언어병용' 혹은 '2언어겸용'[19]으로 불리며 흔히 말하
는 '바이링구얼리즘'과는 구분된다. 사실 13세기 이전 이슬람 지배 아래
이베리아 반도에서는 로만세 vs. 아랍어라는 2언어병용 뿐 아니라 표준
아랍어 vs. 구어 아랍어라는 '문어'와 '구어'가 겸용되고 있었는데 거기에
로만세가 추가되어 '3언어병용triglossia'이라는 상황이 탄생하게 된다.

지브롤타 해협을 넘어 모로코에 발을 디디면, 거기는 오늘날도 표준
아랍어와 아랍어의 모로코 구어라는 2언어겸용 지역이다. 현대 모로코
는 아마 세계에서 가장 복잡한 다언어사용 지역의 하나일 것이다. 프랑
스어, 스페인어, 모로코구어, 현대아랍어, 그리고 베르베르어 등 적어도
5개 언어가 도시의 일상생활에서 혼용되며 대부분 주민이 3-4개 언어를
구사하는 멀티링구얼이다. '적어도 5개의 언어'라 한 것은 만일 베르베르
어를 세밀하게 분류한다면 전체 수는 더욱 늘어나기 때문이다. 사실 베
르베르인끼리도 언어적 커뮤
니케이션에 상당한 지장이 있
으므로 각 베르베르어는 '방언'
이라는 범주를 넘어 개개의 독
립된 언어로 파악할 수도 있
다. 나아가 많은 베르베르 방
언이 복잡하게 얽혀 문맹률이
지극히 높은 모로코 산악부에
는 우리의 상상을 뛰어넘는 언

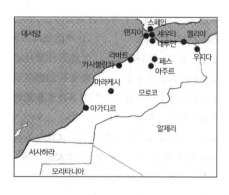

그림 7 : 모로코 지도

어사정이 존재한다. 이는 모로코 구어 자체도 지역에 따라 다소 격차가 생기기 때문이다.

　이러한 오늘날 상황은 이 나라가 거쳐 온 다이내믹한 역사 변천에서 그 근거를 찾아볼 수 있다. 종래 베르베르어는 북아프리카 선주민이 쓰던 언어지만 시대의 경과와 더불어 리프어tarifit, 타마지트어tamazight, 셸하어 tashelhit로 3분류 되어[20] 각지에 침투해 갔다. 북아프리카에서는 로마시대부터 로망스어의 일종이 사용되었으나, 베르베르인 왕조인 무와히드 (1130-1269) 시대에 소멸해 버렸다. 이윽고 8세기에는 아랍인이 동방에서 아랍어를 도입해, 아랍어 구어가 베르베르어와 접촉하여 오늘날 모로코 구어의 기반이 형성되었다고 할 수 있다. 근대에 이르러 1912년 페스 Fez 조약으로 프랑스어가 공용어로 채택되어 수도 라바트Rabat를 중심으로 한 대서양연안에 보급되었으며, 거의 동시에 모로코 북부를 보호령으로 삼은 스페인이 스페인어교육을 테투안Tetuan을 거점으로 전개해 갔다. 테투안은 스페인령 세우타에서 남쪽으로 60킬로미터 정도 떨어진 곳에 있는 작은 마을인데, 이 마을은 베르베르인의 마을로 알려져 있다. 이 마을의 주민 대부분이 스페인어를 거의 완벽하게 구사한다. 그 이유는 남스페인이 그리스도교도의 지배 아래 들어가고 1492년 그라나다가 함락되었을 당시, 안달루시아 지방에서 많은 이슬람교도가 추격을 피해 이 마을까지 피신해 온 역사가 있기 때문이다. 마을에는 남스페인의 안달루시아 지방 특유의 흰 벽 집이 많으며, 당시 사람들의 생활이 엿보이는 오래된 동네다. 이베리아 반도에서 모로코로 건너온 사람들의 흔적은 테투안 외에도 대서양연안의 수도 라바트나 고도 페스에서도 찾아볼 수 있다.

　다음 현대 모로코의 표준 아랍어와 모로코 구어 아랍어의 사용상황을 보면 표준 아랍어는 코란의 언어를 바탕으로 형성된 언어로 아랍 국가에서 거의 모든 아랍인이 이해하는 공통언어이므로 모로코에서도 신문, 통신, 보도, 공식 석상의 스피치 등에 사용되는 소위 공용어적 성격을 지닌 언어이다. 그렇지만 표준 아랍어는 구어 레벨에서는 라틴어와 같은 입장이므로 보통 일상 언어에는 사용되지 않으며, 말한다 해도 지식인 이외에는 이해 못하는 것이 현실이다. 따라서 표준 아랍어를 할 수 있는 사람은 교양인으로 존경받고, 쓸 수 있으면 더욱 높은 평가를 받게 된다. 이런 풍조는 다른 아랍국가와 마찬가지로 모로코 각지에서 오늘날에도 건재하다.

한편 모로코 구어 아랍어는 모든 모로코인이 일상회화 레벨에서 사용하고 있음에도 불구하고 거의 문자화되지 않는 언어이다. 표준 아랍어와는 음운 면이나 문법, 어휘 면에서 큰 차이가 있으므로, 이웃 알제리 사람이나 튀니지 사람을 제외한 대부분 아랍인에게는 이해하기 힘들다. 예를 들면 이라크 구어로 생활하는 이라크인은 모로코 구어를 거의 이해할 수 없다고 한다. 이라크와 모로코라는 지역차도 있으므로 양국인 사이의 의사소통에 때로는 아랍어 이외의 외국어가 사용되는 일 조차 있다. 스페인인과 이탈리아인이 대화할 때, 과연 양쪽의 요소를 갖는 라틴어로 의사소통을 할 수 있을까? 유럽의 경우 각자가 자국어로 말하고 서로 이해한다는 패턴이 보통일 것이다. 이에 비해 아랍국가의 원거리 지역 간의 회화에서 사람들은 재빨리 영어나 불어 등 외국어를 쓰는 것이 일상적이다. 이집트 등 옛 영국 식민지권에서는 영어, 레바논, 시리아 등에서는 불어라는 식으로 옛 종주국간의 정치적 역학관계가 자신들이 사용하는 언어를 좌우하고 있다.

역사를 거슬러 올라가 조망하면 당시 모로코를 비롯한 북아프리카 일대에서 사용되던 베르베르어와 남스페인 구어 아랍어의 관련성을 도외시할 수 없다. 특히 모로코 북부의 리프어나 알제리 지방에 퍼진 카비리어가 남스페인의 구어 아랍어에 끼친 영향이 적지 않은 것을 알 수 있다. 모로코에서는 오늘날도 약 반수의 주민이 베르베르어와 아랍어의 2언어병용

자인데 역사적 혹은 지리적 근린성에서 이들 베르베르 방언이 아랍인에게
침투함과 동시에 남스페인 지방에 건너온 것은 의문의 여지가 없다.

14. 남스페인의 베르베르어 흔적

아프리카대륙과 이베리아반도
가 이처럼 가까운 위치관계에 있
는 것을 알고 인식을 새로이 한
사람도 적지 않다. 어쨌든 모로코
와 남스페인 사이에 역사적으로
많은 사람들의 왕래가 있었던 사
실은 극히 자연스럽게 이해할 수
있을 것이다.

오늘날 남스페인의 안달루시아
지방의 많은 지명에 아랍어의 자
취가 보이는데, 이는 아랍의 문화
나 전통, 행정기구 모델 등이 많
은 도시에 침투했기 때문이다. 실
은 당시 이 지역에서는 아랍어가
학문이나 제반기술을 보급하기
위해 사용된 언어였던 반면 베르
베르인이 생활하던 지역은 도시
에서 떨어진 농촌이었으므로 그들
의 흔적은 소위 변경지대에 눈에

표 1 : 티피나그 문자

음 대응	티피나그 문자	아랍 문자
b	ⵇⵎⵇⵃ	ب
m	ⵌ	م
f	ⵀⵉⵌⵊⵛ	ف
t	✝	ت
d	ⵌⵌⵎ	د ذ
ḍ	ⵞ	ض (ظ)
ṭ	ⵞⵃ	ط
n	ⵉ	ن
ḷ	ⵏ	ل
r	ⵎⵎ	ر
s	ⵎⵇ	س ص
z	ⵝⵝ	ز
ẓ	ⵣ	ظ
ṣ		ض
sh(š)	ⵔⵓⵔⵔ	ش ج
ḡ	ⵃⵝⵝⵝ	ع غ
y	؟؟ⵌ	ي
k	∴	ك
g	ⵝⵝⵝⵝ	
ǧ	ⵌⵌ	
w	ⵌ	و
gh(ɣ)	∴	غ
kh(ḫ)	∷	خ
q	∴∴	ق
h	ⵌ	ه
a	•	ا

출처 : *Encyclophedia of Islam1*

띄지 않는 형태로 남게 되었다. 베르베르어가 이 당시 문자를 사용하지 않게 되었으므로 그 문화 전통은 오히려 구승으로 사람들의 생활 속에 조용히 숨 쉬고 있었다 할 수 있다. 카나리아 제도에서 최근 발견된 고대 유적군과 비문 등이 집중된 장소에서 베르베르문자 같은 것이 관찰된다는 보고도 끊이지 않는다.

베르베르어는 기원을 거슬러 올라가면 그 독자의 문자를 갖고 있었다고 하지만 고대 리비아 문자와 동일계통일 것이라는 가설이 유력하다. 그리고 현재 사하라의 투아레그Tuareg족이 사용하는 〈티피나그 문자 Tifinagh〉는 이 베르베르문자의 흔적이라고 생각된다. 오늘날 베르베르어에는 문자라 할 만한 것이 없고 선조의 언어에 문자가 존재했다고 생각하는 베르베르인은 극히 드물다. 티피나그 문자는 아랍문자와 마찬가지로 자음만 표기하고 모음을 나타내는 음성기호가 빠져 있어, 다른 의미를 갖는 두 어휘를 구분할 방법이 없다. 어쨌든 베르베르인은 이슬람의 보급과 더불어 그들의 문자를 방기하고 코란을 이해하기 위해 아랍 문자를 습득하려 했다. 그래서 베르베르어가 사용되는 많은 지역에서는 어쩔 수 없이 음표기를 아랍문자로 하게 되었고 이런 동향이 역으로 베르베르인이 아랍인에게 혐오감을 품는 요인이 되었다.

15. 베르베르어의 현재와 미래

독립 이전의 모로코에서는 베르베르어를 교육했고 고등교육기관에서는 베르베르어로 수업을 했다. 사실 모로코 북부의 마을 아주르에는 1960년 베르베르어를 가르치던 기관 Tariq Ibn Ziad가 설립되었다 그러나 1965년 이후 모로코 정부는 베르베르어 교육을 금지하는 법령을 반포하고 많은 베르베르어 단일어사용 지역은 아랍어와 2언어병용 지대로 바뀌어버렸다. 이런 2언어병용이 아랍어 모로코 구어 보급에 박차를 가해 베르베르어는 점차 사회의 구석으로 밀려났다고 할 수 있다. 나아가 사회심리학적 측면에서도 베르베르어를 경시하는 풍조가 생겨 공공장소에서 베르베르어 사용을 자중하는 경향이 현저해 졌다. 이 같은 베르베르어 경시 풍조는 모로코 전역에서 일률적으로 일어난 것은 아니어서 모로코 남서부와 북부산악 지대의 베르베르어는 부족 간 혼인 등으로 소멸위기endangerment를 간신히 면했다.

이런 상황에 직면하여 근년 베르베르인 젊은이들 사이에서 베르베르어 뿌리를 찾으려는 운동이 활발해지고 있다. 여기에서 말하는 베르베르어의 뿌리란 그 문자, 시가, 소설 등으로 상징되는 소위 예술 활동의 기원이다. 우선 문자에 관해서는 오늘날 베르베르어의 표기에 아랍어 표기를 쓸 것인가 알파벳 표기를 쓸 것인가 하는 문제가 제기되고 있다. 아랍어 표기 채용에 적극적인 사람의 대다수는 자신들이 아랍 문화권에 속한다고 생각해 아랍사회에 동화의식을 강하게 가지는 소위 현실파이다. 한편, 베르베르 젊은이들 사이에는 티피나그 문자를 재건하자는 주장을 하는 소수의견도 있다. 그러나 대다수는 21세기가 글로벌 커뮤니케이션의 시대라는 사실을 고려해 베르베르어를 알파벳화 하자는 방침을 적극적으로 지지한다. 이러한 발상에는 지난 세기 초기 터키공화국 초대대통령 케말 아타튀루크가 추진한 터키어 라틴 문자화(1928년)라는 획기적 정책도 반영되어 있을 것이다.

베르베르어에 대한 새로운 인식이 필요하다고 호소하는 주민은 지금까지 베르베르어 습득의 기회를 얻지 못했음에도 자신의 모어를 베르베르어라고 생각하는 사람들이다. 바꿔 말하면 부모가 자신들에 대하여 베르베르어 교육을 적극적으로 하지 않았다는 것에 의문을 던지는 많은 젊은이들이 있다. 어쨌든 베르베르계의 피를 잇는 언어학자는 이러한 상황에 민감하여 스스로의 언어를 문자화하고 언어의 문법의 체계를 세워 설명하는 것을 목표로 하고 있다. 이러한 시도에는 구승적 전통 위에 성립하는 자신의 문화와 관습을 역사의 틀 속에서 제대로 정리하고 싶다는 의사가 반영되어 있다.

16. 스페인계 유대인의 말

우리가 '유대인'이라는 말을 들으면 우선 나치 독일 당시 박해를 받고 이스라엘을 건국한 민족 집단을 떠올리지만 '세파르디Sephardic'라 불리는 또 하나의 유대 계파의 존재를 간과해서는 안 된다. '세파르디계 유대인'이란 주로 이베리아 반도나 아시아 아프리카 쪽에 거주한 유대인으로 그들의 동향을 언급하는 역사자료는 그렇게 풍부하지 않다. 그 한편, 주로 독일이나 헝가리, 폴란드 나아가 러시아 방면으로 이민간 '아슈케나지Ashkenazim'계 유대인은 역사상 여러 측면에서 다루어져 왔다. 그러나 양 집단 모두 각 거주지에서 독자적 유대 문화를 키워온 것은 틀림없는 사실이다.

'아슈케나지'란 헤브라이어로 '독일'을 의미한다. 동유럽에 모여 산 아슈케나지 계열 유대인은 독일 문화를 핵으로 헤브라이어와 독일어를 결합했다고 할 수 있는 이디쉬어Yiddish[21]를 만들었다. 그러나 독일에 살던 유대인의 대다수는 이디쉬를 하지 못하며 표준 독일어를 쓰는 것을 자랑스럽게 여긴다고 알려져 있다. 유대인 대학살의 역사적 배경을 생각하면 유대계 독일인이 독일에서 차별을 조금이라도 피하려 했던 상황은 쉽게 이해가 갈 것이다.

한편 '세파르디'란 '스페인인'을 의미하는 헤브라이어이다. 세파르디계 유대인은 헤브라이어와 스페인어를 기초로 한 라디노어Ladino[22]를 만들어냈다. 이런 것을 보면 중세 스페인어는 많은 면에서 유대적 요소 hebraism를 도입했다 할 수 있다. 구체적으로 16세기에 구약 성서 보급기의 헤브라이어와 스페인어가 혼재되어 탄생한 많은 어휘에 그 요소가 보인다. 그러나 이슬람교 지배 하의 이베리아반도가 그 후 그리스도교도에게 정복되자 가톨릭에 의한 이단 심문으로 강제개종을 하지 않는 스페인계 유대인은 국외로 추방되었다. 다시 '디아스포라 민족[23]'이 된 스페인계 유대인은 모로코를 중심으로 북아프리카와 남프랑스, 나아가 이탈리아와 발칸 반도 등으로 흩어졌다. 또 그들이 이베리아 반도에서 아랍인과 공존하는 동안 쌓아 올린 고도의 유대문화도 아시아 아프리카에 원래 존재하던 유대사회에 보급되어 갔다.

이렇게 되자 언어로서의 라디노어도 점차 쇠퇴의 길을 걷고, 스페인계 유대인의 언어는 사회적 아이덴티티를 잃어갔다. 특히 언어 면에서 현지어의 차용이 많아지며 구체적으로는 터키어, 그리스어, 루마니아어, 불가리아어, 아랍어 나아가 슬라브계 언어의 유입이 일상다반사가 되었다. 또 유대인 종교의식에 쓰이는 말에는 이탈리아어와 스페인어의 갈리시아 방언이 세력을 갖게 되었다.

17. 이베리아 반도를 떠난 스페인어

오늘날 중동 나라들을 비롯한 지중해 연안 지역의 유대거주 지역에서 스페인어가 들릴 때가 있다. 그렇지만 이런 종류의 스페인어는 가정 내 등 극히 한정된 범위에 사용되고 있을 뿐이라 현지 언어로 의식하지 못하고 흘려 듣는 일이 많다. 그런데 잘 관찰해 보면 사용되는 스페인어는 고대 스페인어에 가까운 언어이다. 그 이유는 이베리아 반도에서 추방된 유대계 이민이 15세기에서 16세기에 걸쳐 스페인어를 그 형태대로 각지에 가져갔기 때문이다. 그리고 고대스페인어 특히 음운적 요소가 그대로 그들의 스페인어에 남아 오늘날까지 확실한 형태로 이어지고 있다. 16세기 이후 이베리아반도의 스페인어가 음운 면에서 눈에 띄는 변천을 이어온 것과 대조적으로 소위 스페인어의 의고체archaism가 국외에 이어지고 있는 것이다.

이베리아반도를 떠난 스페인어는 그 사용영역에서 구체적으로 세 방향으로 나아갔다.

a) 튀니지의 튀니스와 리비아의 트리폴리 등의 지역에서는 유대인은 스페인어 사용을 포기해 버렸다.
b) 이집트나 시리아에서는 종교적 의식 때 사용되는 언어와 트럼프놀이의 용어, 숫자 등에 스페인어 흔적이 보인다.
c) 발칸 국가에서 유대인 스페인어는 비교적 유지되고 있으나 시간이 흐르면서 점차 각 지방 언어에 동화되어 갔다.

이렇게 스페인계 유대인의 스페인어는 각 지방의 언어와 접촉을 피할 수 없었고, 적지 않은 변화를 겪게 된다. 특히 터키어의 영향은 커서, 문법과 어휘 면에서 개입했다. 종래의 스페인어가 가정내 등 한정된 장소에서 사용되게 되고 고정화의 길로 들어선 것이 이 시기이다. 유대인들이 계승한 스페인어는 전체적으로 지역격차를 낳지 않고 서로 의사소통에는 지장이 없었던 것 같다. M.L. Wagner[24]는 동방 및 서방 양쪽으로 전파된 스페인어의 특질을 다음과 같이 지적하고 있다.

동방그룹 : 콘스탄티노플, 로다섬 주변에는 음운에 관해 카스티야 방언의 흔적이 보인다.

서방그룹 : 보스니아, 루마니아, 마케도니아 주변에는 음운에 관해 스페인 북부 혹은 포르투갈어 방언의 특성이 보인다.[25]

18. 맺음말을 대신하여 : 언어연구의 새로운 시점

우리들은 보통 스페인사를 남유럽사의 일환으로 파악하기 쉬운데, 스페인사 특히 남스페인 지방의 역사는 때때로 지중해사 혹은 북아프리카사의 연장으로 간주되기도 한다. 이는 페니키아 시대부터 북아프리카와 남스페인은 같은 문화권에 속했으며 지중해연안의 무역상인과 이민 등이 북아프리카를 경유해 이 지역에 도래했기 때문이다. 이 지역은 역사상 '알 안달루스Al-Andalus'라고 불리지만 이 명칭은 5세기에 이 땅에 온 반달족의 이름에서 유래한 것으로, 8세기부터 이슬람교도가 사용하기 시작한 것이 기원이라는 설이 유력하다. 이 '알 안달루스'에 포함된 영역은 현재 '안달루시아Andalucía'라 불리는 남스페인 지역보다 훨씬 광대하다는 것은 말할 것도 없다. 나아가 그리스도교와 이슬람교의 패권 다툼 틈새에서 조용히 살면서도 독자의 언어를 유지해 온 유대인의 존재도 남스페인 아니 전 이베리아 반도의 역사에 많은 흔적을 남겼다.

이러한 역사적 배경을 기반으로 한 다문화국가 스페인을 생각한다면 장래에는 〈라틴어에서 파생한 스페인어〉, 〈아프리카에서 쓰이는 아랍어와 베르베르어〉, 〈이베리아반도에서 살아남은 유대인의 언어〉와 같은 종래 비교언어학이 정한 틀을 벗어나 보다 넓은 시점에서 이베리아반도의 언어 연구가 이루어져야 할지 모른다. 어쨌든 그 지역적 접근성에 착안해 남스페인에 위치한 안들루시아 지방과 북아프리카를 연관지어 양자의 역사적 문화적 연결고리를 탐구하는 것도 이러한 방향성으로 나아가는 지극히 유익한 출발점이 될 것이다.

　또한 그다지 알려지지 않은 베르베르인의 역사나 현황에 대해서는 졸고「역사에서 본 스페인 사회의 특징歷史からみたスペイン社会の特質」(『スペインの社会』1998, 早稲田大学出版局),「안달루시아 역사 속의 베르베르인アンダルシア歴史の中のベルベル人」(『南スペイン・アンダルシアの風景』2005, 丸善ブックス) 나아가『베르베르인과 베르베르어문법ベルベル人とベルベル文法』(2006, 新風社)에서 이미 다뤘다. 남스페인 언어의 형성에 깊은 관련을 가진 베르베르인의 언어에도 많은 분들이 관심을 가져주시길 부탁드린다.

주석

01   레온방언은 스페인어로 "leonés"로 불린다.

02   아라곤 방언은 스페인어로 "navarro-aragonés"

03   에스트레마두라 방언은 스페인어로 "extremeño"

04   룸시아 방언은 스페인어로 "murciano"

05   안달루시아 방언은 스페인어로 "andaluz"

06   카나리아 방언은 스페인어로 "canario"

07   때때로 '갈리시아방언'이라고도 한다.

08   스페인 본토의 표준 스페인어로는 2인칭 단수의 주어인칭 대명사 형태는 "tú"인 반면,
      중미 각지 및 남미 아르헨티나, 우루과이, 파라과이에서는 "vos"로 대용된다. 이 현상은
      "voseo"라 불리고 있다. 그러나 중남미에서도 페루, 멕시코, 볼리비아 등에서는 스페인 본
      토와 마찬가지로 2인칭단수 대명사에 "tú"가 사용되고 있다.

09   Juan Boscán Almogáber(1490-1542) 바로셀로나 출신의 궁정시인으로 이탈리아 시형으
      로 본격적인 스페인어 시를 썼다. 또 친구 가르실라소(Garcilaso de la Vega)의 권유로 이
      탈리아인 카스틸리오네(Baldassare Castiglione)의『궁정인』을 스페인어로 번역했다. 그의
      최대 업적은 스페인 시와 사상에 이탈리아 르네상스의 새로운 숨결을 전한 것이라 할 수
      있다.

10   카탈루냐어의 책 만을 판매하는 서점, 카탈루냐 주 정부의 기관, 카탈루냐어 언어 아카데
      미 등 카탈루냐어만이 일상에 사용되는 곳에서는 외국인에게도 먼저 카탈루냐어로 말을
      거는 일이 많다.

11   비스카야방언은 스페인어로는 "vizcaíno"라 불린다.

12   이 바스크어 방언은 엄밀하게는 '고지남부 나바라방언(Alto navarro meridional)'이라 불
      렸지만 오늘날에는 소멸했다.

13   산악지대의 바스크어는 '고지북부 나바라방언(Alto navarro septentrional)', 북부의 바스
      크어는 '기푸스코어 방언(guipuzcoano)'으로 각각 불린다.

14   "demo"는 "people"을 나타내는 그리스어에서 온 차용어로, 많은 복합어를 형성한다.
      Demography[인구통계론]이 그 좋은 예로, Demolinguistics는 '인구언어학'으로 번역하는
      것이 적절할 것이다.

15   "glotto"란 말(tongue)을 나타내는 그리스어에서 차용한 조어요소이다. 한편, "phagy"는
      "eating", "devouring"의 의미를 갖는 그리스어원 "phagia"에서 온 조어요소로 종래 언어학
      에서는 "glottology"라 불린다.

16   "alicatado"[아랍식 타일], "almazara"[올리브유를 짜는 수차]등 아랍어에서 도입된 많은 어
      휘가 남스페인에 널리 사용되었다.

17   이런 새로운 형식의 시가는 '아르하미아다문학'이라 불리는 새로운 장르 문학으로 발전해
      간다.

18   오늘날에도 '세파르디(Sophardim)'로 불리는 이스파냐계 유대인 중에는 이 전통을 이어

혜브라이 문자로 외국어를 기록하는 사람도 있다. 상세는 S.M. Stern "Les vers finaux en espagnol dans les muaššahs hisoano-hebraïques" Al-andalusVIII, 1948:pp.339-340

19 지금까지 사용되던 사회학 입장에서 이름붙인 '구별적 2언어병용'이라는 용어가 있으나, 필자는 이 상황을 '2언어겸용'이라고 부르고 있다.

20 베르베르어의 세분화방언에 대해서는 졸저『베르베르인과 베르베르어문법(ベルベル人とベルベル文法)』(2006, 新風社)을 참조할 것.

21 이디쉬어는 '유대인 독일어' 혹은 '유대어'라고도 불리며 초기 단계에서 헤브라이 문자를 써서 기록되었으나, 셈어족에 속하는 헤브라이어와는 언어구조가 다르다. 약 1000만 명의 화자를 갖는 이디쉬어는 일종의 혼합 언어지만, 초기(13세기까지)에 접촉한 중세 독일어 방언이 음운과 문법 나아가 어휘의 근간을 지탱하고 있으므로 계통적으로는 게르만어파로 분류된다.

22 라디노어는 '유대계 스페인어'라고도 불린다. 상세한 내용은 石原(1933).

23 〈디아스포라〉는 '흩어진 사람들'을 의미하는 그리스어. 기원전 1세기에 팔레스티나 지방은 로마제국 지배에 놓여 유대인에 대한 탄압이 더욱 격해졌다. 이 시대에 세계 각지에 흩어져 유랑한 유대인을 역사적으로 '디아스포라 민족'이라고 부른다. 헤브라이어는 기원 70년에 나라가 멸망할 때까지 이스라엘 왕국의 국어였다. 그 후 약 2000년간 흩어진 유대인들 사이에서 살아남아 1948년 '이스라엘건국' 이후 다시 현대 헤브라이어로 부활해, 이스라엘 공용어가 됐다. 2000년 전의 언어가 그대로 부활한 예는 이 외에는 찾을 수 없다.

24 "Características generales del judeo-español de Oriente" Anejo XII de la Revista de Filología Esoañola, Madrid, 1930

25 이하 세 음운변화가 대표적인 것이다.
① 어미모음/o/와 /e/의 폐모음화 /o/ > /u/, /e/ > /i/: entonces > entoncis
② 어두/f/의 유지: hacer > fazer
③ /-er/을 /-ar/로 발음: puerta > puarta

참고문헌

安達かおり　1997.『イスラム・スペインとモサラベ』東京：彩流社

余部福三　1992.『アラブとしてのスペイン』東京：第三書館

池上岑夫他（監修）　1992.『スペイン・ポルトガルを知る辞典』東京：平凡社

石原忠佳　1992.「イスラーム・スペインにおける言語事情：“Substratum” 理論から
　　の一考察」『東洋学術研究』31-2 号，pp.125-41

石原忠佳　1993.「イベリア半島を離れたユダヤ人社会と言語：言語学的アプロー
　　チからみた Judeo-Spanish の変遷」『創価大学比較文化研究』第 11 巻
　　pp.195-217

石原忠佳　1995.「イベリア半島における傍層言語理論の検証：基層言語・上層言
　　語との関連において『創価大学比較文化研究』第 12 巻，pp.107-142

石原忠佳　1997.「南スペインのアラビア語における言語学的諸相Ⅰ」『地中海学
　　研究』XX，pp.127-51

石原忠佳　1998a.「古典アラビア語とアラビア語の諸方言化：エジプト口語とモ
　　ロッコ口語の語彙比較から」『創価大学外国語学科紀要』第 8 号，pp.97-119

石原忠佳　1998b.「歴史からみたスペイン社会の特質」『スペインの社会』
　　pp.170-191　東京：早稲田大学出版部

石原忠佳　2000.「Spanish Arabic に関する一考察：その歴史的背景と音韻的特質」
　　『創価大学外国語学科紀要』第 10 号，pp.35-62

石原忠佳　2000.『モロッコ・アラビア語』東京：大学書林

石原忠佳　2001.「アル・アンダルスのアラビア語：品詞論的立場から(1)名詞，形
　　容詞，定冠詞」『創価大学外国語学科紀要』第 11 号，pp.77-98

石原忠佳　2002.「アル・アンダルスのアラビア語：品詞論的立場から(2)性，数，代
　　名詞」『創価大学外国語学科紀要』第 12 号，pp.67-94

石原忠佳　2004.「アル・アンダルスのアラビア語：品詞論的立場から(3)動詞」『創
　　価大学外国語学科紀要』第 14 号，pp.71-112

石原忠佳　2005a.「アル・アンダルスのアラビア語：品詞論的立場から(4)派生形
　　動詞パラダイムの比較」『創価大学外国語学科紀要』第 15 号，pp.109-129

石原忠佳　2005b.「アンダルシア史の中のベルベル人」『南スペイン・アンダルシ
　　アの風景』東京：丸善ブックス，pp.235-243

石原忠佳　2006.『ベルベル人とベルベル語文法』東京：新風舎

樺山紘一　1990.『カタロニアへの眼－歴史・社会・文化』東京：中公文庫

小岸昭　1992.『スペインを追われたユダヤ人』東京：人文書院

三浦信孝　1997.『多言語主義とは何か』東京：藤原書店

山田善郎 1996. 『スペインの言語』東京：同朋舎

Abun-Nasr, J. M. 1987. *A History of the Maghrib in the Islamic Period*. Cambridge: Cambridge University Press.

Alvar, Manuel. 1953. *El dialecto aragonés*. Madrid: Gredos.

Arnaiz, Villena, A. 1998. *El origen de los vascos y otros pueblos mediterraneos*. Madrid: Complutense S. A.

Baldinger, Kurt. 1963. *La formación de los dominios lingüísticos en la penísula ibérica*. Madrid: Gredos.

Bidwell, R. 1973. *Morocco under Colonial Rule*. London: French Administration of Tribal Areas.

Blau, J. 1966-67. *A grammar of Christian Arabic*. Louvain: Secretariat du Corpus SCO.

Braudel, F. 1972. *The Mediterranean and the Mediterranean World in the Age of Philip II*. 2 vols. London: Harper & Row.

Brett, M. 1992. "The Islamisation of Morocco: from the Arabs to the Almoravids," *Morocco*. 2, pp. 57-71.

Bynon, J. 1970. "The contribution of linguistics to history in the field of Berber studies," in D. Dalby (ed.) *Language and History in Africa*. London: Frank Cass & Co.

Catalán, Diego. 1955. "The romanic Leonese domain," *Orbis*. IV, pp. 169-173.

Chtatou, M. 1997. "The influence of Berber language on Moroccan Arabic," *International Journal of the Sociology of Language*. 123. New York, pp. 101-118.

Coates, M. W. 1943. "The Arabic element in modern Spanish," *Hispania*. 26, pp. 59-64. California.

Collins, R. 1989. *The Arab Conquest of Spain*. Oxford: Blackwell Publishing, pp. 710-797.

Corriente, F. 1977. *A grammatical Sketch of the Spanish Arabic Dialect Bundle*. Madrid: Instituto Hispano-Arabe de Cultura.

Crews, C. M. 1935. *Recherches sur le judéo-espagnol dans le pays Balkaniques*. Paris: Droz.

Crews, C. M. 1954-5. "Some Arabic and Hebrew words in oriental Judeo-Spanish," *Vox Romanica*. 14, pp. 296-309.

Danon, A. 1913. "Le turc dans le judéo-espagnol," *Revue Hispanique*. XXIX.

Elcock, W. D. 1952. "Problems of Chronology in the aragonese dialect," *Mélanges Mario Roques*. IV, pp. 103-111.

Ennaji, M. 1991. "Aspects of multilingualism in the Maghreb," *International Journal of the Sociology of Language.* 87. New York, pp. 7-25.

Entwistle, W. J. 1936. The Spanish Language. *Together with Portuguese, Catalan and Basque.* London: Faber & Faber.

Harvey, L. M. 1971. "The Arabic dialect of Valencia in 1595," *Al-Andalus.* 36.1, p. 81.

Haugen, Einar. 1966. "Dialect, language, nation," *American Anthropologist.* 68, pp. 922-935.

Hirschberg, H. Z. 1963. "The problem of the Judaized Berbers," *Journal of African History.* 4, pp. 313-339.

Houghton, H. P. 1957. *The Basque Language.* University of Pennsylvania Press.

Ishihara, Tadayoshi 1999. "Características fonológicas del haz dialectal andalusí," *Revista de Filología, Alfinge.* 11. Cordoba University, pp. 63-77.

Isídor, Marí. 1993. *Conocer la lengua y la cultura catalanas.* Palma de Mallorca: Generalitat de Catalunya.

Jones, A. 1988. *Romance kharjas in Andalusian Arabic Muwwaššah Poetry.* Oxford: Garnet Publisher.

Julien, Ch.-A. 1970. *History of North Africa from the Arab Conquest to 1830.* London: Princeton Univ. Press.

Lain, Entralgo, Pedro. 1996. *Las lenguas de España.* (*Ciclo de Conferencias, Sevilla, 7-10 de Marzo de 1995*). Sevilla.

Lapesa Rafael. 1968. *Historia de la Lengua Española.* Madrid: Gredos.

Luria, Max A. 1930. *A study of the Monastir dialect of judeo-spanish based on oral material collected in Monastir. Yugo-Slavia.* New York: Instituto de las Españas en los estados Unidos.

Menéndez Pidal, R. 1956. *Orígenes del español: estado lingüístico de la península ibérica hasta el siglo XI.* Madrid: Espasa-Calpe.

O'Callaghan, J. F. 1975. *A history of Medieval Spain.* New York: Cornell Univ. Press.

Rabin, C. 1951. *Ancient West Arabian.* London: Taylor's Foreign Press.

Saroïhandy, J. 1906. "Les limites du valencien," *Bulletin Hispanique.* Bordeaux, pp. 297-303.

Steiger, Arnald. 1948. "Zur Sprache der Mozaraber.Sache, Ort und Wort," *Romanica Helvetica.* 20. Zurich: Festschrift J. Jud.

Stern, S. M. 1974. *Hispano-Arabic Strophic poetry.* Oxford: Clarendon Press.

Umphrey, G. W. 1911. "The aragonese dialect," *Revue Hispanique.* XXIV. Paris.

Umphrey, G. W. 1936. "Linguistic Archaism of the Seattle Sephardim," *Hispania.* XIX. California: Stanford, pp. 255-264.

Zamora Vicente, A. 1985. *Dialectología Española.* Madrid: Gredos.

제 9 장

스와힐리어의 가능성과 한계
-케냐와 탄자니아 사례에서-

야마모토 다다유키山本 忠行

1. 들어가며

Ethnology라는 언어조사기관의 조사에 따르면 2005년 시점에서 아프리카 대륙에서 사용되는 언어 수(2092)는 세계에서 사용되는 언어 수(6912)의 30.3%를 차지한다.[01] 아프리카 대륙에 있는 나라 수는 54개국이므로, 단순 계산해도 한 나라 당 40어 정도가 되는데 그 중에서는 100 이상의 언어가 사용되는 나라도 있다. 게다가 현재 국경선은 언어나 민족[02]의 분포와는 관계 없이 서구열강의 사정에 의해 그어진 것이므로 문제는 더욱 복잡하다.

아프리카 나라들은 그림1과 같이 사용되는 주된 공용어official language에 따라 대략 아랍어권, 불어권, 영어권, 포르투갈어권으로 나눌 수 있는데[03], 나라 대표가 모여 잡담을 한다면 스와힐리어로 회화를 하는 경우가 적지 않다고 한다. 왜냐하면 스와힐리어의 사용지역은 동아프리카를 중심으로 넓은 범위에 걸쳐있기 때문이다. 케냐나 탄자니아(영어권)의 대표 뿐 아니라 불어권인 르완다, 브룬디, 나아가 아랍어권의 소말리아나 수단, 포르투갈어권의 모잠비크 대표도 대개 스와힐리어는 다소 할 수 있다. 거기에는

Swahilophone^{스와힐리어권}이라 불릴만한 세계가 있는 것이다.

아프리카연합^{African Union : AU}에서는 지금까지 영어, 불어, 포르투갈어, 아랍어를 공용어로 정하고, 이 4개언어로 조직운영이나 서류 작성을 해 왔다. 이와는 별도로 AU조약 제 25조에서는 개별 문제에 대하여 의논할 때는 African language(본서에서는 이후 '아프리칸 언어'라고 한다)를 작업언어 working language로 사용하는 것을 인정하고 있다. 구체적으로 언어명을 들고 있지는 않지만 아프리칸 언어 중에서 스와힐리어가 가장 널리 사용되어 왔다. 그 결과 2004년 7월에 스와힐리어를 공용어 중 하나에 추가하는 것이 인정되었다. 단 2007년 4월 시점에서는 스와힐리어 홈페이지도 만들어지지 않았고, 인쇄물도 거의 없다. 이러한 점은 스와힐리어를 둘러싼 사회 상황을 반영한다. 앞으로 얼마만큼 스와힐리어가 AU 내에 유효한 언어로서 기능할지 지켜볼 필요가 있다.

본고에서는 아프리카 대륙에서 아프리칸 언어의 가능성을 생각하기 위해 탄자니아와 케냐를 들어 스와힐리어의 보급, 발전의 역사, 스와힐리어를 둘러싼 현황, 금후 가능성에 대해 언어정책 면에서 고찰해 나가겠다.

2. 아프리카의 언어정책을 생각하는 시점
 : 아프리카의 국가 체제 확립과 언어문제

아프리카의 다언어상황에 대해 이미 언급했으나 효율이나 안정을 위해서는 단일언어가 유리한 것은 말할 것도 없다. 1960년대에 연이어 독립한 아프리카 각 나라의 건국에서 다언어 다민족 상황은 큰 마이너스 요인이었다. 서구열강에서 해방된 뒤 힘의 진공상태는 민족항쟁을 불러일으킬 위험이 있었던 것이다. 실제로 독립 후에 분쟁이 없었던 나라는

아래는 지도 속 라벨입니다:

모로코

튀니지

서사하라

알제리

리비아

이집트

모리타니아

카보베르데

말리

니제르

감비아

세네갈

차드

수단

에리트레아

기니비사우

기니

부르키나파소

시에라리온

나이지리아

이디오피아

라이베리아

코트디부아르

가나

토고

베냉

카메룬

적도 기니

콩고민주공화국

우간다

케냐

소말리아

탄자니아

앙골라

잠비아

짐바브웨

나미비아

보츠와나

모잠비크

마다가스카르

남아프리카

▨	아랍어
▨	불어
▨	영어
▨	포르투갈어

그림 1 : 아프리카 국가의 주요 공용어

손꼽을 정도이다. 즉, 다언어 다민족이라는 현실이 암시하는 항쟁, 분열의 위기를 뛰어넘어 어떻게 국가로서 통솔해 갈지는 경제문제와 함께 최대 과제의 하나였던 것이다. 바꿔 말하면 소말리아 등 일부 국가를 제외하면 대부분의 나라에서 체제확립의 열쇠가 되는 것이 언어정책이었다 할 수 있다.

여러 언어가 한 나라에 다수 존재하는 것은 의사소통에 장애가 되는 것은 물론 언어집단별 대립을 초래하기 십상이다. 다수파가 소수파를 억압하는 일도 드물지 않다. 설령 소수파여도 권력과 무력을 가진 그룹은 약자에게 자신들의 언어사용을 강제하거나 다른 언어 사용을 제한하려 든다. 식민지시대에 서구열강의 언어는 수적으로 소수였으나 압도적으로 우위였다.

독립으로 영어나 불어에 억압당하던 아프리칸 언어 지위가 향상하리라 기대되던 시기도 있었으나 현실은 녹록치 않았다. 탄자니아의 니에레레 초대대통령은 1962년 국회연설을 스와힐리어로 하고 '문화는 국가의 정신이며 정수이다'라며 스와힐리어의 중요성을 설파했다. 1964년 케냐의 초대대통령에 취임한 케냐타는 첫 국회연설은 영어로 했지만 그 말미에 스와힐리어로 '완전히 독립했으므로 외국어의 노예가 될 필요는 없다'고 했다. 대통령들의 이러한 발언을 보면 양국에서 스와힐리어화가 급격히 진행되기라도 했을 것 같지만 그 뒤 반세기가 지난 오늘날에도 영어능력이 사회적 지위, 경제적 윤택함을 획득하기 위한 조건이라는 사실은 변할 기미가 보이지 않고, 스와힐리어는 여전히 영어 아래에 놓인 상태이다.

아프리카 언어정책에 대해 고찰할 때에는 첫째 linking language(연결을 위한 언어)라는 시점이 중요하다. 여기에는 국외와 국내의 두 측면이 있다. 국민이 각각 민족어를 사용하고자 하면 의사소통이 불가능한 것은 물론 나라는 순식간에 분열되어 버린다. 특정 언어를 선택해 강요하면 민족대립의 불꽃이 튈 염려가 있다. 대립을 피하면서 어떻게 국내의 공통어를 만들어 공통 국민의식national identity을 키워갈 것인가. 이는 언어정책의 주요과제이다. 또 경제적으로 약한 나라 입장에서는 외국의 원조, 자본이나 기술의 도입이 나라 경영의 생명선이라 할 수 있다. 언어는 아프리카국가들에게 선진국과 자국을 연결하는 중요한 도구이며 교섭의 무기인 것이다.

둘째, 문화자산으로서의 언어이다. 여기에도 두 가지 측면이 있다. 하나는 전통문화나 가치관의 계승으로, 아프리카인으로서의 아이덴티티에 결합된 언어이다. 식민지 시대에 형성된 열등감이나 무력감을 극복하여, 자신들의 역사와 전통문화에 대한 자신감과 긍지를 되찾기 위한 탈식민지화 투쟁의 측면을 갖는다. 다른 하나가 그 언어로 무엇을 배울 것인가, 얼마만큼 정보에 접근할 수 있는가이다. 아프리칸 언어로 방송되는 라디오는 꽤 있지만 TV 방송이나 신문은 지극히 적다. 소설을 읽거나 영화를 보거나 혹은 음악CD를 사려 해도 일부 언어를 제외하고는 찾기 힘들다. 초등학교 교과서는 몇 종류 있지만 유아용 그림책은 거의 없다. 아프리칸 언어로는 중등교육이나 교등교육도 받을 수 없다. 따라서 근대적 과학기술을 아프리칸 언어로 배울 수 없는 것이다. 아프리칸 언어를 문화유산, 정신문화인 채로 둘 것인가, 근대사회에서 통용되는 언어로 키워나갈 것인가. 시간과 노력, 그리고 비용이 드는 문제지만 장래의 국가 체제 확립을 위해서는 심사숙고할 필요가 있다.

셋째, 실리적인 측면이다. 언어를 배우는 동기라는 것은 문화에 대한 동경이나 취미 등이 있겠지만 일반적으로 제일 큰 요인이 되는 것은 '얼마만큼 자신의 이익이 될 것인가'이다. 영어나 불어를 익히면 좋은 교육을 받을 수 있고, 유학이나 좋은 일자리, 고수입, 빠른 승진 등 실리를 얻을 수 있다. 공용어를 못하면 압도적으로 불리한 입장에 서게 된다. 예를 들면 범죄용의자가 자신이 받는 재판의 진행상황을 충분히 이해 못한 채 판결을 받는 일도 있을 수 있다. 그러면 아프리칸 언어로 무엇을 할 수 있나. 어떠한 메리트가 있나. 아프리칸 언어능력이 필수 혹은 유리한 직장도 없지는 않지만 어디까지나 취직의 절대조건이 되는 것은 주로 영어나 불어이다.

3. 케냐와 탄자니아의 토착어

케냐와 탄자니아는 다민족 다언어국가이다. 케냐는 42개, 탄자니아는 120여개의 토착어vernacular language가 있다.[04] 여기에 아랍어, 이웃 나라의 언어와 더불어 인도계, 유럽계 나아가 아시아계 주민의 언어도 더해진다. 양국에서 사용되는 토착어는 크게 반투어, 나일어, 쿠시어로 분류되는데, 그 중에서 반투어가 가장 널리 분포하고 있다. 특히 케냐에서는 나이로비를 중심으로 키쿠유어의 세력이 강해 500만 명 이상의 화자가 있다. 여기에 루이야어나 칸바어에 이어 이 3언어만으로 인구의 반수 가까이를 차지한다. 나일어를 쓰는 민족은 주로 서부에 살고 있는데 루오어나 마사이어 등을 들 수 있다. 북동부에는 쿠시어의 하나인 소말리어가 사용된다. 반면 탄자니아도 반투어가 다수파인 것은 마찬가지지만, 케냐와는 달리 특별히 강력한 토착어는 존재하지 않는다. 수십만 혹은 100만을 넘는 화자수를 갖는 언어가 다수 있고 가장 화자수가 많은 수쿠마어도 인구 10프로 정도이다. 이런 상황의 차이가 스와힐리어 보급에 주는 영향에 대해서는 뒤에서 다룬다.

4. 스와힐리어의 발전과 보급

스와힐리어Kiswahili라는 명칭에는 그 어원이 드러난다. 스와힐리는 주변, 해안 등을 가리키는 사벨이라는 아랍어에서 파생한 말이며 동아프리카 연안지대에서 교역하던 아랍상인이 사용하는 아랍어와 원주민이 사용하는 언어인 반투어가 접촉해 생긴 피진에서 시작된 것이다. 그 원형이라고 할 수 있는 언어는 10세기 경에는 완성되었다고 추측된다. 접두어

Ki는 반투어 특유의 명사 종류를 나타내는 접사의 하나로 스와힐리어에서는 언어명에 이것을 붙인다. 따라서 키스와힐리라고 할 필요는 없다.

표준적 스와힐리어로 취급되는 것은 잔지바르(잔지바르어라는 의미로 Kiunguja라고도 한다) 및 다르에스살람 주변에서 사용되는 언어이다. 스와힐리어는 일찍이 아랍문자로 기록되었다. 아랍문자에 의한 가장 오래된 기록은 1728년까지 거슬러 올라간다. 일상생활용어에도 아랍어 기원의 어휘가 다수 들어있다. 숫자 sita6, saba7를 비롯해 kitabu책나 mwalimu선생 등 기본적 어휘에도 영향을 미쳤다.

지역적으로 스와힐리어를 공용어(국민어)로 정한 케냐, 탄자니아, 우간다 3나라를 중심으로 남북에는 소말리아 남부에서 모잠비크에 걸친 동아프리카 해안지대에 널리 사용되는 언어이다. 또 르완다, 부룬디, 콩고민주공화국 등 내륙국에서도 어느 정도 통용되는 광역 지역공통어적 성격을 갖는다. 모어화자 수는 500만 명 정도라 추측되지만 제2언어화자 수는 5천만 이상, 조금 할 수 있는 사람을 포함하면 이 수는 몇 배에 이를 것이다.

4-1. 스와힐리어 보급의 제1단계

아프리카가 유럽인들에 의해 식민지화되자 지배를 원활히 하기 위해 공통어가 필요해졌다. 이 때 동아프리카에서 주목 받은 것이 스와힐리어이다. 스와힐리어는 많은 언어와 접촉하는 가운데 형성되었으므로[05], 다른 민족어에 비해 문화적인 어휘도 풍부하고 민족색도 옅어서 식민지화되기 이전부터 여러 민족 사이에서 공통어 역할을 하고 있었기 때문이다.

동아프리카 각지에 스와힐리어가 널리 퍼진 제1단계라 할 수 있는 것은 19세기 전반으로 아랍상인의 교역범위가 내륙부로 확장된 다음이다.

이 무렵에는 몸바사의 시인 Muyaka(1776-1840)를 비롯해 스와힐리어 작가가 활동하게 되어 스와힐리어 문화가 개화했다. 사하라 이남 아프리카에서 이같이 문어 전통을 갖는 언어는 예외적 존재이며 스와힐리어의 이후 발전의 기반이 되었다.

동아프리카에서 그리스도교 포교활동이 전개된 것은 19세기 중반 무렵이다. 독일인 선교사 Johann Ludwig Krapf(1820-1887)는 1850년에 첫 스와힐리어 문법서를 만들고 나아가 사전 편찬, 성서 번역에 착수했다. 동시에 표기도 이슬람 색채를 옅게 하고 학습하기 쉽도록 로마자화했다. 1895년에는 Habari ya Mwezi라는 첫 스와힐리어 신문이 UMCA(Universities' Mission to Central Africa)라는 옥

그림 2 : 동아프리카의 나라들

스퍼드 대학과 케임브리지 대학을 중심으로 한 전도단체에서 발행되었다. 첫 스와힐리어판 신약성서 완성은 1909년, 완전판 발행은 1914년이다.[06] 선교사들은 점점 연안부에서 내륙으로 진출했는데, 이 때 유효한 포교수단으로 스와힐리어를 활용하여 스와힐리어의 내륙 확장 요인 중 하나를 제공하였다.[07]

4-2. 스와힐리어 보급과 독일 정책

스와힐리어가 지역공통어로 발전하는데 가장 큰 요인이 된 것은 독일의 식민지 정책이었다. 1884년에 독일 식민회사가 동아프리카에 진출을 개시해 1890년에 탕가니카, 르완다, 부룬디가 독일제국 식민지가 되었다. 1884년부터 1885년에 걸쳐 첫 1년간은 독일어에 의한 원주민의 문명화를 목표로 걸고 학교에서 모든 교재를 독일어로 가르치도록 했으나, 제대로 된 조사나 표준도 없었기 때문에 곧 좌절됐다. 이 경험에서 독일어를 고집하는 것을 그만두고 스와힐리어의 유용성에 착안해 이를 통치에 이용하기로 했다. 주민의 대부분을 차지하는 반투어계 민족에게 가장 배우기 쉽고, 특정 민족색이 옅은 스와힐리어가 통치를 위한 지방행정용어로 채택된 것이다. 이 빠른 정책변경 배경에는 독일 측이 독일어 보급에 불안을 안고 있었다는 점을 지적할 수 있다. 가장 우려되는 점은 독일어를 읽을 수 있게 되면 독일어 신문이나 잡지를 통해 식민지 정책과 계획에 대한 정보가 새어나가는 것, 그리고 막스주의 서적을 통해 정치의식을 각성하는 것이었다.

그러나 스와힐리어 사용은 쉽게 결정된 것은 아니다. 특히 강하게 반대한 것이 이슬람 세력의 확대를 우려하는 일부 선교사들이었다.[08] 스와힐리어 화자는 대부분이 이슬람교도이며 스와힐리어의 보급은 이슬람 세력의 내륙부 확대로 이어지는 것이 아닌가 생각한 것이다. 이 의식을 바꾼 것이 잔지바르에서 스와힐리어를 써서 포교하고 있던 UMCA의 존재였다. UMCA의 활동성과를 보고 스와힐리어에 대한 우려가 불식된 것이다.

식민지 정부의 결정으로 스와힐리어는 1885년부터 독일의 제1차 세계대전 패전으로 영국령이 되는 1919년까지 교육언어로 사용되었다.[09] 독일 본토에서는 베를린대학(현 홈볼트 대학) 부속 동양어학교에서 식민지 정부에서 일하는 관료를 위해 스와힐리어 교육이 이루어졌다. 레헨베르크 총독(1902-1912)나 슈네 총독(1912-1918)은 여기에서 스와힐리어를 배우고 파견되었으므로 부임 당초부터 스와힐리어를 꽤 구사할 수 있었다고 한다. 원주민에게도 스와힐리어 능력이 요구되어, 스와힐리어를 못한다는 이유로 원주민 수장이 교체되는 일 마저 있었다.

독일이 행한 강제적 개발정책은 주민의 반감을 사서 탄자니아 사상 첫 반 식민지운동으로 유명한 마지마지의 난(1905-1907)으로 이어졌다. 이 반란에서는 10부족 이상이 조직을 만들어 저항운동을 했는데, 그들의 공통어가 된 것이 스와힐리어였다. 통치정책의 하나인 스와힐리어 보급이 다민족의 연대를 가능케 하고, 반란으로 이어진 것은 언어가 갖는 영향력이 얼마나 큰 것인지를 시사하고 있다.

4-3. 영국의 정책

이미 보호령이었던 케냐에 더해 제1차 세계대전 후 우간다, 탕가니카도 영국령이 되었다. 영국은 간접통치, 분할통치를 식민지배의 기본방침으로 했으므로 현지어 사용에는 소극적이었다.[10] 케냐에서는 소수의 흑인에게 영어 교육을 실시해 통치에 이용했다. 스와힐리어는 각 민족을 일체화시키는 힘이 될 우려가 있다고 간주한 것이다. 식민지 확대 후에도 영어를 가능한 한 빨리 영역 내 공통어로 확립한다는 방침을 1929년에 정했다. 그러나 토착어 유용성을 주장하는 사람도 적지 않았다. 1930년 1월에 동아프리카 영역 내 언어심사회Inter-territorial Language Committee to the East African Dependencies가 설치되어 스와힐리어 철자법과 용어 통일을 비롯해 교과서 번역과 심사를 하고 표준화, 근대화로 나아갈 것을 합의했다. 이 심의회의 지도, 감독 아래 1939년에 첫 본격적 스와힐리어 사전이 출판되었다. Frederic Johnson 등이 정리한 이 사전은 오늘날에도 옥스퍼드 대학 출판부에서 판매되고 있다.

초등교육에서 토착어 사용은 첫 4년으로 한정되지만 교육현장에서는 스와힐리어와 다른 토착어 사용이 이어졌다. 그리고 1950년대에는 케냐 아프리카인 초등교육 수료시험 과목으로 스와힐리어가 도입되었다. 그리스도교 전도사들도 토착어 표교활동을 이어나가고 있었으므로 찬송가도 다수 번역되었다. 또, '아프리카 군대King's African Rifle'에서 군대 내 공통어로 스와힐리어를 익혔으므로 내륙부 보급은 한 번에 진행되었다. 주변 잠비아(이전 영국령 북부로데시아)나 콩고민주공화국(이전 벨기에령 콩고)등 광산에서도 아프리카 각지에서 모인 노동자는 스와힐리어로 의사소통을 꾀했다. 이처럼 영국 언어정책은 스와힐리어를 적극적으로 추진한 것은 아니었지만 스와힐리어는 교역과 지방행정, 노동현장 등 서민층에서 동아프리카 광역공통어로 지위를 확립해 간 것이다.

5. 케냐의 스와힐리어 지위

케냐에서는 1963년 독립 때 제정된 헌법[11]에 의해 스와힐리어는 national language(국민어), 영어는 official language(공용어)가 되었다. 이는 단적으로 말하면 스와힐리어는 국가로서의 아이덴티티를 나타내는 상징적 존재, 혹은 국민의식을 만들어내는 도구인 한편, 영어가 입법, 사법, 행정 및 고등교육 등 국가로서 주요 활동에 사용되는 언어라는 것을 의미했다. 바꿔 말하면 실질적 영어우위를 헌법으로 인정한 것이다. 따라서 이 national language는 우에다 가즈토시上田万年 (역주 : 일본의 국어 개념과 표준어 정립을 주도한 학자)가 일본어의 '국어' 개념을 빌려 왔다고 여겨지는 독일어의 Staatssprache와 같이 국가의 권위, 권력과 일체화된 언어(국가어)

와는 다른 것이므로, 본고에서는 '국민어'라고 부르기로 한다.

그 후 케냐 헌법 수정은 정치상황을 반영하고 있어 흥미롭다. 1974년 수정에서는 스와힐리어를 국회심사를 포함한 모든 분야에서 국민어, 공용어로 할 것이 정해졌다. 이는 7월 4일에 KANU[12] 통치평의회에서 케냐타 대통령이 돌연 제안해 반대세력을 누르고 강행한 것이다. 이 무렵의 케냐에는 식민지 시대에 영어밖에 배우지 않은 사람도 적지 않았다.[13] 원래 헌법 규정으로는 국회의원이 되는 조건에 충분한 영어능력을 갖출 것이 정해져 있지만[14], 스와힐리어 능력은 묻지 않았던 것이다. 당연히 영어밖에 못하는 국회의원이 있었음에도 불구하고 이러한 결정이 내려졌는데, 이는 케냐타 대통령의 정적이 스와힐리어가 서툴렀기 때문이라고도 한다. 결국 대통령의 독단으로 정해진, 이 법적근거도 약한 개정은 큰 혼란을 초래했으므로 다음해인 1975년에는 다시 수정되었다. 이에 따라 법안과 예산안은 영어로 제출되고, 심사는 영어와 스와힐리어로 이루어지게 되었다.

정치적 혼란의 결과 최종적으로 폐지되었으나 2005년 8월에 고시된 헌법 개정안에서는 의회운영에 관한 종래의 조항에 규정된 공용어 외에, 국가나 영토와 더불어 공화국의 정의 중 하나로써 언어 조항이 만들어졌고, 공용어는 영어와 스와힐리어라고 명기되었다. 금후 헌법 개정에 의해 공용어라는 사실이 한층 더 명확히 드러날 수 있겠지만 케냐 사회 안에서 스와힐리어가 독립 이후 국민 통합의 상징으로 유효하게 기능해 온 것이 사실이라 해도, 스와힐리어가 영어와 대등해 지거나 영어를 대체할 수 있을 만한 큰 변화가 곧 나타나리라고는 기대할 수 없다. 본고의 목적 중 하나는 스와힐리어의 지위 향상을 방해하는 이러한 요인을 명확히 밝히는 것인데, 이에 대해 뒤에서 논한다.

5-1. 스와힐리어를 둘러싼 배후사정

식민지화되기 이전의 동아프리카에서는 케냐 동해안 마을 몸바사나 마린디, 람 등이 스와힐리문화의 중심지였다고 하는데, 현재 스와힐리어 지위나 보급률을 살펴보면 탄자니아에는 미치지 못한다. 이렇게 된 이유는 몇 가지 들 수 있다. 그 하나가 우간다나 케냐에 들어온 선교사 그룹 속에 스와힐리어는 이슬람교와 강하게 결속된 언어이며 배척해야 할 것으로 생각한 사람이 많았기 때문이라는 사실이다. 케냐 서부의 화이트하일랜드라 불리는 고원지대는 기후도 온난하고 농경에 적합해 많은 백인 이민자가 정착해 홍차나 커피 등 대규모 플랜테이션을 경영했다. 또 제3절에서 서술했듯이 케냐에는 키쿠유, 칸바, 루오라는 3대 세력이 있어 해안지대의 소수언어인 스와힐리어를 경시했다. 특히 루오어는 반투어계가 아니고 서나일어로 분류되는 언어이므로 스와힐리어 습득의 부담이 큰 것도 영향을 미쳤다. 루오어 화자 입장에서는 고생해서 스와힐리어를 익히느니 영어 습득에 힘을 쏟는 편이 이득이었던 것이다. 이러한 조건이 스와힐리어 경시, 영어 중시 토양을 형성해 탄자니아와는 결정적인 차이를 만들어냈다 할 수 있다.

정신의 탈식민지화를 주장한 케냐출신 문학자이자 평론가인 응구기와 시옹오(Ngũgĩ wa Thiong'o, 1968)는 자신의 초등학교 때 체험을 다음과 같이 서술한다. 그는 초등학교 4학년까지는 모어인 키쿠유어로 교육을 받았다고 한다. 그러나 독립운동으로 혼란상태에 빠졌을 때 식민지정부가 1952년에 비상사태선언을 했으므로 학교는 영국인을 의장으로 하는 주 교육심의회의 감독 아래 놓였다. 그 결과 '영어는 영어 이상의 것이 되었다. 영어는 언어 그 자체the language가 되고 나머지는 전부 영어에 공손하게 머리를 조아려야 했다'고 기록한다. 모어를 하는 아이는 채찍으로 맞았고, I am stupid나는 바보다라고 쓴 금속 플레이트인 소위 '징벌판'을 목에

거는 등 철저한 영어 강제 아프리칸 언어 탄압이 행해진 것이다.[15]

독립운동이 활발해 질 때 이 같은 식민지 시대의 체험으로 민족주의자들이 영어를 적대시하는 한편, 역으로 영어는 민족 그룹의 틀을 넘은 언어inter-ethnic language, 해방과 문명을 상징하는 언어로 중시되었다. 이는 케냐에서는 식민지시대부터 영어를 축으로 통치가 진행되었으므로 영어를 대체해 공통어 역할을 할 만한 언어가 충분히 발전, 보급되지 않았다는 사정이 큰 영향을 미쳤다. 그리고 이는 그 후 언어정책의 흐름을 결정지었다고 해도 무방하다.

5-2. 케냐의 현황

케냐의 교육은 1985년에 도입된 8.4.4제를 취하고 있다. 초등교육의 첫 3년은 모어 혹은 그 지역 유력언어로 하지만 초등학교 4학년 때 영어로 바뀐다. 즉 3학년까지는 모어(지역의 유력언어)로 교육을 받지만 스와힐리어 모어화자가 많은 지역이나 여러 민족이 섞여 사는 지역에서는 스와힐리어가 교육언어가 되는 일도 있다. 단 나이로비 등 대도시에는 처음부터 영어로 교육하는 학교가 있어 부모는 그런 학교를 바라는 경향이 강하다. 스와힐리어는 이런 한정적 교육언어로서 사용되는 것 외에 교과의 하나에 지나지 않는다. 지금 케냐 정부에는 교육현장에서 스와힐리어 기능을 더욱 높이려는 자세는 그다지 보이지 않는다.

또 사회적으로 봐도 영어 우위는 명확하다. 사법이나 행정 면에서도 법률해석이 문제가 되지 않으면 스와힐리어가 아니라 영문이 역시 정식으로 통용된다. 정치가의 연설도 일부 스와힐리어를 넣는다고 해도 기본적으로 영어로 이루어진다. 대중에게 친근감을 갖게 할 때는 스와힐리어, 위엄을 보일 때는 영어를 사용한다고 할 수도 있다. 영어 연설을 민중이 어느 정도 이해할 것인지는 그다지 문제가 되지 않는다. 대기업 활동도 영어가 중심이다. 매스컴을 보면 TV 방송은 영미에서 제작된 것이 그대로 방송되는 일이 많으므로 당연히 스와힐리어 방송보다 영어가 많다. 기본적으로 경제발전도 정체되고 전력부족이 문제인 사회상황에서 TV를 시청할 수 있는 가정은 유복하고 교육수준이 높고 영어를 쓴다고 할 수 있을 것이다. 게다가 나이로비 시내에서 팔리는 신문을 봐도 Daily Nation나 Standard를 비롯해 대부분이 영자신문이다. 출판물도 대부분 영어가 점하고 있다. 서점에 들어가도 스와힐리어 출판물은 구석에 약간 비치되어 있을 뿐이며 그다지 팔리지 않는지 먼지를 뒤집어쓰고 있다. 나이로비 대학 문학과 교수로 소설이나 시집을 낸 사람도 대부분 영어다. 앞 절에서 인용한 응구기도 예외가 아니며, 나이로비 대학 재직 중에는 영어로 소설과 희곡을 발표했다. 영어를 못하는 사람은 책이나 신문을 읽지 않으며 읽으려 하지 않는다. 파는 입장에서는 팔리지 않으니까 만들지 않는다. 영어 이외 언어로 정보를 얻고 싶으면 라디오를 통한다. 이런 상황은 케냐에 한정된 것은 아니지만 개발도상국에서는 경제력과 사용언어가 강력하게 연관되어 있다.

6. 탄자니아의 스와힐리어

탄자니아의 정식명칭은 탄자니아 연합공화국United Republic of Tanzania이며, 내륙측 탕가니카와 연안 약 30킬로미터에 떠 있는 섬인 잔지바르로 구성된다. 제4절에서 서술한 바와 같이 잔지바르와 연안지역에서 사용되던 스와힐리어가 아랍인과 유럽인 활동에 의해 20세기 초에는 꽤 광범위하게 보급되었다. 1890년에 독일제국 식민지(잔지바르는 영국 보호령)

가 되었으나 제1차세계대전 후 1919년부터 1961년까지 영국이 지배했다. 영국 식민지시대에는 학교 교육을 받는 흑인은 극히 드물었고 영어를 하는 사람은 Wazung Weus검은 서구인라 불리며 존경받았다. 지방의 통치는 스와힐리어를 썼으나 국정은 어디까지나 영어중심으로 영어의 지위가 매우 높았다. 그 당시는 스와힐리어는 영어의 보급과 더불어 학교교육에서 사라진다고 보는 사람과 스와힐리어는 토착어에도 영어에도 나쁜 영향을 주므로 학교교육에서 배제해야한다고 생각하는 사람도 적지 않았다.

단 식민지 시대에 영어의 지위가 높았다고 해도 극히 한정된 범위의 이야기이며 스와힐리어의 존재를 근본적으로 위협하거나 소멸로 이끈 것은 아니었다. 1961년 탄자니아 독립 당시에 공통어로 확고한 지위를 확보한 것은 역시 스와힐리어였다. 그리고 스와힐리어는 독립 후 언어정책 덕에 지금은 보급률이 90%를 넘게 되었다.

그런데 이런 스와힐리어 보급에도 불구하고 정부의 홈페이지에서는 교육정책의 기본방침을 'English is essential'이라 명기해 영어우위 바이링구얼리즘을 표방하고 있다. 한편 스와힐리어는 문화적 가치나 유산에 접근할 수 있는 언어라고 위치 지우고 있다. 스와힐리어의 현황을 보면 교육언어로서는 초등교육과 성인교육으로 한정되어, 스와힐리어로 중고등교육을 받을 수는 없는 것이다. 그러면 탄자니아가 영어 국가라고 할 만큼 영어가 보급되어 있냐 하면, 현황은 그리 만만치 않다. 영어 보급률이라 해도 기준을 어디에 두냐에 따라 변하는데 중고등교육 수료자 중 학력언어능력CALP(역주: cognitive academic language proficiency의 약자로 일상회화 아닌 학문적이고 지적인 정보를 처리할 수 있는 언어능력)을 갖추고 학교나 직장에서 영어를 어느 정도 사용할 수 있는 것은 국민의 5%미만이라고 봐도 무방하다. 즉 영어는 엘리트와 일반대중을 분리하는 벽이 되어버린 것이다. 그럼에도 불구하고 독립 당초 목표였던 학교교육의 완전한 스와힐리어화를 지향하는 것은 왜일까. 어째서 옛 종주국 언어인 영어의 주박에서 벗어나지 못하는 것인가. 이는 아프리카 언어문제를 생각하는 데 중요한 포인트가 된다.

6-1. 독립 후의 탄자니아

독립 후의 탄자니아에서 스와힐리어가 널리 보급된 이유로는 니에레레 대통령의 존재가 있다. 니에레레는 1962년에 의회에서 처음 스와힐리어를 사용해 연설하고 나아가 아루샤 선언Arusha Declaration (1967)에 의해 Ujamaa라는 독자 사회주의노선으로 나아갈 것을 선언하고 국민에게 자조와 자립을 호소했다. 이에 따라 스와힐리어가 공용어로 모든 기관에서 사용되게 되고, 은행이나 우체국 등의 서류도 영어와 스와힐리어 병기가 의무화됐다. 1964년에는 다르에스살람대학에 스와힐리어 연구소Institute of Kiswahili Research(IKR)가 개설되고, 1967년에는 국립 스와힐리어 심의회 National Kiswahili Council(BAKITA)가 창설되어 국가 단위로 스와힐리어의 근대어화와 보급에 몰두했다. 초등교육의 교육언어도 영어에서 스와힐리어로 대체되었다. 성인교육도 각지에서 전개되어 단기간에 식자율識字率 90% 달성이라는 아프리카로서는 경이적 성과를 냈다. 이것도 스와힐리어 덕분이라 할 수 있겠다. 이 60-70년대는 내셔널리즘이 가장 고양된 시대이며, 남 앞에서 영어를 쓰면 'kasumba ya kikoloni식민주의에 젖은 자'라고 비난당할 정도였다고 한다.

초등교육개혁에 이어 중등교육 스와힐리어화는 1969년에 개시되어 단계적으로 고등교육까지 모두 스와힐리어로 대체하는 것이 목표였다. 스와힐리어로 쓰인 중등교육교과서도 70년대에는 완성되었다. 그런데 이 계획은 당초부터 반대가 많아 결국 무엇 하나 실행되지 못한 채 오늘날에 이른다. 이는 뒤에 서술할 여러 요인이 얽혀 있는데, 너무도 성급한 스와힐리어화가 국민의 불안 특히 교육관계자의 불안을 돋운 것이 최대의 요인이 아닌가 생각된다. 영어로 교육을 받고 영어로 가르친 경험 밖에 없는 교사에게 갑자기 스와힐리어로 수업을 시키면 그리 쉽게 할 수 있을 리 없다. 생활용어로서 스와힐리어와 교육언어로서의 스와힐리어는 너무도 다르다. 자신이 담당하는 교과 내용을 스와힐리어로 어떻게 설명하면 좋을지 누구나 곤혹스러워 했다. 새로 만들어진 수학과 과학 용어는 낯설고, 영어 단어보다 오히려 어려워서 이해 조차 힘든 것도 있었다. 문학과 역사라면 몰라도 스와힐리어로 과학기술을 정확하게 기술할 수 있는지 의문시되었다. 교과서 내용에 대해서도 종래의 내용에 비해 대폭 질적 저하가 일어나는 것 아닌가 하는 불안을 호소하는 목소리가 강했다. 이 과격한 스와힐리어 계획의 좌절이 탄자니아뿐 아니라 주변 국가들에까지 미친 영향은 커서, 아직도 교육언어로서 초등교육 수준에 멈춰있는 근본적 원인이 되고 있다.

6-2. 소비에트 연방 붕괴 전후

오일 쇼크 이후 곤두박질 친 탄자니아의 경제는 1970년대 말 경에는 소련과 중국에서 원조도 거의 없어져 완전히 막다른 길에 몰렸다. 니에레레는 1985년에 대통령 자리에서 물러났다. 국제통화기금IMF과의 교섭 결과 차관을 받는 대신 경제 자유화, 통화 절하, 세출감소 등의 조건을 받아들였다. 니에레레의 뒤를 이은 무위니는 사회주의 노선을 버리고 자유화노선을 취했다. 다시 서구에 눈을 둘리기 시작한 탄자니아에게 영어 중시는 결정적이 되었다.

그 경위를 보면 1982년에 교육자문위원회가 Makweta Report라 불리는 보고서를 편찬했다. 거기에서는 85년부터 중등학교에서 스와힐리어화를 개시하고 92년에는 대학교육도 스와힐리어로 대체한다는 방침이 있었지만 그 무엇도 진전되지 못했다. 그 뒤에 이 리포트를 엮은 마크웨타 본인이 교육문화장관이 되었으므로 스와힐리어화를 추진하리라 예견되었으나, 거꾸로 84년에 영어교육 중시를 강조하고 종래 2언어사용 방침을 재확인함으로써 스스로 스와힐리어화를 부정한 셈이 되었다. 탄자니아는 외국에서 많은 것을 배워야 하므로, 학교에서 영어보급을 촉진할 필요가 있다는 것이었다. 나아가 결정적인 것이 니에레레 자신의 발언이었다. 같은 해 열린 스와힐리어 심의회나 스와힐리어 작가협회 UKUTA에서 니에레레는 '영어는 세계의 스와힐리어Kiingireza ni Kiswahili cha dunia'라 하며 영어가 죽지 않도록 중고등교육에서 영어를 계속 사용해야 한다고 말했다. 스와힐리어 이행을 완전히 부정하고 영어우위 언어정책을 유지하게 된 것이다.

니에레레의 발언에는 영어가 탄자니아에서 없어지는 것에 대한 위기감이 드러나 있는데 초등교육을 통해 스와힐리어가 보급됨에 따라 영어 능력 저하가 진행된 것은 당연하다면 당연한 결과였다. 중학교 1학년 수업의 75%는 스와힐리어를 섞어서 가르치고, 중학교 4학년이 되어도 영어만으로 이루어진 수업을 따라올 수 있는 능력을 갖춘 학생은 10%정도였다는 조사결과도 나와 있다. 즉 교육의 질까지는 바랄 수도 없고, 탄자니아에서 중등교육을 영어로 행한다는 것은 극히 불합리하고 비효율적이라는 것이 명백했다.

6-3. 외부의 압력

마크웨타나 니에레레의 변절이라고도 할만한 결정 뒤에는 무엇이 있었을까. 탄자니아의 언어정책을 이해하는데 이러한 모순이 어디에 뿌리내리고 있는지 해명할 필요가 있다. 마침 스와힐리어화가 논의될 무렵, 영국정부의 예산으로 탄자니아 교육에 관한 조사가 있었다. 이를 정리한 Criper & Dodd(1984) 보고서에서는 탄자니아에서 영어가 이미 교육언어로 유효하지 않다는 사실을 인정하면서도 교육언어 역할을 계속 해야 한다고 주장하고, 영어교육의 질적 향상과 그에 대한 지원의 필요성을 설파한 것이다. 그리고 영국은 이 보고서에 기반해 브리티쉬 카운슬을 통해 ODA사업이라는 영어교육지원 프로젝트ELSP : English Language Support Project를 개시했다. 결과적으로 종래 초등학교 3학년부터 시작한 영어교육은 1학년부터 시작하게 되고, 수업시간도 늘었다. 이 보고서는 탄자니아 정부의 교육언어정책에 대한 개입이라 간주되고 있다.

그러면 왜 영국은 탄자니아의 교육언어 정책에 개입한 것일까. 그것은 탄자니아의 옛 종주국이던 영국으로서는 영어관련 산업은 북해유전 못지않은 돈벌이었던 것과 무관하다고 할 수 없을 것이다. 영어가 교육언어라는 것은 그만큼 교과서, 사전, 참고서 거기에 부교재를 포함하는 큰 시장이 된다. 실제로 세계은행의 융자를 받는 아프리카 나라들은 영국과 프랑스에서 교과서 구입을 요구받고 있다. 영어교육 지원 프로젝트로 영어교육 전문가가 탄자니아에 파견되거나 영국 유학에 장학금이 지급되었다. 영어가 보급되면 잡지, 소설, TV 프로그램 등의 매상도 증가하는데 그치지 않고 다양한 영국 기업의 활동에도 공헌할 것은 명백하다.

또 하나 중요한 것이 세계은행이 1988년에 정리한 보고서이다. 거기에는 '탄자니아의 제도는 초등교육단계에서 스와힐리어를 중시하고 있지만 이것이 중등교육단계의 영어 학습에 곤란을 초래하고 있다'고 서술해 탄자니아가 케냐에 비해 학력이 떨어지는 것은 영어교육 문제로 결론짓고 영어교육 추진을 뒷받침했다.

경제부진에서 벗어나기 위해 세계은행과 국제통화기금의 주도로 도입된 구조조정 프로그램SAP : Structure Adjustment Program은 스와힐리어 추진의 장애가 되었다. 이 프로그램에 의해 교육관계예산은 대폭 삭감될 수 밖에 없었다. 독립 당초부터 세출의 20%이상이 교육예산에 충당되었으나 88년에는 4%대까지 떨어졌다. 이 때문에 무상이었던 초등교육도 수업료를 내게 되고, 빈곤층 가정의 아이들은 수업료를 낼 수 없어 학교를 그만두었다. 90% 넘던 탄자니아 초등교육 취학률도 50%대[16]까지 급감했다. 게다가 세계은행은 아프리카에서 가장 가난한 나라에게 중고등교육은 사치라고 봤다. 만일 계획대로 교육언어로 스와힐리어화를 진행하면 중등교육에 대한 요망이 높다는 것은 쉽게 예상된다. 영어를 계속 사용하면 영어를 못하는 학생은 진학을 포기하게 된다. 또 경제적 곤궁이 계속되는 가운데 중등교육 수료자가 늘어도 직장을 제공하기는 힘든 상황이었다. 결국 정부 입장에서 중등교육에 영어라는 관문이 있는 것이 여러모로 편하므로 스와힐리어화 계획이 중단된 것이라는 의견도 있다.

이런 시각이 맞다면, 금후 경제가 발전해 생활에 다소 여유가 생기면 국민의 중등교육에 대한 욕구가 더욱 높아질 것이고 그러면 본격적인 스와힐리어화를 정부가 실행할 수 밖에 없게 될 것이다.

7. 국민의 의식

그림 3은 양국의 언어사용을 비교한 것인데 케냐에서는 영어가 가장 아래에서 위까지 사용된다는 점에 차이가 있다. 스와힐리어 사용은 탄자니아 쪽이 윗 부분까지 사용되고 있다. 탄자니아의 초등교육은 이미 스와힐리어로 이루어지고 있으며 케냐와 같이 도중에 영어로 대체되지 않는다. 또 케냐의 문학은 주로 영어로 쓰여 있으나 탄자니아에서는 스와힐리어 문학이 뿌리를 내렸고, 영어 문학 전통은 없다. 스와힐리어 신문

도 다수 발행되며, TV도 스와힐리어 방송이 다수 방송되고 있다. 각 민족어 사용 실태를 보면, 케냐 쪽이 라디오방송과 연극 활동 등 여러 분야에서 사용되므로 사용 영역이 넓다. 탄자니아는 스와힐리어 보급과 더불어 생겨난 민족어 쇠퇴와 소멸 위기가 문제시되었다(탄자니아의 언어사용 상황에 대해서는 표 1을 참조).

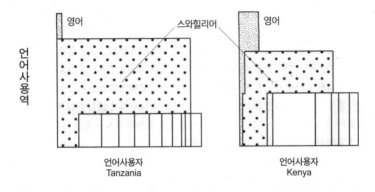

그림 3 : 언어사용비교(J. Schmied 참조)

이런 차이가 있지만 영어를 상위언어로 스와힐리어보다 우대하는 것은 마찬가지이다. 90% 이상의 국민이 스와힐리어를 쓴다고 하는 탄자니아에서도 고등교육을 받고 고수입을 얻는 직업에는 영어가 필수불가결하다. 재판도 하급법원은 대부분 스와힐리어로 진행되는데 상급법원은 영어로 진행되는 일이 많다. 중요사건의 피고가 영어를 못하면 그것만으로 불리해 질 가능성이 있다.

영어능력이 사회에서 성공하기 위한 조건이며, 부모의 지위가 높고 유복한 가정에서는 아이를 인터내셔널 스쿨에 보내거나 유학시킨다. 이것이 불가능한 가정이라면 영어교재를 이것저것 사주거나 가정교사를 붙여서 아이에게 영어를 배우게 한다. 초등학교에서 영어를 조금 배운 정도로는 중학교의 영어수업을 따라갈 수 없다. 게다가 중학교에 들어갈 수 있는 학생은 초등학교 졸업생의 극히 일부에 지나지 않고, 그림4와 같이 역삼각형이 된다. 그 좁은 문을 통과할 수 있는지 여부는 영어에 걸려있는 것이다. 즉 경제력이 있는 부모가 영어를 할 수 있는 다음 세대를 재생산하고 빈곤층이 사회적으로 상승하려 해도 언어장벽이 큰 장애가 되어 앞을 막아서고 점점 계급격차가 확대되고 있는 실정이다.

표 1 : 탄자니아의 언어사용(Rubagumya 1990를 일부 수정)

	사용장면	토착어	스와힐리어	영어
	비격식			
1.	-가정	◎	(◎)	◎
	-이웃	(◎)	◎	
	-직장	(○)	◎	
	문화			
2.	-예배	(○)	◎	
	-문학		◎	○
	-영화		○	◎
	상업			
3.	-대기업		◎	◎
	-중소기업	(○)	◎	
	-관광		○	◎
	교육			
4.	-초등교육의 교육언어	(○)	◎	
	-중등교육의 교육언어		(○)	◎
	-고등교육의 교육언어			◎
	-성인교육의 교육언어		◎	
	-서적, 잡지		◎	◎
	정치			
5.	국회		◎	
	-대중운동		◎	
	행정			
6.	-마을	(○)	◎	
	-시, 도		◎	
	-국가		◎	(○)
	사법			
7.	-하급재판소	(○)	◎	
	-재방재판소	(○)	◎	(○)
	-치안형사재판소	(○)	(◎)	○
	-최고/공소재판소	(○)	(◎)	◎

	사용장면	토착어	스와힐리어	영어
	매스컴			
8.	-라디오 -일간지		◎ ◎	○ ◎
	국제			
9. 9.	-외교 -무역 -문화교류 -정보교환 -과학기술		(○)* (○)* (○)* (○)* (○)*	◎ ◎ ◎ ◎ ◎

◎ : 늘 사용되는 언어 　　　○ : 가끔 사용되는 언어
( ) : 때와 장소에 따라 사용 　　* : 이웃 국가와 사이에서 사용

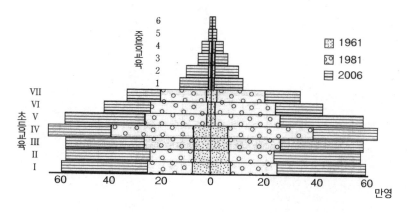

그림 4 : 초중등교육 재학자수(교육직업 훈련부 통계에 기반해 작성)

7-1. 국민어와 국제어

이렇게 영어로 사회 경제 격차가 고정되는 것은 결코 바람직한 일이
아니다. 그렇다면 왜 정부는 그렇게 영어에 집착하는 것일까. 첫째 이유
로 영어는 새 과학기술을 배우는데 불가결한 언어이며 나라의 경제, 기
술발전을 위해 영어가 필요하기 때문이다. 최신 과학기술 정보가 아프리

카 경제발전과 생활 향상에 어느 정도 관련이 있을까. 대다수의 국민에게 농업생산 향상과 도로나 전기 등 인프라 정비, 환경위생 등 기본적 기술이 중요하지 않을까. 중등교육 수준의 기술이나 지식을 갖춘 인재를 늘리고, 산업기반을 강화하지 않는 한 사회전체의 기반향상은 어렵다. 그 때문에 스와힐리어를 사용해 중견기술자를 양성하는 것이 가장 유효하다 할 수 있는데, 현재 상황을 보면 영어가 장벽이 되어 기술자 양성이 충분하게 이루어지지 않는다. 영어가 서툰 사람이라도 스와힐리어로 기술을 배울 수 있는 시스템을 마련할 필요가 있다.

다른 하나는 국제적 의사소통을 위해 영어가 중요하며 영어를 못하면 세계에서 고립되고 격리돼 버린다는 의견이다. 국제원조에 의존하는 현황상, 교섭에 나서는 정치가나 관료, 그리고 재계 사람들의 영어 실력이 중요한 것은 확실하다. 그러나 국제적 의사소통 능력이 필요한 국민이 어느 정도 있을까. 인구의 대다수를 차지하는 농민, 그리고 공장노동자, 소규모 경영자에게 국제적 의사소통 능력의 유무가 일에 영향을 미치리라고는 생각되지 않는다. 그러나 소수파에 지나지 않는 영어화자가 다수파 스와힐리어(혹은 토착어) 화자 위에 군림한다는 구도가 만들어져 있다. 이는 소수파가 다수파에게 침식되어 단일언어화가 진행되기 십상인 선진국과는 정반대 현상이다. 이는 그 언어의 화자 수보다도 언어가 갖는 경제력, 문화력이 언어의 보급 및 쇠퇴를 좌우한다는 사실을 시사하고 있다.

7-2. 영어능력과 지역격차, 경제격차

도시에 사는 엘리트 가정에서는 양친 모두 영어가 능통하고, 영어가 가정어인 경우가 많다. 또 영어 신문이나 서적이 있고 TV에서도 영어 방송이 많이 방영된다. 아이들은 매일 영어를 접하며 성장한다. 가정교

사가 오거나 교육환경이 잘 갖춰진 사립학교에 다녀 영어실력을 키워 중
고등교육 기관에 진학한다. 영어로 교육하는 초등학교가 매년 늘고 있
고 2006년 탄자니아 교육문화부 조사에 의하면 그 수가 공립 8교, 사립
554교에 이르며 대부분이 대도시에 집중되어 있다.

농촌을 보면, 부모는 토착어나 그 지역의 유력민족어를 사용한다. 혹
은 스와힐리어도 어느 정도 할 수 있을 것이다. 그러나 영어를 할 수 있
는 부모는 드물다. 영어 책을 본 일도 거의 없다. 주변에 영어를 하는 사
람도 거의 없고 영어를 배우려 결심할 동기도 없다. 전기가 없으면 TV
나 라디오도 시청할 수 없다. 학교에 가면 칠판에 분필 밖에 없다. 심지
어 제대로 된 학교 건물이 갖춰지지 않은 곳도 있다. 교과서도 학생 5-10
명에 한권 밖에 돌아가지 않는다. 초등학교에는 정규 교원 자격이 없는
교사도 드물지 않다. 당연히 정식 영어를 구사하는 교사 수는 적다. 때때
로 이런 열악한 환경 안에서도 전국 공통학력시험에서 우수한 성적을 거
두어 신문 일면을 장식하는 학생이 나오기도 하지만 예외적인 일이다.
학력 향상의 최대 장애는 가르치는 사람과 배우는 사람의 영어 실력 부
족이라는 것은 의심의 여지가 없다. 그러나 이처럼 원인을 파악해도 무
엇 하나 뾰족한 수가 없다는 것이 아프리카의 딜레마이다.

8. 해외의 스와힐리어

점차적이기는 하지만 스와힐리어는 세계로 퍼지고 있다. 현재 스와
힐리어로 단파 라디오방송Shortwave Radio을 하는 방송국은 일본 NHK의
Radio Japan을 비롯해, 중국국제 방송, BBC(영국), VOA(미국), DWDeusch
Welle(독일), All India Radio(인도) 등이 있다. DW는 서아프리카용 사하라

어 방송도 하고 있지만 해외에서 아프리카용 방송은 서구 언어와 아랍어 이외에는 스와힐리어밖에 없다고 할 수 있다. 스와힐리어 공보 활동의 중요성, 영향력이 인식되고 있기 때문일 것이다. 최근 주목받는 것은 중국의 움직임으로 단파방송뿐 아니라 2006년 1월부터 케냐 나이로비 시에 FM 방송국을 개설해 영어와 스와힐리어로 1일 19시간 방송을 시작했다. 소련 시대에는 모스크바 방송이 스와힐리어 방송을 했지만, 현재 Голос России러시아의 목소리는 스와힐리어 방송을 하지 않는다. 러시아 경제도 회복되고 있으므로 가까운 시일 내에 재개될 지도 모르겠다.

또 스와힐리어 전공을 설치한 아프리카 대륙 이외 대학은 일본에서는 오사카외국어대학, 영국에서는 런던대학의 SOAS(동양 아프리카학원) 등 한정된 숫자지만 지역연구 등의 과목 중 하나로 스와힐리어를 개설하고 있는 대학은 세계 각지에서 상당히 늘고 있다. 디즈니의 라이온킹이라는 영화에 스와힐리어로 'hakuna matata문제 없음'라는 대사가 나오거나 마이클 잭슨의 노래에 'nakupenda사랑해'라는 가사가 나오는 것도 스와힐리어 보급의 한 면이라 할 수 있다. 스와힐리어를 배우고 친근감을 갖는 외국인이 늘어나는 것은 스와힐리어의 지위 향상과 아프리카 문화나 사회의 이해에 공헌하게 될 것임에 틀림없다.

9. 나가며

독립 후 곧 반세기를 맞이하는 동아프리카 나라들은 옛 종주국 언어인 영어의 주박에서 풀려나기는커녕 점점 영어의 중요성이 높아지고 있다고 말할 수 있다. 그러나 최근 상황에는 조금 변화가 보인다. 세계은행도 민족의 전통문화와 지식IK: Indigenous Knowledge의 가치를 재평가하고, 문해

율 향상이나 빈곤 박멸을 위해 토착어 교육을 받아들이려 하고 있다.

케냐나 탄자니아에 비해 스와힐리어 보급에 소극적이던 우간다에서는 헌법에 영어가 유일한 공용어로 정해져 있으나 헌법 조사회 보고서에서는 학교교육에서 스와힐리어 교육을 강화하고 우간다 전국에 보급시켜 동아프리카의 공통어로 발전시켜 지역의 일체화를 꾀해야 한다고 했다. 우간다에서도 스와힐리어가 제2공용어로 헌법에 명기될 날도 그렇게 멀지 않을지 모른다.

아프리카의 나라들을 발전시키기 위해서는 단순히 서구의 지식이나 기술을 도입하는 것이 아니라 아프리카 사회, 문화에 뿌리내린 것을 발전시켜 나갈 필요가 있다고 생각하는 사람들이 늘고 있다. 탄자니아 정부도 아이들을 위해 스와힐리어 책 출판을 장려하고 있다. 언어장벽을 제거하고 많은 사람들이 이해할 수 있는 언어로 중등교육이 이루어지도록 해 나가는 것은 인적 자원의 개발로 이어지고 주민의 생활향상, 지역 안정과 번영에 크게 공헌할 것이다.

마지막으로 남겨진 과제는 정책의 결정권을 갖는 엘리트들의 인식변화이다. 거기에는 기득권이 얽혀 있다. 자신들은 고생하여 영어를 익히고 공부해 왔으므로 나름 특권이 있어야 한다고 하는 의식이 언뜻 보이곤 한다. 뒤집어 말하면 게으른 사람이나 무능력자를 왜 배려해야 하냐는 것이다. 서민의 입장에서 어떤 정책이 빈곤의 해소, 위생 상황의 개선, 생활 향상으로 이어질지 생각한다면 어떤 언어정책을 취할지는 자연스레 정해진다. 정신의 탈식민지화, 진정한 자립으로 이어지는 언어정책이 필요하다.

주석

01 아프리카 언어 수에 대해서는 의견이 많다. Brock-Utne(2005)는 아프리카 각지에 들어간 전도단체가 하나의 방언에 지나지 않는 것을 별도 언어로 간주했다고 하며 12개의 core language(중핵이 되는 언어)로 75%이상의 사람들이 의사소통 가능하다고 한다.

02 전통적으로는 '부족'이라는 용어가 사용되어 왔지만 미개, 야만이라는 이미지가 따라다니므로 '민족'혹은 '민족 그룹'이라고 한다.

03 그림에 나타난 것 외에도 복수의 언어를 공용어로 하는 나라도 있다. 상세히는 三好(미요시, 2002)를 참조할 것.

04 방언으로 볼 것인가 별도의 언어로 볼 것인가에 따라 언어수도 달라지므로 정확한 수를 나타내는 것은 어렵다.

05 페르시아어, 힌두어, 포르투갈어, 독일어, 영어 등에서 어휘를 받아들였다.

06 스와힐리어보다도 각 민족어를 중시하는 전도단체도 있으며, 1926년에는 키쿠유어와 루오어 신약성서가 출판되었다.

07 각 민족어를 사용하려는 그룹도 있었지만 거기에는 한계가 있었다.

08 스와힐리어 사용을 처음부터 적극적으로 행한 곳도 있었다. 독일 프로테스탄트 전도단체(GPM)는, 언어는 신이 그 민족에게 준 것이므로 존중하여 포교해야한다고 생각해 토착언어 사용을 추진했다.

09 독일어는 교과 중 하나로 가르쳤다.

10 영국국교회의 A. 오웬의 주도로 스와힐리어를 널리 아프리카주민에게 보급시키려는 시도가 있었으나 실패했다고 한다.

11 실행은 1964년.

12 케냐 아프리카인 민족동맹. 당시는 일당독재였지만 당의 결정은 전부의 결정을 의미했다.

13 필자가 나이로비 대학에 체재했던 1989년 경에도 나이로비 대학에는 스와힐리어를 몇 단어 밖에 못하는 교원이 몇 명 있었다.

14 윗 세대의 지도자 중에는 영어를 못하는 사람도 있었으므로, 이는 젊고 영어로 교육을 받은 사람만이 새로운 케냐의 지도자가 될 수 있다는 것을 의미했다.

15 Ngũgĩ(1986)에 의하면 과목으로서 스와힐리어는 배척되지 않았다고 한다.

16 케냐도 이 시기 같은 정책을 취해 취학률이 76.7%까지 떨어졌다.

참고문헌

木村映子 1999. 「タンザニアの教育用言語問題」『南からみた世界 03 ―アフリカ』 東京：大月書店

稗田乃 2002. 「創られた『言語』、東アフリカ（ケニア、エチオピア）の場合」『現代アフリカの社会変動』東京：人文書院

Bogonko, Sorobea. 1992. *Reflections on Education in East Africa.* Nairobi: Oxford University Press.

Brock-Utne, Brigit. 2005. "Language-in-Education Policies and Practices in Africa with a Special Focus on Tanzania and South Africa-Insights from Research in Progress," *Decolonisation, Globalisation : Language-in-Education Policy and Practice.* A. Lin and P. Martin(eds.) 2005. Clevedon: Multilingual Matters.

Chimerah, Rocha. 1998. *Kiswahili: Past, Present and Future Horizens.* Nairobi: Nairobi University Press.

Criper, C. and Dodd, W. A. 1984. *Report on the Teaching of English Language and its Use as a Medium in Education in Tanzania.* Dar es Salaam: The British Council.

Ethnologue. 2006. "Statistical Summaries."
http://www.ethnologue.com/ethno_docs/distribution.asp?by=area

Gibbe, A. G. 1983. "Tanzania's Language Policy with Special Reference to Kiswahili as an Educational Medium," *Kiswahili.* Vol. 54/1. Dar es Salaam: Institute of Kiswahili Research.

Laitin, David. 1992. *Language repertoires and state construciton in Africa.* Cambridge University Press.

Mazrui, Ali and Mazrui, Alamin. 1995. *Swahili State and Society.* Nairobi: East African Educational Publishers.

Mazrui, Alamin. 2004. *English in Africa — After the Cold War.* Clevedon: Multilingual Matters.

Ministry of Education. 1989. *Education for All: Meeting Basic Learning Needs to the Year 2000.* Dar es Salaam

Ministry of Education and Vocational Training. 2006. *Basic Education Statistics in Tanzania (BEST) 2002-2006.* http://www.moe.go.tz/statistics.html

Munene, Macharia. 2001. "The Manipulation of the Constitution of Kenya, 1963-1996." http://www.kenyaconstitution.org

Ngũgĩ, wa Thiong'o. 1986. *Decolonizing the Mind.* Nairobi: Heinemann Kenya.

Roy-Campbell, Zaline. 2001. *Empowerment through Language — The African Experience*: Tanzania and Beyond. Asmara: Africa World Press.

Rubagumya, Casmir. (ed.) 1990. *Language in Education in Africa*. Clevedon: Multilingual Matters.

Rubagumya, Casmir. 1991. "Language Promotion for Educational Purposes: The Example of Tanzania," *International Review of Education*. 37. Netherlands: UNESCO Institute for Educational and Kluwer Academic Publishers.

Rubagumya, Casmir. (ed.) 1993. *Teaching & Researching Language*. Clevedon: Multilingual Matters.

Schmied. J. 1990. "Accepted language behaviour as a basis for language teaching: A Comparison of English in Kenya and Tanzania," in Rubagumya, C. M. (ed.) 1990.

Whiteley, Wilfred. 1969. *Swahili: The Rise of a National Language*. London: Methuen

World Bank. 2004. *Indigenous Knowledge: Local Pathways to Global Development*. World Bank.

후기   언어정책이란?

미요시 시게히토三好重人

　1권에서는 다언어사회를 향해가는 일본에 이미 다양한 시도를 하고 있는 다언어국가의 실천례를 소개하고 어떻게 준비할지를 독자와 더불어 생각하는 것을 목표로 했다. 2권에서는 지역을 확장해 9편의 논문이 수록되었는데 여기에서 다시 한번 '언어정책이란 무엇인가'에 대해 묻고 싶다.

　三好(2003)에서 '언어정책'은 다음과 같이 설명되어 있다.

　'지리적, 사회적 변종 등 언어 사용자의 속성에 관련한 언어변종의 사용에 관한 문제에 개입하는 시도 혹은 그 결과로 산출된 구체적 움직임. 일반적으로 정책이란 개인 혹은 단체의 이해관계에 관련한 문제에 대한 계획적이고 일관적인 행동을 의미한다. 언어정책은 때로는 언어계획을 가리키는 경우도 있는데 실시된 언어계획 과정의 기초를 형성하는 보다 일반적인 언어적, 정치적, 사회적 목표를 가리킨다. 개입의 주체는 개인에서 정부를 포함하는 공공기관에 이르기까지 다양하다….이러한 언어사용에 관한 문제인식은 언어사용자에 따라 다르다….언어정책이 가장 필요시되는 것은 언어억압이나 언어동화를 경험한 선주민 언어사용자나 이민 언어사용자의 언어복권 문제 등 언어문제가 개인 또는 집단의 권리, 자유, 권력과 관련되는 경우이다.'

사회과학분야가 대부분 그렇듯이 언어정책이라는 학문분야의 출발점은 일상의 언어문제에 대한 깨달음과 거기서 얻은 시점을 고찰해가는 것이다. 다언어사회에 대해 이전부터 '문제', '권리', '자원'이라는 언어의 3시점이 있다고 지적돼 왔다. '문제로서의 언어' 시점에 서면 하나의 정치적 무리 속에서 복수의 언어화자의 존재는 사회의 결속력을 약화시키고 지역적 분열, 충동과 집단 내 투쟁을 일으킨다고 여겨지므로, 소수언어 화자가 다수파 언어에 통합, 동화되는 것이 일반적 해결법이다. 그러나 싱가포르, 룩셈부르크, 스위스처럼 언어적 다양성과 국가의 통일성이 존재하는 예도 있으므로 그러한 해결법에 전면적 긍정은 할 수 없다. 다음으로 '권리로서의 언어'인데, 이는 인종, 피부색, 양심 등과 마찬가지로 개인이 생득적으로 획득한 언어에 의한 차별은 민주주의사회에서는 없어져야 한다는 시점이다. 지금까지 UN, UNESCO, 유럽평의회 등 국제기구는 일련의 언어권 확립운동을 했고, 1945년 UN헌장, 1948년 UN인권선언, 1966년 UN국제인권조약, 1989년 UN아동권리조약, 1996년 세계언어선언(바르셀로나) 등의 결실이 있었으나, 노력이나 목표로 기능할 뿐, 가맹국에 대한 강제력은 없다. 가장 강제력이 있는 것은 헌법과 규정법에 의한 규정으로 남아프리카의 11 공용어규정과 인도헌법 제8부칙에 지정된 22언어가 좋은 예가 될 것이다. 나아가 뉴질랜드의 마오리어나 아일랜드, 스코틀랜드, 웨일즈 등에서 전개된 켈트어 부흥운동도 이 '권리로서의 언어' 안에 포함시킬 수 있을 것이다. 마지막 '자원으로서의 언어'인데, 이는 이민자 등 소수언어 화자의 모어를 배척하지 말고, 경제적, 정치적인 도움은 물론 사회 전체의 문화적, 교육적 성장에 일익을 담당케 하자는 자세이다. 이 시점에 서면 언어적 다양성은 사회의 분열을 초래하는 것이 아니라, 통일성과도 공존 가능해진다. 이 시점은 언어정책의 최종목표라 할 수 있겠지만, 현실적인 정책의 면에서는 앞으로 더 많은 시간을 요하고 있다.

그러면 21세기의 언어정책의 사명은 무엇일까. 다민족, 다언어사회의 형성과 공생사회의 실현을 향해 어떻게 공헌할 수 있을까를 생각해 보는 것이다. 21세기의 언어정책의 역사적 사명으로 2007년 시점에서 '공생사회의 현실'을 드는 것은 조금 성급한 일일지도 모르지만 현재 각국의 언어정책을 이 시점에서 바라보는 것은 흥미깊은 일이다.

현재 BRICsBrazil, Russia, India, China라 불리는 경제발전이 현저한 4개국의 동향에 세계가 주목하고 있다. 이 4개국은 모두 광대한 국토를 보유한 다민족, 다언어 국가이다. 시점을 바꿔 말하면, 광대한 국토와 풍부한 천연자원을 갖추고도 다민족, 다언어사회인 탓에 지금까지 국내의 민족적 대립으로 인적자원 개발이 지연되고 경제발전이 늦은 지역이라 할 수 있다. 그런데 근년 상황이 크게 변화했다. 특히, 본서에서 다룬 중국과 인도는 이번 세기 중반에는 경제규모 면에서 일본을 앞지를 것이 확실시되고 있다.

이러한 경제발전 배경에는 언어정책이 강하게 관련되어 있다는 사실을 놓쳐서는 안 된다. 중국에서는 보통화(북경어), 인도에서는 공용어의 하나인 영어를 보급시키킴으로써 국내의 원활한 의사소통과 행정 효율을 꾀하고 교육수준을 높여 생산력, 기술력을 향상시켜왔다. 그러나 이는 언어능력차에서 생기는 다양한 격차의 확대로 연결될 가능성도 있다 나아가 정책에 대한 저항도 있다. 그 때문에 다른 언어의 존재를 인정하고, 존중하면서 국내의 대립을 최소화 하려는 노력이 불가결하다. 이들 나라들에 있어 언어정책이 공생사회 성립과 어떻게 관계되는지 독자 자신이 판단하는 것이 바람직하다.

지금까지 이민에 관용적이었던 독일은 정책을 전환해 이민자에 대해 독일어 학습을 의무화함으로써 국내 분열을 막고 통합을 꾀하려 하고 있다. EU헌장에 따라 앞으로 이 동화정책과 각민족 언어나 문화 개성을 어떻게 균형을 맞춰 운영해 갈지가 과제가 될 것이다.

또 말레이시아, 스페인 혹은 케냐나 탄자니아 등도 다언어국가라는 사실에 놀란 독자도 있을 것이다. 사실 전 세계 대부분의 나라는 다언어, 다민족 국가이며, 각 지역의 대립, 혼란 그리고 융화의 역사에서 배울 점이 많다.

현재 일본의 재류 외국인은 총 인구의 1.5%정도지만, 앞으로 증가해 나갈 것이 확실시되고 있다. 앞서 언어정책이란 개인에서 정부를 포함하는 공적기관이 행하는 계획적이고 일관된 행동이라고 서술했다. 과거의 인도네시아나 터키의 예와 같이 때로는 국가가 총력을 기울여 철저하게 언어정책을 수행하는 경우도 있다. 금후 언어정책을 세울 때는, 재류 외국인도 포함한 지역주민에 대한 건설적인 공헌에 지향점을 두는 것이 바람직하다.

마지막으로 본서의 집필자의 소속 연구회에 대해 언급해 두고 싶다. 본서 집필자의 대부분은 대학영어교육학회JACET 언어행정연구회회원으로 활동하고 있다. 일본에서는 공교육에 있어서도 민간교육기관에 있어서도 '외국어=영어' '외국어교육=영어교육'이라는 시각이 일반적이다. 전자통신의 확대와 더불어 전달수단으로 영어의 유용성이 확대되는 것은 사실이며, 영어학습의 중요성에 대해서는 특별히 이론을 제기할 이유는 없다. 그렇다고 해서 아무 자각 없이 이 흐름을 따라도 좋을까. JACET 강령 4에는 '본 학회는 일본의 외국어교육을 통해 다음 세대의 인간 교육에 대한 책임과 기개氣概를 갖는다'고 하고 있다. 본 연구회에서는 영어뿐 아니라 다른 외국어도 시야에 넣으면서 어학교육에 의미 있는 제언을 할 수 있기를 바라며 다른 학회나 연구회 등과 연계해 연구활동을 전개하고 있다. 최근 수년간 세계의 공교육 현장에서 교육언어로서 지배적 언어와 주변적 언어의 취급에 대한 기본문헌을 윤독하고 있다. 본 연구회에서는 기본적 인식으로 '일본도 점점 다언어사회를 향하고 있다. 동화주의보다도 다언어주의가 바람직하며 언어는 평등하다'는 공통이해를 갖고 있으며, 이번에도 이 공통이해를 토대로 집필자의 주장이 전개되었다.

본서에서 정리된 각국의 언어정책과 경위가 평화롭고 안정된 공생사회를 구축해가기 위해 다양한 힌트를 제공해줄 것과 언어정책의 진정한 모습은 무엇인가라는 물음에 대해 하나의 답이 되기를 기대하고 있다.

참고문헌

言語権研究会(編) 1999.『ことばへの権利―言語権とはなにか』東京：三元社

河原俊昭(編) 2002.『世界の言語政策―多言語社会と日本』東京：くろしお出版

河原俊昭・山本忠行(編) 2004.『多言語社会がやってきた―世界の言語政策Q＆A』
　　東京：くろしお出版

三好重仁 2003.「言語政策・言語計画」小池生夫(編)(2003)『応用言語学事典』東
　　京：研究社

편저자 소개

야마모토 다다유키山本 忠行 일본 창가대학 교수. 국제교류기금파견 전문가(일본어교육), 나이로비대학 객
원강사, 위트워터스랜드대학 객원연구원 등을 역임. 편역서에 『다언어사회가
다가온다』(구로시오 출판), 『아파르트헤이트교육사』(번역, 해설, 춘풍사) 등

가와하라 도시아키河原 俊昭 교토 고카여대 교수. 도쿄대 문학부 졸업, 가나자와 대학 박사(사회환경과학
연구과). 편저서에 『다언어사회가 다가온다』(구로시오 출판), 『외국인과 함께
사는 사회가 다가온다』(구로시오 출판) 등

역자 소개

채성식 고려대학교 일어일문학과 교수
조영남 고려대학교 일어일문학과 교수
김현아 고려대학교 글로벌일본연구원 HK연구교수
백이연 고려대학교 글로벌일본연구원 HK연구교수

세계의 언어정책 2

다언어사회에 대비하여

초판 인쇄 2017년 8월 17일
초판 발행 2017년 8월 24일

편 저 자 야마모토 다다유키, 가와하라 도시아키
역   자 채성식, 조영남, 김현아, 백이연

펴 낸 이 이대현
책 임 편 집 권분옥
편   집 이태곤 홍혜정 박윤정 문선희
디 자 인 안혜진 홍성권
기획/마케팅 박태훈 안현진 이승혜
펴 낸 곳 도서출판 역락
          주   소 서울시 서초구 동광로46길 6-6 문창빌딩 2층(우-06589)
          전   화 02-3409-2060(편집부), 2058(영업부)
          F A X 02-3409-2059
          이 메 일 youkrack@hanmail.net
          블 로 그 blog.naver.com/youkrack3888
          등   록 1999년 4월 19일 제303-2002-000014호

ISBN   979-11-5686-959-7 94700
          979-11-5686-957-3 (세트)

정가는 뒤표지에 있습니다.

○ 이 번역서 는 2007년 정부(교육과학기술부)의 재원으로 한국연구재단의 지원을 받아 수행된 연구임(NRF-2007-362-A00019)
○ 본서의 내용은 일본어판 간행년도인 2007년을 기준으로 한 것이며 이후 제반 사정이 변경되었을 가능성이 있음.